Bayern und Spanien

Hubert Pöppel

Bayern und Spanien

Episoden aus einer 1300-jährigen Beziehungsgeschichte

Books on Demand
Norderstedt 2017

Bibliografische Information der Deutschen Nationalbibliothek:
Die Deutsche Nationalbibliothek verzeichnet diese Publikation in der Deutschen Nationalbibliografie; detaillierte bibliografische Daten sind im Internet unter www.dnb.de abrufbar.

Illustration auf der vorderen Umschlagseite:
Anja Laube
Herstellung und Verlag:
BoD – Books on Demand, Norderstedt
ISBN 978-3-7448-6777-1

Inhalt

Vorwort

Wie gelangte vor 1300 Jahren ein westgotisches Gesetzbuch aus dem fernen Spanien nach Regensburg? Was hat der angeblich niederträchtige Bamberger Bischof Hermann mit den Anfängen des Jakobswegs in Bayern zu tun? Warum scheiterte der bayerische Herzog Stephan III. so jämmerlich in Katalonien, als er versuchte, seinem Sohn den sizilianischen Königsthron zu verschaffen?

Was brachte König Ludwig I. dazu, mit Lola Montez eine mehrhundertseitige Korrespondenz auf Spanisch zu führen, wo doch beide dieser Sprache kaum mächtig waren? Warum trugen 1946 spanische Anarchisten den Sarg der Infantin María de la Paz in die Grablege der Wittelsbacher? Wie kam es, dass ausgerechnet München in den 1960er Jahren zum Tummelplatz für die spanische Opposition wurde?

Der vorliegende Band geht solchen und ähnlichen Fragen auf den Grund. Er bringt dabei viele spannende und ein paar skurrile, einige traurige, aber auch etliche wahrlich unterhaltsame Episoden aus der 1300-jährigen Geschichte der Begegnungen zwischen Bayern und Spaniern ans Licht.

Aus beinahe jeder Epoche gibt es dabei etwas zu erzählen, auch wenn es natürlich Zeiten gab, in denen sich die Kontakte häuften, und solche, in denen die Verbindungen schwächer ausgeprägt waren.

Die große Politik spielt fast immer eine Rolle, aber sie bildet meist nur den Hintergrund. Im Mittelpunkt des Interesses stehen die Menschen, die über ihre Initiativen und ihr Engagemement, aber auch mit ihrem Scheitern die lange bayerisch-spanische Beziehungsgeschichte geschrieben haben.

Die *Lex Baiuvariorum*:
Bayern und Westgoten im Frühmittelalter

Wie ein spannendes historisches Rätsel präsentiert sich die erste kulturgeschichtlich bedeutsame Verbindung zwischen dem frühmittelalterlichen Bayern und der Iberischen Halbinsel: die ausgiebige Nutzung des westgotischen *Codex Euricianus* als Vorlage bei der Abfassung des ältesten schriftlich fixierten bayerischen Gesetzbuches.

Seit weit über einem Jahrhundert streiten Rechtsgelehrte und Historiker nun schon darüber, wo und wann die *Lex Baiuvariorum* entstanden sein könnte, wer sie in Auftrag gegeben, wer sie verfasst hat und wie die Quellen, die auf Südfrankreich und Spanien verweisen, nach Bayern gekommen sind. Eine einvernehmliche Lösung für die vielfältigen Probleme, soviel sei vorausgeschickt, haben die Forscher bislang nicht gefunden. Allerdings zeichnen die entsprechenden Hypothesen und durchaus kreativen Vorschläge ein buntes Bild von den internationalen Kulturkontakten zwischen dem 6. und dem 8. Jahrhundert.

Die Entstehung der *Lex Baiuvariorum*

Die *Lex Baiuvariorum*, das Gesetzbuch der Bayern aus der Zeit der Agilolfinger, gilt allgemein als gelungenes und qualitativ hochstehendes Stammesrecht aus dem frühen Mittelalter. In mehr als 20 Kapitel unterteilt, umfasst die Sammlung über 250 Bestimmungen zu kirchlichen Angelegenheiten, zum Herzog und den führenden Adelsgeschlechtern in Bayern, zu Freien, Freigelassenen, Sklaven und Frauen, zum Straf-, Ehe-, Zivil- und Vertragsrecht.

Generell sprechen die Kommentatoren von einer klaren Tendenz zur Praxisnähe. Gefördert wird sie durch entsprechende Begründungen und durch die immer wieder eingefügten volkssprachlich-bairischen Begrifflichkeiten für einzelne Tatbestände innerhalb des lateinischen Textes. Ein Grund dafür, dass ein stimmiges Werk geschaffen werden konnte, liegt darin, dass sich die Redaktoren auf bereits schriftlich fixierte Texte stützten. Sie wählten daraus klug aus und gelangten auf diese Weise zu einer in sich geschlossenen Rechtsordnung.

Ein für die *Lex Baiuvariorum* zentraler Vorläufertext war nun ohne Zweifel ein westgotisches Gesetzbuch: der *Codex Euricianus*. König Eurich (ca. 440-484) hatte ihn Ende des 5. Jahrhunderts in Auftrag gegeben, als die Westgoten von ihrem Machtzentrum in Südfrankreich zur Eroberung der Iberischen Halbinsel und damit zur Verdrängung von Sueben, Vandalen und Alanen angesetzt hatten. Aber noch eine zweite Spur führt vom Gesetzbuch der agilolfischen Bayern nach Spanien. Der Prolog zitiert nämlich im rechtshistorischen und rechtsphilosophischen Teil ausführlich aus den *Etymologiae*, dem Hauptwerk des westgotischen Bischofs Isidor von Sevilla (ca. 560-636), in dem dieser versucht hatte, das gesamte Wissen seiner Zeit zusammenzufassen.

Es liegt also zunächst nahe, für die Frage nach der Abfassung der *Lex Baiuvariorum* an die erste Hälfte des 7. Jahrhunderts zu denken. Unterstützt wird dieser Ansatz durch die weiteren Ausführungen des Vorworts. Dort heißt es nämlich, dass der merowingisch-fränkische König Theuderich I. (448-533) befohlen habe, für die Franken, Alemannen und Bayern ihr jeweiliges Recht aufzuzeichnen und von heidnischen Einflüssen zu reinigen. Seine Nachfolger Childebert I. und Chlothar II. hätten diese Arbeit fortgeführt. König Dagobert I. (ca. 608-639) schließlich habe vier erlauchte Männer damit beauftragt, diese Stammesgesetze noch einmal zu überarbeiten und in die Fassung zu bringen, die bis auf den heutigen Tag in Geltung sei.

Allerdings schweigt sich der Prolog darüber aus, wann der „heutige Tag“ anzusetzen sei, wann das Gesetzeswerk also endgültig schriftlich fixiert wurde. Im Einführungssatz zu den Bestimmungen heißt es dann noch, dass jenes Stammesrecht vor dem König, den Vornehmen und dem Volk im Reich der

Merowinger beschlossen worden sei. Zumindest auf den ersten Blick ergibt sich aus all diesen Hinweisen eine deutliche Tendenz, das bayerische Gesetz auf eine Initiative des fränkischen Königs zurückzuführen.

Doch hier nun beginnen die Auseinandersetzungen unter den Forschern: Eine Fraktion bewertet den Prolog als reine Erfindung. Er sei als Versuch des 8. Jahrhunderts zu lesen, das Gesetzbuch zurückzudatieren, um ihm dadurch ein höheres historisches Gewicht zu verleihen oder um ihm eine bestimmte politische Ausrichtung zu geben. Als Entstehungszeit der *Lex Baiuvariorum* werden daher die 740er Jahre unter Herzog Odilo vorgeschlagen.

Eine zweite Fraktion plädiert hingegen für einen stufenweisen Prozess in der Abfassung des uns überlieferten Textes. Die Ausarbeitung hätte mit einem nicht überlieferten fränkischen Königsgesetz Dagoberts begonnen und dann über mehrere Redaktionen das endgültige bayerische Gesetzeswerk des 8. Jahrhunderts hervorgebracht.

Und natürlich gibt es noch eine dritte Fraktion, die für eine im Wesentlichen einheitliche Niederschrift bereits in der ersten Hälfte des 7. Jahrhunderts plädiert, mit nur noch kleineren Abänderungen, Hinzufügungen und Aktualisierungen in späterer Zeit.

Für unsere Betrachtung der bayerisch-westgotischen bzw. bayerisch-spanischen Beziehungen ist diese weithin offene Debatte allerdings von eher untergeordneter Bedeutung. Wichtiger erscheinen die beiden Fragen, warum die Redaktoren ausgerechnet auf westgotische Quellen zurückgegriffen haben und, vor allem, wie diese Texte aus der fernen Iberischen Halbinsel in ihren Besitz gelangt sind.

Das Warum lässt sich dabei am ehesten mit der Tendenz der *Lex Baiuvariorum* zum Pragmatismus erklären. Die Verfasser brauchten für ihre Arbeit eine möglichst systematisch geordnete und umfangreiche Vorlage, um daraus in kreativer Anpassung einen anwenderfreundlichen Text zu erstellen. Beide Anforderungen erfüllte der *Codex Euricianus* voll und ganz.

Die geographische Distanz zum Urtext war dabei eventuell sogar von Vorteil, ließen sich doch gerade dadurch situationsbedingte Bestimmungen wie jene zum Verhältnis von Goten und Romanen problemlos streichen. Andere Artikel hingegen konnten ohne Rücksicht auf Regelungen benachbarter Stämme abgewandelt werden. Das Ziel des bajuwarischen Gesetzbuches, das Gewohnheitsrecht zum Nutzen der öffentlichen Ordnung, des Friedens und der Rechtssicherheit mit der Vernunft zu versöhnen, konnte auf diese Weise vielleicht besser erreicht werden als durch eine zu starke Anlehnung an näherstehende Rechtsauffassungen. Obwohl es natürlich auch zur *Lex Alemannorum* aus dem ersten Drittel des 8. Jahrhunderts Verbindungen gibt, vermutlich über gemeinsame Quellen.

Schließlich, als ebenfalls mögliche Erklärung für den Rückgriff auf den westgotischen Text, hatten die Redaktoren vielleicht gar keine große Auswahl an Vorlagen, so dass sie das nehmen mussten, was sie in den noch dünn bestückten Bibliotheken in Bayern fanden oder selbst dorthin mitbrachten.

Dies führt uns dann weiter zu der zweiten zentralen Frage, auf welchen Wegen denn im 7. oder im 8. Jahrhundert ein westgotisches Gesetzbuch aus der Zeit vor 500 nach Bayern gelangt sein mag.

Erschwerend kommt bei dieser Frage hinzu, dass der *Codex Euricianus* schon lange vor der Abfassung seines bayerischen Pendants außer Gebrauch war. Auf der Iberischen Halbinsel wurde er nämlich bereits in der zweiten Hälfte des 6. Jahrhunderts zunächst revidiert und dann in der zweiten Hälfte des 7. Jahrhunderts unter König Reccesvinth durch die *Lex Visigothorum* ersetzt. Von diesem späteren westgotischen Gesetzeswerk scheint jedoch nichts in die *Lex Baiuvariorum* eingeflossen zu sein. Dort, wo beide Codices parallele Bestimmungen aufweisen, lässt sich dies weithin durch die Übernahme der gleichen Vorlage erklären.

Diese Beobachtung scheint zunächst wieder für eine Frühdatierung des bayerischen Gesetzbuches in die erste Hälfte des 7. Jahrhunderts zu sprechen. Dass dies jedoch ein voreiliger Schluss sein könnte, das zeigen die Forschungshypothesen, die über die verwickelten Wege der westgotischen Quellen Richtung Bayern aufgestellt wurden. Wir wollen uns auf einige wenige solcher Vorschläge beschränken.

Die Niederaltaich-Hypothese der von den Arabern vertriebenen Mönche

In seiner Ausgabe der Ingolstädter Handschrift der *Lex Baiuvariorum* von 1926 setzt Konrad Beyerle für seinen Argumentationsgang mit einer Charakterisierung der frühmittelalterlichen Bewohner Bayerns ein, die es wert ist, hier wörtlich angeführt zu werden:

> Kaum erst christianisiert und von Äußerungen literarischen Lebens noch fast völlig frei, der Sprache Roms unkundig, in der ungeschriebenen Rechtsordnung des eigenen Volkstums sein Genügen findend, so etwa sah die geistige Physiognomie des Bayernstamms aus, als das fein ziselierte Gesetzeswerk in Bayern entstand.

Ob das so stimmt, und vor allem, ob das auf alle Stände zutrifft, sei dahingestellt. Als logische Schlussfolgerung aus dieser Bestandsaufnahme postuliert Bayerle jedenfalls, dass nur Kleriker für die schwierige Aufgabe der Kompilation und Redaktion infrage gekommen seien. Kirchenleute also, die zudem Erfahrung in Rechtsangelegenheiten hatten und ein bestimmtes Interesse verfolgten: nämlich zugleich mit der kirchlichen Autorität auch den fränkischen Einfluss auf Bayern zu befördern. Es könne sich daher nicht um Einheimische gehandelt haben, die Redaktoren müssen von außen gekommen sein.

Die entsprechende Kombination von Einflussfaktoren und Fachkenntnis sei erst mit der Gründung von Kloster Niederaltaich (731 oder 741) sowie mit der Entsendung von Mönchen aus dem Benediktinerkloster Reichenau dorthin gegeben gewesen. Die bayerischen Domklöster in Salzburg und Regensburg seien nicht in der Lage gewesen, eine solch komplexe Aufgabe in Angriff zu nehmen.

Mit dieser Behauptung ist aber die Frage noch nicht beantwortet, wie das westgotische Gesetzbuch nach Niederaltaich gelangte. Dazu muss Beyerle weiter ausholen und zunächst einmal die These aufstellen, dass der Gründer der Abtei Reichenau (724), der heilige Pirmin, nicht, wie bislang angenommen, aus Westfranken oder Irland stammte, sondern aus Spanien. Von dort sei er nach dem Einfall der Mauren im Jahr 711 zusammen mit anderen Ordensbrüdern ins Fränkische

Reich geflohen und habe sich schließlich auf der Insel im Bodensee niedergelassen.

In seinem Gefolge hätte sich auch der spätere erste Abt von Niederaltaich, Eberswind, befunden. Für ihn nun schmiedet der Herausgeber der Ingolstädter Handschrift der *Lex Baiuvariorum* eine auf die Namensforschung aufbauende Beweiskette, die seine westgotische Abstammung belegen soll. Somit kann Beyerle ihm eine intime Kenntnis westgotischer Rechtslehre und die Vertrautheit mit dem Werk Isidors von Sevilla zuschreiben.

Die kurz hintereinander erfolgte Redaktion der Gesetze der Alemannen und Bayern könne kein Zufall sein, fährt er fort. Sie müsse auf die programmatische Initiative der Pirminsmönche zurückgehen, die beiden süddeutschen Herzogtümer durch entsprechende neue Rechtsordnungen enger an das Frankenreich anzuschließen. Die Reichenauer Mönche, insbesondere der Gründungsabt von Niederaltaich als eigentlicher Autor, hätten also die Idee für das Gesetzbuch, vielleicht sogar schon den Aufriss in seinen wesentlichen Zügen nach Bayern mitgebracht. In enger Abstimmung mit dem Herzog und den bayerischen Iudices, den mit der Rechtsprechung Beauftragten, hätten sie den Text vor Ort fertiggestellt.

Die Vorlage für die *Lex Baiuvariorum*, der *Codex Euricianus*, soll also gemäß der These Beyerles im Gepäck der spanischen Mönche zunächst nach Westfranken, dann auf die Reichenau und von dort aus in die niederbayerische Abtei gelangt sei. Dass es sich dabei um genau dieses alte Gesetzeswerk gehandelt habe und nicht um die jüngere *Lex Visigothorum*, sei Zufall. Auf ihrer überstürzten Flucht vor den Arabern hätten die Ordensleute nicht darauf achten können, welchen Codex sie einpackten und ob er noch Gültigkeit besaß. Für die Niederaltaicher Verfasser hingegen sei diese Frage nie relevant gewesen, da sie keine Implementierung geltenden westgotischen Rechts anstrebten. Sie hätten sich nur eines brauchbaren Modells für die Redaktion einer Rechtsordnung bedienen wollen, die ihren politischen und kirchlichen Interessen entsprach.

Soweit Konrad Beyerles Rekonstruktion der Entstehungsgeschichte der *Lex Baiuvariorum* aus der ersten Hälfte des 20. Jahrhunderts. So schlüssig dieser Argumentationsgang auch klingt, so hat er neben der doch recht spekulativen Behauptung,

Pirmin und seine Begleiter seien vor den Mauren aus Spanien geflohen, noch ein weiteres Problem. Er vermag nämlich nicht wirklich zu erklären, warum sich die *Lex Alemannorum*, die ja angeblich ebenfalls aus der Feder der Pirminsmönche stammt, nicht auch durch so umfangreiche Übernahmen aus westgotischen Vorlagen auszeichnet.

St. Emmeram als Abfassungsort?

Bevor wir zur zweiten großen Theorie über die möglichen Reisewege des *Codex Euricianus* nach Bayern kommen, sei eine Studie von Peter Landau dazwischengeschoben, die leider nur am Rande auf die Vermittler und die Vermittlungswege eingeht. Dafür interessiert sie sich umso mehr für den Ort, an dem das bayerische Gesetzbuch aufgeschrieben wurde. Für uns ist sie vor allem wichtig, weil sie behauptet, dass der Bezug nach Spanien noch stärker sei, als bislang angenommen.

Peter Landau stimmt in seinen Ausführungen grundsätzlich Beyerle zu, was die Abfassung des Textes Mitte des 8. Jahrhunderts unter Herzog Odilo angeht. Somit glaubt auch er, dass der Prolog die Entstehungszeit bewusst zurückdatiert. Allerdings weicht er in Hinblick auf die politische Grundtendenz der *Lex Baiuvariorum* von Beyerle ab. Er sieht in dem Text keinesfalls den Versuch, das Herzogtum mittels des Gesetzbuches stärker an die fränkischen Herrscher heranzuführen, sondern vermutet vielmehr eine herzoglich-bayerische Gesetzgebungsinitiative.

Mit der neueren Forschung geht Landau davon aus, dass für ein solch ambitioniertes Projekt ein ganzer Stab an rechtskundigen Redaktoren und erfahrenen Schreibern vonnöten war, die auf eine mehr oder weniger gut ausgestattete Bibliothek zurückgreifen konnten. Deshalb schließt er als Entstehungsort sowohl den merowingischen Königshof als auch den Herzogshof in Regensburg aus. Er plädiert stattdessen ebenfalls für einen kirchlichen Rahmen mit gelehrten Mönchen, die nach Bayern zugewandert seien. Dadurch ließen sich bestimmte Wendungen im Gesetzbuch erklären, wie etwa „jene Provinz“ statt „unsere“ oder „diese Provinz“.

Dass allerdings Kloster Niederaltaich als Neugründung ohne die Tradition einer Bibliothek und aktiver Schreibtätigkeit in der Lage gewesen sein soll, ein solches Vorhaben anzugehen, bezweifelt Landau. Deshalb kommentiert er Beyerles Theorie von der komplizierten Wanderungsgeschichte des *Codex Euricianus* aus dem arabisch besetzten Spanien über die Reichenau nach Bayern erst gar nicht. Nur drei Orte kommen seiner Meinung nach für die Abfassung der *Lex Baiuvariorum* in die engere Auswahl: Salzburg, Passau und Regensburg.

In Salzburg aber seien die nötigen Voraussetzungen erst ab den 740er Jahren, vermutlich sogar erst später gegeben gewesen. Gegen Freising, das vielleicht schon etwas früher mit einem Skriptorium und einer brauchbaren Bibliothek ausgestattet gewesen sein könnte, spreche vor allem die herzogsfreundliche Tendenz der Rechtsordnung. Deshalb verbleibe als wahrscheinlichster Entstehungsort nur Regensburg, und dort wiederum nur das Kloster St. Emmeram, dessen Anfänge bis um das Jahr 700 zurückreichen und das Ende des 10. Jahrhunderts eine der größten Büchersammlungen Europas vorzuweisen hatte.

Leider verzichtet Landau in seiner Begründung darauf, noch einmal speziell auf den *Codex Euricianus* einzugehen. Im Gegenzug erwähnt er jedoch zwei weitere Spuren, die nach Spanien führen und die wiederum von der übrigen Forschung kaum angesprochen werden. Um die Mitte des 8. Jahrhunderts sei eine Zusammenstellung kanonischen Rechts, die sogenannten *Spanischen Epitome*, nach Bayern gelangt. Möglicherweise könne auch eine westgotische Sammlung römischen Rechts aus Südfrankreich zu dieser Zeit schon St. Emmeram erreicht haben.

Zumindest im Falle der *Spanischen Epitome* nun deutet Landau den Weg an, auf dem sie in die Herzogsstadt gelangt sein könnten: nämlich über Italien. Und genau dieser Hinweis führt uns nun zum zweiten umfassenderen Erklärungsansatz für die Beziehungen zwischen Bayern und Spanien in der *Lex Baiuvariorum*.

Die Hypothese der langobardischen Rechtsschule

Einen völlig anderen Aspekt der internationalen Verflechtung Bayerns im Frühmittelalter als Beyerle nimmt nämlich Hermann Nehlsen zum Ausgangspunkt für seine Theorie, die auch die umstrittene Frühdatierung wieder stark macht.

Zwischen dem 6. und dem 8. Jahrhundert habe eine nahezu ununterbrochene Reihe dynastischer Verbindungen zwischen den Agilolfingern und den langobardischen Königen bestanden, die entsprechend enge politische und kulturelle Verknüpfungen mit sich brachten. Speziell in der Zeit von Herzog Garibalds Tochter, der Langobardenkönigin Theudelinde (ca. 570-627) und ihren Nachkommen, sei es in der ersten Hälfte des 7. Jahrhunderts zu einer Verdichtung dieser Beziehungen gekommen.

Möglicherweise entscheidend für die *Lex Baiuvariorum* sei der vehemente Einsatz Theudelindes für die Abkehr der Langobarden vom Arianismus und für die Annahme des römischen Glaubensbekenntnisses gewesen. In diesem Kontext sei 614 von Columban das Kloster Bobbio gegründet worden, das mit seinem Skriptorium und seiner reich ausgestatteten Bibliothek bald Berühmtheit erlangt habe.

Dank der Kodifizierung ihres Rechts unter König Rothari im Jahr 643 und dank ihrer Rechtschule hätten sich die Langobarden den Ruf erworben, die besten Juristen unter den Germanenstämmen zu sein. Mit großer Wahrscheinlichkeit hätten sich in der Hofbibliothek zu Pavia daher auch die westgotischen Codices befunden. Was läge also näher, als die Vermittler des *Codex Euricianus* nach Bayern bei den Langobarden zu suchen.

Die Tatsache, dass sich im bayerischen Gesetzbuch keine Verweise auf das langobardische *Edictum Rothari* finden, beweise laut Nehlsen nur, dass es früher als dieses und damit auch früher als das neue westgotische Recht König Reccesvinths aus dem Jahr 654 entstanden sein müsse. Dies stünde vollkommen im Einklang mit dem Prolog, der eindeutig auf die Initiative des 639 verstorbenen Merowingerkönigs Dagobert verweist. Zudem ließen sich in dieser Zeit in verschiedenen Quellen auch die Namen der vier gelehrten Männer nachweisen, die laut der Einführungspassagen die Redaktion der verschiedenen Stammesrechte übernommen hätten.

Dieser Versuch Nehlsens, die einheitliche Entstehung des bayerischen Gesetzbuches mit der Frühdatierung seiner Abfassung im ersten Drittel des 7. Jahrhunderts zu verbinden, löst zwar weithin die Probleme, die der *Codex Euricianus* als zentrale Quelle des bayerischen Gesetzbuches aufwirft. Zumindest ist die Erklärung schlüssig, wenn man von einer wirklich umfassenden juristischen Bibliothek in Pavia oder Bobbio zu dieser frühen Zeit ausgeht. Doch Nehlsen erkauft sich mit diesen Hypothesen ein neues Problem, das er indirekt am Ende selbst thematisieren muss, das er aber dann nicht wirklich löst.

Er fährt nämlich fort mit den vier erlauchten Männern, die im Auftrag Dagoberts angeblich die früheren bayerischen Gesetzessammlungen noch einmal überarbeitet haben sollen. Von ihnen stammen zwei aus dem direkten Umfeld des merowingischen Hofes, der dritte könnte Bischof von Avignon oder Straßburg gewesen sein – wenn denn die Zuschreibungen richtig sind. Dass diese drei sich längere Zeit in Bayern aufgehalten haben, um ihr Werk zu verrichten, und dass sie dazu möglicherweise sogar einen Umweg über die langobardische Hofbibliothek in Pavia eingelegt haben, das mag nicht recht einleuchten.

Dementsprechend lässt Nehlsen sie auch beiseite, um sich auf den vierten zu konzentrieren, der im Prolog Agilulf genannt wird. Von ihm nimmt die Forschung gemeinhin an, dass sich dahinter ein Bischof von Valence verbergen könnte. Wahrscheinlicher sei jedoch, dass die tatsächlichen Redaktoren der *Lex Baiuvariorum* für ihre fiktive Entstehungsgeschichte des Gesetzeswerks einfach den Leitnamen der Herzogsdynastie der Agilolfinger wählten, um damit das bayerische Element herauszuheben.

Nehlsen jedoch schreibt dem Prolog eine gewisse Authentizität zu. Deshalb behauptet er, Agilulf sei identisch mit dem Mönch Agilus, der aus dem Umfeld Columbans stammt und später Abt eines Klosters bei Paris wurde. Dieser hätte sich, was allerdings in den Quellen nur schwach belegt ist, auf Veranlassung der langobardisch-agilolfischen Königin Theudelinde zusammen mit seinem Begleiter Eustasius zur Missionsreise nach Bayern aufgemacht und Kloster Weltenburg gegründet. Dort sei dann im frühen 7. Jahrhundert die *Lex Baiuvariorum* verfasst worden.

Allerdings muss Nehlsen irgendwann selbst einräumen, dass diese Theorie nicht haltbar ist, zumindest was die Gründung von Weltenburg angeht. Also modifiziert er seinen Vorschlag noch einmal, hält aber trotzdem in Bezug auf die Entstehungszeit gegen viele Kollegen an der ersten Hälfte des 7. Jahrhunderts fest. Er plädiert letztlich für den agilolfischen Herzogshof in Regensburg als Entstehungsort des Gesetzbuches. Dank der regen dynastischen und kulturellen Kontakte ins Langobardenreich seien dort möglicherweise schon in so frühen Zeiten die Voraussetzungen für die komplexe Redaktion der *Lex Baiuvariorum* gegeben gewesen.

Fazit

Zusammenfassend lässt sich sagen, dass ohne Zweifel frühe westgotische Rechtsbücher – der *Codex Euricianus*, die Schriften Isidors von Sevilla sowie möglicherweise weitere Rechtssammlungen – entscheidenden Einfluss auf die *Lex Baiuvariorum* hatten. Wie diese so außergewöhnliche und mit Blick auf andere Stammesgesetze beispiellose spanisch-bayerische Begegnung jedoch zustande kam, bleibt allerdings ein Rätsel.

Die Forschung konnte bislang noch nicht einmal eindeutig klären, wann das erste bayerische Gesetzbuch entstand. Die neueren Studien tendieren überwiegend zu einer Datierung zumindest der Schlussredaktion auf die Zeit Herzog Odilos um 740. Dies wäre also der zeitliche Kontext, in dem auch die kirchlichen Angelegenheiten in Bayern durch die Gründung der Bistümer Regensburg, Freising, Passau und Salzburg rechtlich geregelt wurden.

Fraglich bleibt aber weiterhin, wo ein entsprechender Stab an Rechtsgelehrten und Schreibern – also mit hoher Wahrscheinlichkeit Mönchen – die notwendige Infrastruktur vorfand. Daher lässt sich auch unsere zentrale Frage, auf welchen Wegen die Texte von der Iberischen Halbinsel nach Bayern gelangt sind, noch nicht beantworten. Roman Deutinger drückt es so aus: „man muss sich mit dem Faktum abfinden, ohne es recht erklären zu können."

Direkte Kontakte des agilolfischen Herzogshofes oder bayerischer Klöster mit dem spanischen Westgotenreich sind wohl auszuschließen, so dass von indirekten Wanderwegen der entsprechenden Buchabschriften auszugehen ist, sei es über die Langobarden in Italien, sei es über das Frankenreich.

Auswahlbibliographie

Bayerle, Konrad. *Lex Baiuvariorum. Lichtdruckwiedergabe der Ingolstädter Handschrift des bayerischen Volksrechts mit Transkription, Textnoten, Übersetzung, Einführung, Literaturübersicht und Glossar*. München: Hueber, 1926.

Deutinger, Roman (Hrsg.). *Lex Baioariorum. Das Recht der Bayern*. Regensburg: Pustet, 2017.

Fastrich-Sutty, Isabella. *Die Rezeption des westgotischen Rechts in der Lex Baiuvariorum*. Köln: Heymanns, 2001.

Holzner, Thomas. *Die Decreta Tassilonis*. Berlin: Duncker & Humblot, 2010.

Landau, Peter. *Die Lex Baiuvariorum. Entstehungszeit, Entstehungsort und Charakter von Bayerns ältester Rechts- und Geschichtsquelle*. München: Akademie der Wissenschaften, 2004.

Nehlsen, Hermann. *Bayerische Rechtsgeschichte vom frühen Mittelalter bis zum 20. Jahrhundert*. Frankfurt/M.: Lang, 2011.

Schumann, Eva. „Entstehung und Fortwirkung der Lex Baiuvariorum", in: Gerhard Dilcher und Eva-Maria Distler (Hrsg.). *Leges – Gentes – Regna. Zur Rolle von germanischen Rechtsgewohnheiten und lateinischer Schrifttradition bei der Ausbildung der frühmittelalterlichen Rechtskultur*. Berlin: Erich Schmidt, 2006, 291-319.

Siems, Harald. „Lex Baiuvariorum", in: *Reallexikon der Germanischen Altertumskunde*. Berlin: de Gruyter, 2001, Band 18, 305-315.

Der spanische Adoptianismus auf der Regensburger Reichssynode Karls des Großen

Die zweite Hälfte des 8. Jahrhunderts leitete sowohl für die Iberische Halbinsel als auch für Bayern Entwicklungen ein, die für die Zukunft der beiden Territorien entscheidende Bedeutung haben sollten. Wenig deutete damals allerdings darauf hin, dass sich dabei ein wie auch immer gearteter Berührungspunkt für einen direkten Austausch ergeben könnte. Denn auf der einen Seite haben wir das agilolfische Herzogtum im Osten, das unter Tassilo III. vergeblich nach einer gewissen Autonomie innerhalb des Fränkischen Reiches strebte. Auf der anderen Seite lag im Westen das maurisch-muslimische Al-Andalus, das sich mutmaßlich den islamischen Reichen Nordafrikas sowie des Nahen und Mittleren Ostens zuwandte.

Erstaunlicherweise war es dann eine hochkomplexe christlich-theologische Frage, die den Kontakt herstellte. Und selbstverständlich verdankt sich diese ganz spezifische bayerisch-spanische Begegnung jener Zeit in erster Linie der zentralen Figur der europäischen Geschichte jener Epoche, nämlich Karl dem Großen.

Der fränkische König nahm höchstpersönlich das Heft in die Hand, als es darum ging, den Streit um den sogenannten spanischen Adoptianismus beizulegen. Er berief dazu im Jahr 792 in Regensburg eine Reichssynode ein und war wohl selbst die treibende Kraft im Prozess gegen die in Spanien vertretene christologische Auffassung. Die auf dieser Kirchenversammlung beschlossene, offizielle Verurteilung der adoptianistischen Lehre vermochte die Debatte jedoch noch nicht endgültig zu beenden. Auch die Folgekonzilien in Frankfurt (794) und Aachen (799) mussten sich noch einmal damit beschäftigen, bestätigten aber weithin die in Bayern gefassten Beschlüsse.

Im Zentrum der Auseinandersetzung stand Erzbischof Elipandus von Toledo (ca. 717-802), der auch unter der islamischen Herrschaft sein Amt als Oberhaupt der westgotischen Christen ausüben durfte. Als Adoptianismus wird die von ihm entwickelte christologische Auffassung deshalb bezeichnet, weil er vorgeschlagen hatte, das alte Dogma von den zwei Naturen in der einen Person Jesu Christi genauer zu bestimmen.

Der Sohn, so die Interpretation des Elipandus, sei durch seine göttliche Natur Schöpfungsmittler und insofern im Wesen Gott gleich, wie es ja das traditionelle Glaubensbekenntnis aussagt. Folglich sei er in seiner göttlichen Natur nicht adoptiert. In seiner menschlichen Natur hingegen, die in dieser Lehrmeinung eng mit der Erlösungstheologie verknüpft wird, sei der aus der Jungfrau geborene Sohn von Gott lediglich adoptiert.

Möglicherweise steht hinter dieser Formel ein besonderes spanisch-westgotisches Verständnis der lateinischen Begriffe „adoptio“ und „assumptio“, die in der fränkischen Kirche ganz anders interpretiert wurden. Aber dies braucht hier nicht eingehend besprochen zu werden, da an dieser Stelle nicht die theologischen Details (vgl. dazu ausführlich Nagel), sondern die Rahmenbedingungen des Streits im Mittelpunkt stehen sollen.

Bayern und Spanien im 8. Jahrhundert

Nach ihrer Landung bei Gibraltar im Jahr 711 hatten es die arabisch-berberischen Verbände vermocht, innerhalb kürzester Zeit das bereits brüchig gewordene westgotische Reich vollständig zu zerschlagen und nahezu die gesamte Iberische Halbinsel, ja sogar Gebiete nördlich der Pyrenäen zu erobern. Nur in einem kleinen Streifen an der für die Araber wenig attraktiven, kühlen und regnerischen Atlantikküste um Oviedo im Nordwesten konnten sich westgotische Adelige mit der einheimischen Bevölkerung zusammenschließen und ein christliches Kleinreich aufbauen.

Innerhalb der neuen, islamischen Führungsschicht des Landes kam es bald zu Rivalitäten und Aufständen. Erst als Emir Abd ar-Rahmân I. aus der Dynastie der Omayaden in der Mitte des 8. Jahrhunderts die Macht übernahm, vermochte er, den inneren Zerfall aufzuhalten. Doch auch gegen seine Zentralisierungspolitik erhob sich Widerstand. Dies führte dazu, dass mehrere lokale muslimische Herrscher aus dem Norden der Halbinsel den unbestrittenen Führer des christlichen Europas, den jungen König Karl, um Hilfe gegen das Emirat von Córdoba anriefen.

Karls Spanienfeldzug 778 endete allerdings in einem Fiasko, denn zum einen war er gegen die Araber vor Zaragoza erfolglos, zum anderen brachte er durch seine Kriegsführung die Basken gegen sich auf. Bei dem nicht eben ehrenvollen Rückzug der Franken rächten sich diese und rieben an dem Pyrenäenpass bei Roncesvalles Karls Nachhut auf. Das gut 300 Jahre später entstandene *Rolandslied* hält bis in unsere Zeit die Erinnerung an dieses Ereignis wach.

Nur kurz nach dem französischen Epos entstand dann im 12. Jahrhundert noch ein weiterer, auf lateinisch verfasster und stark ausgeschmückter Text, der sogenannte *Pseudo-Turpin*. Er deutete den schmachvollen Zug nach Spanien in eine glorreiche Eroberung um, bei der Karl ganz nebenbei das Grab des Apostels Santiago besucht, wenn nicht gar entdeckt hätte. Außerdem hätten in seinen Reihen Ritter aus Bayern gegen die ungläubigen Mauren gekämpft und sich damit die ewige Herrlichkeit erworben. Doch diese späte Version kann getrost in das Reich der Mythen und Legenden verwiesen werden. Es gibt keinerlei belastbare Hinweise darauf, dass Tassilo III. wirklich Seit an Seit mit Karl die Stadt Zaragoza belagert hätte.

Dagegen sprechen zeitgenössischen Quellen davon, dass sich der letzte Agilolfingerherzog bereits früher einem Aufgebot der Franken widersetzt habe, an einem Feldzug gegen Aquitanien im heutigen Südfrankreich teilzunehmen. Jedenfalls nutzte Karl dieses Argument im Schauprozess gegen Tassilo, um ihn abzusetzen und in ein Kloster zu schicken. Damit und mit dem ersten Aufenthalt des Frankenherrschers in Regensburg, wo er im Herbst 788 den Treueschwur des lokalen Adels entgegennahm, endete die zuvor immer wieder angestrebte und zumindest partiell erreichte Autonomie Bayerns.

Noch stärker in das Blickfeld des Königs rückte das alte Herzogtum im Osten seines Reiches jedoch im Kontext der

Awarenkriege. Über zwei Jahre lang, vom Sommer 791 bis Herbst 793, hielt sich Karl dort auf und richtete seine Residenz in Regensburg ein. Dorthin berief er auch, wohl im Sommer 792, eine Synode, um den in Spanien ausgebrochenen dogmatischen Streit zu behandeln, der drohte, von der Iberischen Halbinsel aus auf das gesamte Fränkische Reich überzugreifen.

Trotz des erfolglosen Feldzugs von 778 hatten es die Franken nämlich in den darauffolgenden Jahren vermocht, sukzessive ihre Einflusssphäre über den Pyrenäenhauptkamm hinweg in die nördliche Zone des heutigen Kataloniens auszudehnen. Damit war die Iberische Halbinsel in drei völlig unterschiedliche Gebiete aufgeteilt:

Im Nordwesten gab es einen noch immer vergleichsweise kleinen Küstenstreifen, wo sich das auf westgotische Traditionen fußende, christlich-asturianische Königtum konsolidierte und langsam aber sicher auf angrenzende Regionen wie etwa Galicien und Gebiete südlich des Küstengebirges ausgriff. Daraus sollten später, im Verlauf der sogenannten Reconquista, Portugal und Kastilien hervorgehen.

Einige hundert Kilometer weiter im Osten war in den Pyrenäen eine zunächst schmale, gebirgige Zone unter christlich-fränkische Oberherrschaft gefallen, die sich als *Spanische Mark* ebenfalls allmählich Richtung Süden ausweitete, quasi als Keimzelle für die späteren Regionen Katalonien, Aragón und Valencia.

Den gesamten großen Rest des heutigen Spaniens und Portugals beherrschten die Omayaden von Córdoba aus. Sie leiteten dort in den nächsten beiden Jahrhunderten eine beispiellose kulturelle und wirtschaftliche Blütezeit ein.

Die Herausbildung des spanischen Adoptianismus

Dank der von den Mauren gepflegten Toleranz gegenüber dem Christentum und dem Judentum konnten die Christen in Al-Andalus zunächst weithin ohne Einschränkungen ihre Religion bewahren. Ja sie konnten sogar Konzile einberufen und Kontakte zu den Glaubensgenossen außerhalb des Emirats pflegen. Die alte Vorrangstellung des Erzbistums Toledo über die westgotische Kirche blieb somit unangetastet.

Gleichzeitig bildeten sich aber natürlich im Laufe der Zeit Assimilierungstendenzen unter den Gläubigen heraus. Christentum und Islam mussten, ob sie wollten oder nicht, zu einem Modus Vivendi finden. So kam es, dass sich die auch zuvor schon sehr eigenständige westgotische Kirche nun in einem schwierigen Umfeld als mozarabische – wahrscheinlich in der Bedeutung „arabisierte" – Kirche unter dem Islam gegen ganz unterschiedliche Fronten verteidigen und abgrenzen musste.

Aus dem Frankenreich war als Vertreter der Rom nahestehenden Kirche ein Wanderbischof aufgetaucht, der die liturgischen Eigenheiten der westgotischen Traditionen sowie den notwendigerweise engen Kontakt zu Andersgläubigen kritisch betrachtete. Er versuchte, diejenigen Gruppen auf der Iberischen Halbinsel zu unterstützen, die den Primat des Papstes über alle westlichen Kirchen postulierten.

Gegen eine dieser Gruppen hatte nun Erzbischof Elipandus von Toledo zu Beginn der 780er Jahre nicht nur kirchenpolitische, sondern auch dogmatisch-theologische Vorbehalte formuliert. Im Zuge dieser Auseinandersetzung entwickelte er dann den Adoptianismus als eigenständig westgotisch-spanische Interpretation der christologischen Lehre von den zwei Naturen in einer Person.

Die zweite Front, gegen die der Erzbischof von Toledo seinen Hoheitsanspruch verteidigen musste, erwuchs ihm in Asturien. Trotz der politischen und militärischen Auseinandersetzungen zwischen Al-Andalus und dem christlichen Königreich war ja die Trennung auf kirchlichem Gebiet noch nicht vollzogen worden. Elipandus legte daher den dortigen Bischöfen und Klöstern das von ihm entwickelte adoptianistische Glaubensbekenntnis vor und fand selbstverständlich Anhänger, denn an die dogmatische Frage war letztlich die Einheit der westgotischen Kirche gekoppelt. Doch ebenso verständlich erscheint, dass sich aus der Abwehrhaltung gegen das maurische Spanien heraus jetzt Widerstand gegen Toledo regte.

Ein dreiviertel Jahrhundert nach dem Zusammenbruch des westgotischen Reiches waren alle Hoffnungen auf eine schnelle Änderung der Verhältnisse geschwunden. Im kleinen, christlichen Königreich im Nordwesten wurde die Eroberung des Landes durch den Islam als Katastrophe, ja als Apokalypse wahrgenommen. Daher konnte für die Vordenker dieser Richtung die Lösung nicht in der Anpassung und im „Weiter so“ bestehen.

In der Figur eines Mönches, der unter dem Namen Beatus von Liébana bekannt wurde, kristallisierte sich daher eine unbeugsame Haltung heraus, die für einen radikalen Neuanfang stand. Er und seine Mitstreiter wiesen auf überaus brüske und hochemotionale Art und Weise den Adoptianismus zurück, weil sie die theologische Frage zum Anlass nahmen, damit einhergehend auch den Primatsanspruch von Toledo über ganz Spanien abzulehnen.

Gleichzeitig wollte Beatus, der Mönch aus dem Kloster inmitten der Berge der Picos de Europa, keineswegs die alte Eigenständigkeit der westgotischen Kirche zugunsten einer Unterwerfung unter das Fränkische Reich oder einer Anpassung an Rom aufgeben. Sein Ziel war es vielmehr, eine neue, ebenso eigenständige spanische Kirche zu etablieren, in deutlicher Distanz zu Toledo, aber eben auch in Distanz zu Aachen und Rom. Allerdings scheute er nicht davor zurück, sich aus taktischen Überlegungen heraus der Hilfe des fränkischen Königs und des Papstes zu bedienen, wenn es darum ging, das Joch des Primats abzuschütteln.

Die dritte Front gegen Erzbischof Elipandus formierte sich in den von den Franken eroberten Gebieten im Nordosten der Halbinsel. Die dort in den Pyrenäen ansässigen Bischöfe entglitten seiner Kontrolle und wurden in die fränkische Reichskirche eingegliedert. Dennoch – oder gerade deswegen – gelang es ihm ausgerechnet dort, einen theologisch ausgewiesenen Anhänger für seine Thesen zu finden, nämlich Bischof Felix von La Seu d’Urgell, dem bis heute existierenden Pyrenäenbistum südlich von Andorra.

Felix entwickelte sich sogar zum profiliertesten Verfechter des Adoptianismus. Die neue Lehre vertrat er mit aller Konsequenz nicht nur gegen Beatus von Liébana aus Asturien, sondern auch gegenüber den theologischen Beratern des Frankenkönigs. Spätestens damit war aus dem spanieninternen Streit ein reichspolitisches Problem geworden, um das sich Karl persönlich kümmern musste.

Fassen wir kurz zusammen: Als Vertreter der alten, westgotischen Kirche, die sich jetzt mit der maurischen Herrschaft arrangieren musste, entwickelte Erzbischof Elipandus von Toledo die Lehre des Adoptianismus. Sein schärfster Gegner in dieser Angelegenheit wurde der Mönch Beatus von Liébana aus dem christlich-asturianischen Reich im Nordwesten, das in kirchlichen Angelegenheiten eigentlich noch ihm, dem Erzbischof-Primas von Spanien unterstellt war. Dagegen fand er für seine Dogmeninterpretation in Bischof Felix aus dem Nordosten der Iberischen Halbinsel einen begeisterten Anhänger, der inzwischen der fränkischen Reichskirche unterstand.

Regensburg und die Verdammung des Adoptianismus

Über die genauen Abläufe der Regensburger Synode des Jahres 792 liegen keine bzw. nur indirekte Quellen vor. Sicher ist jedoch, dass Elipandus selbst nicht nach Bayern reiste. In seiner Bischofsstadt Toledo unter maurisch-arabischer Herrschaft war er geschützt vor dem Zugriff Karls. Bischof Felix war als Oberhaupt einer Diözese des fränkischen Reiches jedoch direkt vom König abhängig, so dass er an die Donau zitiert wurde.

Wenige Jahre später entstandene Berichte sagen nun aus, dass der Bischof von Urgell gezwungen wurde, öffentlich seinen Lehren abzuschwören. Anschließend führte ihn ein Vertrauter Karls nach Rom, wo er vor dem Papst schriftlich und durch feierliche Eide seine Zustimmung zu der nun als orthodox deklarierten anti-adoptianistischen Christologie geben musste. Sein Bistum wurde ihm entzogen, so dass er wohl zu Elipandus nach Toledo flüchtete.

Offensichtlich waren aber beide keineswegs gewillt, die Angelegenheit auf sich beruhen zu lassen. Eine Vielzahl von Briefen, Traktaten und Gegentraktaten hielt in den folgenden Jahren die Angelegenheit offen, bis schließlich Bischof Felix nach seinem vergeblichen Versuch, auf der Synode in Aachen im Jahr 799 doch noch die Gunst des Königs zu gewinnen, von Karl in ein Kloster bei Lyon verbannt wurde.

Für die bayerisch-spanischen Beziehungen war der Adoptianismusstreit ein punktuelles Ereignis, das sich ausschließlich dem Zufall verdankt, dass Karl zu dieser Zeit im Osten seines

Reiches weilte. Auswirkungen auf Bayern hatte die Debatte auf der Regensburger Synode daher nicht, so dass sie dort höchstens als Fußnote in den Geschichtsbüchern vermerkt wird.

Ganz anders jedoch stellt sich die Lage für Spanien dar. Durch das entschiedene Eingreifen des Beatus von Liébana und seiner Mitstreiter gegen die Lehrautorität Toledos hatten sich die entstehenden christlichen Reiche im Nordwesten der Iberischen Halbinsel Freiräume geschaffen. In diesen konnte sich bald darauf ein kirchenpolitisch und kulturgeschichtlich kaum zu überschätzendes Phänomen herausbilden, das bis heute wirksam und bedeutsam geblieben ist: der Jakobsweg nach Santiago de Compostela.

Neben seinen polemischen Stellungnahmen zum Adoptianismus und einem Apokalypsenkommentar, der durch die reich illustrierten Ausgaben des Hochmittelalters berühmt werden sollte, stammt aus der Feder des Beatus nämlich vermutlich auch der liturgische Hymnus *O Dei Verbum* (um 785). In ihm greift der Mönch aus Liébana eine bis dahin kaum beachtete Tradition unbekannten Ursprungs aus dem 7. Jahrhundert auf, wonach der Apostel Jakobus der Ältere vor seiner Enthauptung in Jerusalem auf der Iberischen Halbinsel missioniert haben soll. Beatus legte nun durch die dezidierte Einbindung dieser Legende in einen Kirchengesang zentrale Fundamente für die Jakobsverehrung im Nordwesten Spaniens, denn in *O Dei Verbum* wird der Jünger Jesu erstmals emphatisch zum Apostel, Haupt und Patron Spaniens eingesetzt.

Es war also keineswegs Zufall, dass in der ersten Hälfte des 9. Jahrhunderts, nur wenige Jahrzehnte nach dem Adoptianismusstreit, auf wundersame Art und Weise das Grab in Santiago de Compostela gefunden wurde. Damit begann die Geschichte des Camino de Santiago, die, wie wir sehen werden, ab dem 11. Jahrhundert auch in Bayern ihren Niederschlag fand.

Auswahlbibliographie

Abad y de Vinyals, Ramón de. *La batalla del adopcionismo.* Barcelona: Real Academia de Buenas Letras de Barcelona, 1949.

Hartmann, Wilfried. *Die Synoden der Karolingerzeit im Frankenreich und in Italien.* Paderborn: Schöningh, 1989.

Marboe, René Alexander. *Von Burgos nach Cuzco. Das Werden Spaniens 530-1530.* Essen: Magnus, 2006.

Márquez Villanueva, Francisco. *Santiago: trayectoria de un mito.* Barcelona: Bellaterra, 2004.

Nagel, Helmut. *Karl der Große und die theologischen Herausforderungen seiner Zeit.* Frankfurt/M.: Lang, 1998.

Orlandis, José. „La circunstancia histórica del adopcionismo español", in: *Scripta Theologica*, 26, 1994, 1079-1091.

Perarnau Espelt, Josep. „Feliu d'Urgell: fonts per al seu estudi i bibliografia dels darrers seixanta anys", in: *Arxiu de Textos Catalans Antics*, 16, 1997, 435-482.

Rivera Recio, Juan Francisco. *El adopcionismo en España, siglo VIII. Historia y doctrina.* Toledo: Seminario Conciliar, 1980.

Schmid, Peter. *Regensburg. Stadt der Könige und Herzöge im Mittelalter.* Kallmünz: Lassleben, 1977.

St. Afra und Sant Narcís:
eine mittelalterliche Heiligenpartnerschaft zwischen Augsburg und Girona

Ein unbefangener Tourist, der heutzutage im katalanischen Girona eine mit Fliegen bestückte Figur des Stadtheiligen Narcissus erwirbt, wird kaum auf die Idee kommen, dass die Legenden um diesen Bischof ihren Ursprung in Augsburg haben und eng mit der dortigen Schutzpatronin St. Afra verbunden sind.

Doch über viele Jahrhunderte hinweg gab es einen intensiven Austausch zwischen den beiden Städten, in dessen Verlauf die sich wechselseitig beeinflussenden Geschichten über die beiden Märtyrer aus der späten Römerzeit immer weiter ausgebaut wurden. Mönche, Schriftstücke und Reliquien nahmen ihren Weg vom Lech nach Nordostspanien und zurück, in den Kirchen wurden entsprechende Altäre eingerichtet, Bruderschaften gründeten sich hier und dort.

Heute kann zwar von einer gemeinsamen Verehrung beider Heiliger keine Rede mehr sein. Zumindest als Relikt vergangener Zeiten ist jedoch die 1603 ins Leben gerufene St. Narcissus Bruderschaft der katholischen Schneider in Augsburg bis in die jüngste Zeit aktiv gewesen. Und in Girona wird in der Kirche St. Felix auf dem Altar der heiligen Afra der erste Steinsarkophag des Bischofs aufbewahrt, der sie der Überlieferung gemäß im Jahr 304 getauft hat.

Eine zentrale Rolle für den mittelalterlichen Austausch über eine Distanz von 1.200 km hinweg spielte dabei ein Bote, der 1087 vom Abt des Klosters St. Ulrich und Afra ausgeschickt und von Berengar, dem Bischof von Girona, mit allen Ehren empfangen wurde. Dieser erste überlieferte persönliche Kontakt diente dazu, die jeweiligen Informationen über die Heiligen abzugleichen und ihre Verehrung voranzutreiben.

Bevor wir aber zur Rekonstruktion dieses für Bayern und Spanien wohl einzigartigen Kulturaustauschs ansetzen, muss vorausgeschickt werden, dass von der kritischen Geschichtswissenschaft heutzutage nahezu alles an dieser Tradition in Zweifel gezogen wird: Auf Lesefehlern von alten Märtyrerlisten soll die frühe Zuordnung St. Afras nach Augsburg ebenso beruhen wie die Behauptung, dass sie eine bekehrte Prostituierte gewesen sei, und auch die Existenz des Bischofs Narcissus von Girona gehe auf eine falsch interpretierte Abkürzung zurück. Da es uns aber nicht um die Authentizität und Historizität der Heiligen an sich geht, sondern um die auf ihnen aufbauenden Beziehungen zwischen Augsburg und Girona, können wir diese Nachfragen ruhigen Gewissens beiseite lassen.

Legenden und Schriften über St. Afra in Augsburg

Die einschlägigen Handbücher und Nachschlagewerke zur Bayerischen Geschichte und Kirchengeschichte (Spindler, Brandmüller, Schwaiger, Hausberger / Hubensteiner etc.) sind sich einig in der großen Bedeutung, die der heiligen Afra für die frühe Volksfrömmigkeit, wenn nicht sogar für die Kontinuität des Christentums von der Römerzeit bis ins Mittelalter im Gebiet des heutigen Bayerns zukommt.

Die erste verbriefte, wenn auch extrem kurze Nennung der Verehrung der Gebeine der Märtyrerin Afra in Augsburg stammt aus der *Vita Sancti Martini* des Venantius Fortunatus aus der Zeit vor 600. Gut 100 Jahre später, um 700, gibt es mit der *Passio Afrae* bereits einen etwas ausführlicheren Bericht über ihr Martyrium während der Christenverfolgung unter Diokletian zu Beginn des 4. Jahrhunderts. Über ihre Bekehrung wird dort jedoch nichts ausgesagt.

Da sich solche Texte über Heilige und ihre konkrete Verehrung vor Ort wechselseitig bedingen, und da die dramatische Schilderung vom Prozess und der Hinrichtung Afras notwendigerweise weitergehende Fragen aufwarf, verwundert es nicht, dass um die Wende vom 8. zum 9. Jahrhundert eine erheblich umfangreichere Fassung auftauchte. Es handelt sich um die *Conversio et passio Afrae*, die schnell in vielen Abschriften im gesamten Frankenreich Verbreitung fand.

Wo sie verfasst wurde, muss offen bleiben. Der These Mundós zufolge sollte sie in den Zeiten Karls des Großen dazu dienen, die beiden weit entfernten Gebiete des Reiches einander anzunähern, so dass sie aus dem Umfeld des Frankenkönigs stammen könnte. Andere Forscher hingegen plädieren für ihre Augsburger Herkunft.

Ebenso ungewiss ist, wo der unbekannte Verfasser der *Conversio* den Namen von Bischof Narcissus und den seines Diakons Felix hernahm. Es könnte sein, dass er sie in einem alten Martyriologium fand und fälschlicherweise Girona zuordnete, wo die Verehrung eines anderen Felix bereits gesichert war. Auf diese Weise hätten sich unterschiedliche Traditionen und Inventionen überlagert, die dann später mühsam wieder voneinander getrennt werden mussten.

Der Text der Bekehrungsgeschichte der Augsburger Heiligen setzt jedenfalls mit der Information ein, dass während der Christenverfolgung unter dem römischen Kaiser Diokletian ein Bischof Narcissus und sein Diakon Felix auf der Flucht waren. Sie kommen in das Haus der Afra, ohne zu wissen, dass diese der Prostitution nachgeht.

Das seltsame Gebaren des Mannes, der zum Essen betet, ruft die Neugier der Hausherrin hervor. Narcissus beginnt, ihr die christlichen Lehren zu erklären. Sie ruft daraufhin ihre Dienerinnen sowie ihre Mutter und berichtet den Frauen von den wundersamen Dingen, die geschehen sind. Bevor sie sich bekehren, fassen die Anwesenden für den Bischof die Geschichte der aus Zypern stammenden Familie zusammen. Um Afras Beruf zu rechtfertigen, fügen sie noch hinzu, dass sie der Liebesgöttin Venus geweiht sei.

Als retardierendes Moment der Legende taucht dann auf einmal ein Dämon auf, mit dem der heilige Bischof einen langen Kampf ausficht. Wundersamerweise bezwingt er ihn am Ende und schlägt dabei gleich zwei Fliegen mit einer Klappe. Denn der Teufel fährt in einen Drachen und tötet ihn dadurch.

Erst nach diesen Zeichen werden Afra und ihr Anhang getauft. Narcissus aber und sein Gefährte bleiben neun Monate in Augsburg, ordnen alles zum Besten, weihen Afras Onkel Zosimus (Dionysius) zum Vorsteher der Gemeinde und damit zum ersten Bischof Augsburgs, um schließlich Richtung Spanien zu ziehen. In Girona wirken sie drei Jahre, vergrößern die Zahl der Gläubigen und sterben als Märtyrer.

Interessanterweise kündigt der Text dann an, später über ihren Tod zu berichten, zunächst wolle er sich aber wieder den Geschehnissen in Augsburg zuwenden. Dies tut er auch, indem er leicht abgewandelt die ältere und schon bekannte *Passio Afrae* einfügt. An deren Ende findet sich ein weiterer Zusatz, nämlich die Erzählung vom wundersamen Auffinden des unversehrten Leichnams der Heiligen, nicht jedoch die zuvor versprochene Information über den Bischof und seinen Diakon.

Der Weg der Narcissusverehrung von Augsburg nach Girona

Dieser Bericht von der *Conversio et passio* beantwortete nun die drängenden Fragen nach der Herkunft der Heiligen, ihrer Bekehrung und ihres Bekehrers, wie auch die nach den Ursprüngen der Diözese und des damals außerhalb der Stadt gelegenen Kirchleins St. Afra. Gleichzeitig öffnete er jedoch ein Fenster für neue Fragen, die insbesondere Girona betrafen.

Der katalanischen Stadt und Diözese war mit der erweiterten Afralegende überraschenderweise ein neuer Heiliger zugefallen, zudem ein bedeutender Bischof und Märtyrer aus früher Zeit. Die Nachricht davon muss wohl noch im Verlauf des 9., spätestens aber im 10. Jahrhundert dort angekommen sein. Möglicherweise über eine Abschrift der ausführlichen Legende, vielleicht aber auch durch Anmerkungen in Texten des Florus von Lyon oder Ados von Vienne, die Narcissus bereits um 850 kennen.

Gesichert ist jedenfalls, dass Papst Silvester II. im Jahr 1002 Gironas Bischof Odo die Besitztümer der Diözese bestätigt, wobei er eine Kirche zu Ehren des heiligen Märtyrers Felix und des heiligen Narcissus erwähnt.

Dieser Felix aber war der alte Patron der Stadt Girona, der, aus Nordafrika stammend, ebenfalls unter Diokletian den Tod gefunden haben soll. Er konnte in Katalonien keinesfalls mit dem Diakon Felix aus der Afrageschichte gleichgesetzt werden, weil er dort schon lange verehrt worden war. Außerdem waren im 10. Jahrhundert Gebeine in einem römischen Steinsarg aufgefunden und ihm zugeschrieben worden.

Dass nun ausgerechnet das Gotteshaus, das diesem Felix geweiht war, kurz nach der Jahrtausendwende ein zweites Patrozinium trägt, könnte als Indiz gewertet werden, dass um diese Zeit bereits die Verehrung des aus Augsburg kommenden Bischofs eingesetzt hatte. Möglicherweise hatte man schon damals mumifizierte Überreste aus einem anderen Sarkophag zum wundersam erhaltenen Körper des Narcissus erklärt.

Klarer werden die Hinweise im Verlauf des 11. Jahrhunderts. Aus der Feder des bedeutenden katalanischen Bischofs Oliba von Vic ist ein Text zu Ehren des heiligen Narcissus erhalten, der in der Fassung der *Patrologia Latina* Spuren einer vielfachen Überarbeitung aufweist. Wahrscheinlich aber hat der Bischof tatsächlich 1043 in Girona gepredigt, um das Andenken an Sant Narcís nicht nur in der Stadt selbst, sondern in ganz Katalonien zu befördern.

Die allegorisch ausgemalte Ansprache (vgl. die kritische Ausgabe bei Junyent) setzt eindeutig die Kenntnis der *Conversio et passio* der heiligen Afra voraus, denn Oliba geht insbesondere auf das Dämonen- und Drachenwunder ein. Er fügt ihr aber noch keine neuen, aus Katalonien selbst stammenden Informationen hinzu, etwa Details über die Auffindung des Grabs oder Einzelheiten zu Narcissus' Martyrium.

Den nächsten Schritt der Traditionsbildung stellt dann der anfangs erwähnte, erste nachweisbare direkte Kontakt zwischen Augsburg und Girona dar. In der Stadt am Lech war St. Afra gegen den neuen Heiligen und Ungarnbezwinger Ulrich wohl etwas ins Hintertreffen geraten. Doch der Abriss ihrer alten Kirche brachte einen Sarkophag zutage, in dem man ihre Gebeine gefunden zu haben glaubte. Der Neubau des Gotteshauses und möglicherweise der Investiturstreit verzögerten die Angelegenheit noch etwas, doch im Jahr 1087 entsandte Abt Sigehard einen Boten nach Spanien mit der Bitte um Informationen über Narcissus.

Natürlich ging er damit ein gewisses Risiko ein, denn es hätte ja sein können, dass dieser Heilige dort gar nicht bekannt gewesen wäre, was einen erheblichen Rückschlag für die Legendenbildung um Afra bedeutet hätte. Entweder konnte es für ihn also keinen vernünftigen Zweifel an den Aussagen der *Conversio* und der sich daraus notwendigerweise ergebenden Verehrung des Bischofs in Katalonien geben, oder aber er verfügte über entsprechende Informationen aus Girona. Als Quelle dafür kämen beispielsweise frühe Santiagopilger in Frage, die auf ihrer Wallfahrt in den äußersten Westen Europas den Weg über Katalonien genommen hatten.

Wie dem auch sei, die Antwort, die der Laienbruder aus Spanien mitbrachte, klingt zwar zunächst etwas enttäuschend, denn die erhofften Nachrichten über Afra und Narcissus waren spärlicher Natur. Aber zumindest konnte Bischof Berengar von Girona bestätigen, dass der Heilige existiert und verehrt wird. Bei näherem Hinsehen gibt der Begleitbrief aus Spanien jedoch einige weitergehende Informationen preis.

Zunächst einmal schickt das Oberhaupt der Gironeser Kirche seinen Mitbrüdern in Augsburg einige Reliquien des heiligen Felix und seiner Begleiter. Er beeilt sich aber klarzustellen, dass es sich dabei um den alten, aus Afrika stammenden Glaubensboten und Märtyrer handle.

Vom Leichnam des Narcissus könne er hingegen nichts hergeben, denn dessen Körper sei unversehrt aufgefunden worden und man wolle ihn nicht zerstückeln. Deshalb müssten sich Abt und Mönche von St. Ulrich und Afra mit einem Teil der Stola begnügen, die im Grab gefunden worden sei. An der in Girona aufbewahrten Stola, die vermutlich aus dem 10. oder 11. Jahrhundert stammt, fehlt in der Tat ein kleines Stück, das bis ins 17. Jahrhundert in Augsburg nachweisbar ist.

Über den Begleiter von Narcissus, den Diakon Felix, weiß Berengar zu berichten, dass dessen Gebeine bereits vom Frankenkönig Karl nach Paris geschafft worden seien. Natürlich ist damit Karl der Große gemeint, der im Jahr 785 angeblich höchstpersönlich Girona erobert haben soll. Dass diese Geschichte auf historisch wackeligen Füßen steht, soll uns an dieser Stelle nicht weiter beschäftigen.

Was die schriftlichen Traditionen angeht, so zeigt sich der Bischof in Bezug auf die *Passio Felicis* des alten Stadtheiligen Gironas großzügig. Die Abschrift, die er davon anfertigen ließ, wird in Augsburg aber kaum auf großes Interesse gestoßen sein. Und zu St. Afra scheinen der Bischof und der Gesandte des

Abtes die jeweiligen Manuskripte verglichen zu haben. Der Informationsstand über sie war dabei offensichtlich gleich, so dass davon auszugehen ist, dass in beiden Städten die *Conversio et passio Afrae* schriftlich vorlag.

Zum heiligen Narcissus nun sagt Berengar zunächst, dass er seinen Mitbrüdern in Augsburg das überlässt, was sie in Girona haben. Dies könnte sich – so zumindest die These derer, die die Predigt des Oliba für im Kern echt und nicht für eine nach 1087 entstandene Fälschung halten – auf den Text des Bischofs von Vic beziehen. Der geht aber wiederum nicht über das hinaus, was in Augsburg bereits bekannt war. Dann jedoch folgt noch ein interessanter Nachsatz Berengars: Das Buch über das Leben und Sterben des Heiligen sei unwiederbringlich durch den Einfall der Heiden verloren gegangen.

Ob der katalanische Bischof sich damit auf die Araber im 8. Jahrhundert oder auf andere Ereignisse des 10. Jahrhunderts bezieht, ist unerheblich. Hingegen ist die Tatsache bemerkenswert, dass er neben der Nachricht von der angeblichen Überführung der Reliquien des Diakons Felix nach Paris auch ein nicht (mehr) existierendes Buch ins Spiel bringt. Beide Hinweise zeugen zunächst einmal von dem Willen des Gironeser Oberhirten, den wissensdurstigen Augsburgern so weit als möglich mit neuen Informationen entgegenzukommen. Auf der anderen Seite jedoch verlegt er den Verlust der Gebeine des Diakons und der schriftlichen Dokumente über Narcissus in eine graue Vorzeit.

Mit der ausschmückenden Erwähnung der beiden Bekehrer der heiligen Afra will Berengar ohne Zweifel Einfluss auf die Tradition nehmen. Ob in gutem Glauben oder mittels ad hoc erfundener Geschichten zementiert er die Überzeugung von der realen Existenz sowohl der Überreste des heiligen Diakons als auch einer früher kursierenden Legende um Bischof Narcissus. Gleichzeitig verschließt er aber ein durchaus mögliches Hintertürchen. Er behauptet nämlich, die Gebeine und das Buch seien endgültig („irrecuperabiliter") verschollen. Hätte er an dieser Stelle „wahrscheinlich" oder „soweit wir wissen" eingesetzt, dann wäre auch für Girona der Weg zu einer späteren, kreativen Ausgestaltung der Legende offen geblieben. So aber wurde eine wie auch immer geartete Überprüfung oder Weiterführung der Geschichten unmöglich.

Warum er weiteren Spekulationen einen Riegel vorschob, wissen wir nicht. Es könnte sein, dass er der Verehrung des in Girona materiell anwesenden und fassbaren Körpers des heiligen Narcissus den Vorzug vor einer ausufernden schriftlichen Legendenbildung gab. Es könnte aber natürlich auch sein, dass er persönlich die Ersetzung des alten Stadtheiligen Sant Feliu l'Africà durch den neuen Bischof Narcissus und seinen Diakon Felix durchaus kritisch betrachtete.

Wie dem auch sei, die weitere Entwicklung zeigt, dass seine Taktik nicht von Erfolg gekrönt war. Die späteren Hinzufügungen zum Schreiben Berengars und zur Predigt des Oliba sowie andere Manuskripte belegen, dass Augsburg die Angelegenheit nicht auf sich beruhen lassen wollte.

Die Nachwirkungen der Narcissusverehrung in Girona und Augsburg

Anscari Mundó unternahm dankenswerterweise den Versuch, den Dokumentenaustausch zwischen Augsburg und Girona zu rekonstruieren, der in den folgenden Jahrhunderten zu immer neuen Anreicherungen führte. Der Historiker kommt dabei zu dem Schluss, dass vermutlich schon Abt Udalschalk von St. Ulrich und Afra, der zwischen 1127 und 1151 amtierte, die treibende Kraft hinter den Ausschmückungen der spärlichen Informationen zu Narcissus aus der *Conversio et passio Afrae* war. So erfahren wir jetzt detailreich etwas über seinen Tod: dass der Märtyrer nämlich vom Altar seiner Kirche weggezerrt und von drei Schwerthieben in den Oberarm, in den Hals und in die Wade so getroffen wurde, dass er daran starb.

Mit den heutigen Untersuchungsmethoden müssten solche Verletzungen natürlich problemlos an der mumifizierten Leiche nachweisbar sein, die in Girona als Reliquie des Bischofs verehrt wurde. Leider aber ist dies nicht mehr möglich. Letztmals wurde der Sarkophag des Narcissus in Girona im August 1936 geöffnet, also in der politisch und ideologisch aufgeheizten Situation kurz nach dem Ausbruch des Spanischen Bürgerkriegs. Man fand dabei vor allem heraus, dass der Körper im

Verlauf der Zeit mehrfach bewegt, eingekleidet, zerbrochen und umgebettet worden war, so dass der Erhaltungszustand jeder Beschreibung spottete.

Wenige Tage nach dieser offiziellen Untersuchung verschwanden die Reste. Man vermutet, dass sie von kirchenfeindlichen Republikanern verbrannt, in den Fluss geworfen oder irgendwo verscharrt wurden, so dass sie wohl endgültig verloren sind.

In Augsburg richtete sich das Interesse an Narcissus von allem darauf, die unbefriedigenden Lücken in der Legende der Stadtheiligen Afra zu füllen. Er stand daher immer in ihrem Schatten und dem von St. Ulrich. Nur im späten Mittelalter und nochmals in der Gegenreformation finden sich Ansätze zu einer verstärkten Verehrung des katalanischen Bischofs. Aber in den Rang eines Schutzpatrons für Diözese oder Stadt vermochte er dort nie aufzusteigen.

Ganz anders stellt sich die Lage in Girona dar. Als im Jahr 1285 in einem Krieg zwischen Frankreich und Aragón-Katalonien die gegnerischen Truppen sich anschickten, das Grab des Heiligen zu öffnen und den noch unberührten Leichnam zu zerstören, sollen der Legende nach Schwärme von riesigen Fliegen aus dem Steinsarg aufgestiegen sein. Wer von ihnen gestochen wurde, musste sterben. Dies soll letztlich dazu geführt haben, dass die französischen Soldaten abzogen und Girona gerettet wurde. Seitdem wird Narcissus mit den Fliegen abgebildet.

Zum Dank für diese Tat gründete sich Anfang des 14. Jahrhunderts eine Bruderschaft zu seiner besonderen Verehrung und gab einen repräsentativen Alabastersarkophag in Auftrag. Wenig später erfolgte dann die Ausrufung von Narcissus zum Schutzpatron der Stadt. Aus dem 16. und dem 18. Jahrhundert sind weitere Interventionen des Heiligen zum Wohle seiner Stadt überliefert, so dass es nicht verwundert, dass er 1792 wieder umgebettet wurde, diesmal in einen Silbersarg in der neuen, ihm geweihten Kapelle der Kirche St. Felix. Die höchste Stufe der Verehrung erreichte Narcissus im 19. Jahrhundert, als er, der Heilige, 1808 beim Ansturm des napoleonischen Heeres zum Obersten Befehlshaber der Verteidigungstruppen ausgerufen wurde. 1867 ernannte ihn schließlich das Bistum zu seinem Patron.

Bis auf den heutigen Tag trägt das große Stadtfest Gironas, die *Fires de Sant Narcís*, seinen Namen. Einer nicht unbedingt wissenschaftlich abgesicherten Tradition zufolge könnte das Fliegenwunder des Heiligen sogar Eingang in die spanische Sprache gefunden haben. Der häufig benutzte umgangssprachliche Ausspruch „por si las moscas", der in etwa dem deutschen „für den Fall der Fälle" entspricht, soll sich auf das Ereignis von 1285 beziehen.

Die engen Verbindungen zu Augsburg hingegen scheinen abgerissen zu sein. Auf der Homepage der Diözese Augsburg finden sich nur noch wenige Verweise auf den heiligen Narcissus, und die sich über viele Jahrhunderte erstreckende gemeinsame Sorge um den Heiligen hat nicht zu einer neuzeitlichen Städtepartnerschaft geführt.

Auswahlbibliographie

„Dossier Tradició i llegenda. Sant Narcís i les mosques", in: *Revista de Girona*, 226, 2004, 54-89.

Grohe, Johannes. „Narcissus von Gerona", in: *Biographisch-Bibliographisches Kirchenlexikon*, 6, 1993, 457-460.

Junyent i Subirà, Eduard. *Diplomatari i escrits literaris de l'abat i bisbe Oliba*. Barcelona: Institut d'Estudis Catalans, 1992.

Marquès, Josep M. „Sant Feliu versus sant Narcís", in: *Revista de Girona*, 240, 2007, 79-86.

Mundó, Anscari M. „L'autenticitat del sermó d'Oliba de Vic sobre sant Narcís de Girona", in: *Annals de l'Institut d'Estudis Gironins*, 22, 1975, 97-114.

„Llegendes i tradicions", in: *Pedres de Girona*, online verfügbar unter: http://www.pedresdegirona.com/menu_llegendes_0.htm.

„Les Fires de Sant Narcís", in: *Pedres de Girona*, online verfügbar unter: http://www.pedresdegirona.com/separata_fires_index.htm.

Rummel, Peter. „Bischof Narcissus und seine Verehrung in Augsburg und Gerona", in: *Jahrbuch des Vereins für Augsburger Bistumsgeschichte*, 11, 1977, 7-33.

Santiago – St. Jakob in Bamberg: Geschichten um den niederträchtigen Bischof Hermann, drei irische Mönche und eine Fegefeuervision

Über viele Jahrhunderte hinweg, vom hohen über das späte Mittelalter bis in die Frühneuzeit hinein, war die Wallfahrt nach Santiago ein spirituelles Massenphänomen, das ganz Europa erfasst hatte und zu einem nahezu den ganzen Kontinent umfassenden Austausch von kulturellen, künstlerischen und religiösen Vorstellungen führte. Wie wirkmächtig die Idee der Jakobspilgerei bis heute geblieben ist, davon geben der vor einigen Jahrzehnten wieder einsetzende Boom der Reise nach Compostela sowie die verschiedenen Auszeichnungen der Wallfahrt als Weltkulturerbe der Menschheit oder als Europäische Kulturstraße Zeugnis.

Seit seiner wundersamen Auffindung im 9. Jahrhundert bis zur ersten Jahrtausendwende war das Grab des Apostels Jakobus des Älteren in Nordwestspanien vor allem als regionales Heiligtum bedeutsam. Erst im 11. Jahrhundert zog es nachweislich Pilger in größerer Zahl aus ganz Europa an. Unklar ist dabei, wann genau die neue Santiagoverehrung bis ins heutige Bayern ausstrahlte und sich zum Beispiel in Kirchenpatrozinien niederschlug. Vereinzelte Belege dazu gibt es in mehreren Regionen.

Die Verdichtung von Spuren in der zweiten Hälfte des 11. Jahrhunderts im ostfränkischen Raum deutet allerdings auf Bamberg als einen herausgehobenen Vermittlungsort hin. Bei diesen Hinweisen handelt es sich um drei unabhängig voneinander bereits recht gut erforschte Geschichten, die aber möglicherweise in engerem Zusammenhang miteinander stehen, als dies auf den ersten Blick erscheint. Zum einen geht es um die

Gründung von Stift St. Jakob durch den kurze Zeit später abgesetzten Bischof Hermann; zum anderen um den Aufenthalt von drei irischen Mönchen in Bamberg, die bald nach Regensburg weiterzogen und auf die sich das dortige Kloster St. Jakob zurückführen lässt; und zum dritten haben wir, einige Jahre später, die Jenseitsvision eines Adeligen aus der Fränkischen Schweiz, bei der der heilige Jakobus und Bamberg zentrale Rollen spielen.

Jakobskirche und Niedertracht: Bischof Hermann von Bamberg

Nichtswisser, umstürzlerischer Simonist voller ketzerischer Niedertracht, Urheber von Sakrilegien und Tyranneien: Mit solchen und ähnlichen Begriffen begründete Papst Gregor VII. in einem Brief von 1075, quasi als Vorspiel zum großen Investiturstreit, die Absetzung Bischof Hermanns von Bamberg. Der Hauptanklagepunkt, Hermann hätte sich zehn Jahre zuvor sein kirchliches Amt durch entsprechende finanzielle Zuwendungen an den König erschlichen, wurde nie wirklich belegt.

Doch das ungeschickte und undiplomatische Verhalten des königstreuen Oberhirten der noch jungen Diözese reichte in jener, von heftigen Auseinandersetzungen zwischen Kirche und Reich geprägten Zeit aus, um das Urteil auch für die Nachwelt gerecht erscheinen zu lassen. Seine eigenen Domkanoniker, die den Prozess angestrengt hatten, trugen den Sieg davon. Hermann zog sich in das Kloster Schwarzach (Münsterschwarzach) zurück, doch sein Ansehen blieb für alle Zeiten mit einem Makel behaftet.

Dabei hatte zu Beginn – wir folgen hier und im Weiteren der Regestensammlung Guttenbergs – nichts darauf hingedeutet, dass er seine Amtszeit so übel beleumundet beenden würde. Dass der König ihn 1065 ohne Rücksprache mit dem Domkapitel einsetzte, mag ein Grund für unterschwellige Konflikte gewesen sein, ungewöhnlich war es aber auf keinen Fall. Seine guten Beziehungen zum Hof brachten Bamberg sogar Vorteile, denn Hermann gelang es, einige verloren gegangene Besitzungen zurückzugewinnen und neue zu erwerben. 1070 machte er sich nach Rom auf und bekam von Papst Alexander II. das eigentlich nur den Erzbischöfen zustehende Pallium verliehen, eine besondere Würde für das Bistum, das Kaiser Heinrich II. im Jahr 1007 gegründet hatte.

Nur ein Jahr später, und damit kommen wir zum eigentlichen Anlass, die Geschichte Hermanns zu erzählen, richtete er aus eigenen Mitteln das Kollegiatstift St. Jakob ein, das nur etwa 200 Meter westlich des Doms gelegen ist. Die Krypta konnte er bereits 1072 einweihen. Doch wenige Monate später starb der Probst, was der Bischof zum Anlass nahm, die neue Anlage als Kanonikerstift wieder aufzulösen und sie dem nahegelegenen Kloster auf dem Michelsberg zu übergeben.

Dies war wohl sein entscheidender Fehler, der Casus Belli. Denn die Säkularkanoniker, die auf diese Weise ihrer Ämter und Pfründen beraubt wurden, konnten auf breite Unterstützung durch ihre Kollegen von der Kathedrale rechnen. Gemeinsam machten sie nun Front gegen die Bevorzugung der Mönche.

Da der Bischof verreist war, schickten sie einen Brief und drohten unumwunden, sich bei König und Papst zu beschweren. Gelegenheit, dies bei Heinrich IV. zu tun, hatten sie in den folgenden Monaten mehrmals, denn mindestens dreimal weilte dieser bis Mitte 1073 in Bamberg, ja er feierte dort sogar das Weihnachtsfest. Doch der Herrscher brauchte seinen Vertrauten für die Sachsenkriege, so dass von dieser Seite keine Hilfe zu erwarten war.

In Rom aber war inzwischen Hildebrand zum Papst akklamiert worden, und als Gregor VII. ging er sofort daran, umfangreiche Reformen in Gang zu setzen: Stärkung der Macht der Kurie, Verbot der Laieninvestitur, Durchsetzung des Zölibats etc. Ein zentraler Punkt seiner Agenda bestand in der entschiedenen Verfolgung der Simonie, des Kaufs kirchlicher Ämter.

Genau an diesem Punkt setzen nun die Bamberger Kanoniker mit ihrer Klage an: Hermann habe sich sein Amt mit ungeheueren Geldsummen erschlichen, sei völlig ungebildet, sei schon früher berüchtigt gewesen, kenne nur die Kunst des Geld- und Wechslergeschäfts, die er zum Schaden seines nun verarmten Bistums ausnutze, und sei insgesamt ein hinterlistiger Heuchler.

Der Papst reagiert sofort und zitiert Hermann mit der Aufforderung, sich gegen die Anwürfe zu verteidigen, auf eine

Synode. In seinem Antwortbrief lehnt der Bischof dies wortreich ab und schiebt wichtige Reichsangelegenheiten vor: Er müsse zunächst nach Burgund und Frankreich reisen. Bei dieser Gelegenheit habe er auch vor, bei einem Besuch des heiligen Jakob, also in Santiago de Compostela, ein Gelübde einzulösen. Er hoffe, dass die Fürbitte des Heiligen und das Gebet des Papstes helfen mögen, den Zorn und Neid seiner Feinde zu besänftigen.

Wann und wozu er das Versprechen der Santiagowallfahrt gegeben hat, sagt er nicht. Aber die Tatsache, dass der Bamberger Oberhirte neben den zwei rein politischen Anlässen ganz selbstverständlich das Apostelgrab in Galicien als Ziel seiner Reise angibt, deutet darauf hin, dass der heilige Jakobus inzwischen eine so herausragende Bedeutung hatte, dass weitere Erklärungen überflüssig waren. Über die Wallfahrt selbst schweigen sich die Quellen allerdings aus. Aller Wahrscheinlichkeit nach hat Hermann sie nie angetreten.

Dass Papst Gregor VII. sich mit diesen Ausreden nicht zufrieden gab, versteht sich von selbst. Doch dank der Intervention anderer Bischöfe begnügt er sich zunächst über das gesamte Jahr 1074 hinweg mit brüderlichen (Er-)Mahnungen. Erst 1075 erkennt Hermann, dass seine Hinhaltetaktik, die er vermutlich auf die königliche Protektion vertrauend eingeschlagen hat, nicht zum Erfolg führt. Er macht sich auf den Weg nach Rom. Die Entscheidung ist dort aber schon gefallen, so dass er wieder umkehrt und ein letztes Mal versucht, sich in Bamberg durchzusetzen, allerdings vergeblich.

Die Geschichte vom Fall des Jakobusverehrers Hermann wäre nun eine zwar interessante Episode im Prozess der Ausbreitung des Santiagokults in Ostfranken und Bayern. Eine zentrale Rolle könnte ihr jedoch darin kaum zugeschrieben werden, wäre sie nicht mit zwei anderen, nicht minder spannenden Geschichten verbunden. Zum einen kamen zur Regierungszeit Hermanns drei irische Pilger nach Bamberg, die geraume Zeit später nach Regensburg weiterzogen.

Von dort aus entstand in den folgenden Jahrzehnten ein ganzes Netz von irischen Klöstern in Süddeutschland, die das Patrozinium des Apostels Jakobus trugen. Zum anderen wurde in Bamberg um das Jahr 1130 die Jenseits- und Fegefeuervision des fränkischen Adeligen Heinrich von Ahorn aufgezeichnet, die zentral von einem daraus ableitbaren Bamberger Jakobskult beeinflusst ist.

Beginnen wir zunächst mit den irischen Pilgern, deren Aufenthalt in Bamberg eine Generation später in die Gründung des Regensburger Schottenklosters einmündet, das bis heute St. Jakob geweiht ist. Schottenkloster heißt es übrigens, weil damals zwischen Iren und Schotten nicht unterschieden wurde.

Die unklare Rolle der irischen Mönche

Zur Zeit Heinrichs IV. bricht der heilige und schlichte Mann namens Marianus zusammen mit seinen ebenso heiligen Gefährten Johannes und Candidus von Irland aus zu einer Pilgerfahrt zu den Stätten der Apostel Petrus und Paulus in Rom auf.

So erzählt es die wohl um 1180 in Regensburg entstandene *Vita Mariani Scotti*, und so oder ähnlich findet sich die Geschichte auch in späteren lateinischen und deutschen Bearbeitungen (vgl. dazu Flachenecker und Weber). Wann genau die drei loszogen, ist nicht überliefert. Doch eine Randbemerkung des Marianus in einer von ihm 1074 erstellten Psalterhandschrift, die vom siebten Jahr seiner Pilgerschaft spricht, deutet auf 1067 oder 1068 hin.

Auf ihrem Weg gelangten sie vermutlich 1069 nach Bamberg, wo sie vom dortigen heiligen und hochberühmten Bischof gastfreundlich aufgenommen wurden. Die Chronologie der Ereignisse lässt keinen Zweifel daran, dass es sich dabei um Hermann gehandelt haben muss. Allerdings konnte dieser im 12. Jahrhundert zwar als hochberühmt, aber keinesfalls als heilig gelten.

Für den Verfasser verbot es sich daher, einen des Amtes enthobenen und bekanntermaßen simonistischen Kirchenfürsten in einem Atemzug mit den drei heiligen Männern aus Irland zu nennen. Deshalb ersetzte er ihn in seinem Text einfach durch den knapp ein halbes Jahrhundert später wirkenden Otto, dessen Heiligkeit im Jahr 1189 offiziell bestätigt wurde.

Als Bischof Otto – also in Wirklichkeit Hermann – den asketischen Eifer seiner Gäste bemerkte, ermunterte er sie zum Eintritt in das Kloster auf dem Michelsberg, wo sie alsbald vom dortigen Abt in die Regeln des Benedikt eingewiesen wurden und das Ordenskleid erhielten. Dann jedoch muss etwas geschehen sein, was der Text der Legende elegant verhüllt: Obwohl sie der deutschen Sprache unkundig und unerfahren waren, bemühten sich die drei neuen Ordensmänner im Kloster mit Eifer um den brüderlichen Frieden und die Liebe, heißt es in der *Vita Mariani*. Dies sei dem Bischof nicht verborgen geblieben, und so habe er für sie auf seine Kosten eine Zelle am Fuße des benachbarten Berges eingerichtet.

Zumindest drei Elemente bietet die *Vita* mit diesen wenigen Sätzen an, um den Auszug der Iren aus St. Michael zu begründen. Zum einen den besonderen Eifer der Neuankömmlinge, der eventuell mit einer laschen Auslegung der Regeln im Kloster kollidierte. Doch der damalige Abt Eckbert galt als sittenstreng, so dass dies eher auszuschließen ist. Möglicherweise wichtiger war das Problem, dass die drei Iren völlig mittellos dastanden und im Kloster durchgefüttert werden mussten, wie sie dann ja auch in ihrer Klause vom Bistum unterhalten wurden.

Am Auffälligsten ist jedoch der Hinweis auf die Sprache. Da Marianus sich später in Regensburg als gebildeter Schreiber verdingte, muss er des Lateinischen mächtig gewesen sein. Hatte der offensichtlich mühsame Prozess des Erlernens der deutschen Sprache im Kloster vielleicht damit zu tun, dass die Mitbrüder zu wenig Latein verstanden? Oder spielt der Bericht auf Anflüge von Fremdenfeindlichkeit an? Oder lagen die Konfliktlinien im Bereich der Spiritualität? Wir wissen es nicht.

Allerdings gibt es noch eine Interpretation, die die Lebensbeschreibung und ihre Kommentatoren nicht direkt anbieten. Möglicherweise gab es gar keine Konflikte auf dem Michelsberg. Dann hätte der Bischof die überzeugende mönchische Lebensweise der Pilger zum Anlass genommen, eigene Pläne zu verfolgen. Nämlich die Gründung einer wie auch immer gearteten irischen Gemeinschaft, so wie es ja tatsächlich wenige Jahre später in Regensburg geschah. Als Gedankenexperiment sei daher hier die These formuliert, dass Hermann das geplante Kanonikerstift St. Jakob zugunsten der drei Iren, die sich in St. Michael niedergelassen hatten, zu einem Kloster umstiften wollte.

Der in der *Vita* an anderer Stelle gegebene Hinweis auf umfängliche Bamberger Klostergründungsaktivitäten passt sicherlich in diesen Kontext, auch wenn vordergründig der heilige Otto gemeint ist, der sich 30 bis 40 Jahre nach den geschilderten Ereignissen auf diesem Gebiet hervortat. Ebenso könnte die Bemerkung, die Zelle sei am Fuße eines benachbarten Berges erbaut worden, in unser spekulatives Gedankenexperiment einbezogen werden. Die Jakobskirche steht ja tatsächlich zwischen Domberg und Michelsberg im unteren Bereich des Jakobsbergs.

Auf der anderen Seite hätten sich die drei Iren, die nach Rom aufgebrochen warem, durchaus mit Bamberg, dem auf sieben Hügeln erbauten Rom des Nordens, abfinden können. Bei ihrer Weiterreise begnügten sie sich entsprechend ja auch mit Regensburg, das ebenfalls Ansprüche auf den Titel „neues Rom“ erhob. Dank einer göttlichen Weisung übernahmen sie nämlich dort eine alte Peterskirche, die Kapelle Weih St. Peter in der Nähe des Obermünsters, was für den Verfasser der *Vita* ausreichender Beleg dafür war, dass sie am Zielpunkt ihrer Wanderschaft angekommen waren. Doch der Dom St. Peter und St. Georg in Bamberg hätte diesen Zweck sicherlich auch erfüllt.

Zudem vollendete St. Jakob in Bamberg eine weitere städtebauliche Idee, die für Pilger der damaligen Zeit höchst ansprechend gewesen sein muss. Verbindet man nämlich die Gründungen aus dem frühen 11. Jahrhundert – den Dom, St. Stefan und Kloster Michelsberg – durch eine Line und zeichnet dann eine zweite, die von St. Gangolf in der Theuerstadt – um das Jahr 1057 gestiftet durch Bischof Gunther – über den Dom hinaus zur neuen Jakobskirche Bischof Hermanns reicht, so erhält man die Form eines Kreuzes, das Bamberg als vieltürmiges himmlisches Jerusalem auszeichnen soll. So jedenfalls interpretiert es Robert Suckale.

Auch wenn dieser Gedanke in Deutschland kein Alleinstellungsmerkmal der neuen Bischofsstadt war, so bekam er durch die Kombination mit den an Rom erinnernden sieben Hügeln und mit St. Jakob doch ein besonderes Gewicht. Zumindest unterschwellig waren damit die drei wichtigsten Pilgerstätten der westlichen Christenheit – Jerusalem, Rom, Santiago – an einem Ort gebündelt, selbst wenn Santiago sich erst noch vollständig zu einer solchen entwickeln musste. Es sprächen also einige Gründe dafür, dass Marianus und seine Begleiter sich auf Einladung von Bischof Hermann in Bamberg, vielleicht sogar in St. Jakob niederlassen wollten.

Allerdings ergeben sich für unser Gedankenexperiment einige Probleme in chronologischer Hinsicht, da die Quellen nur von einem kurzen Aufenthalt in Bamberg sprechen. Der in der *Vita Mariani* angegebene Zeitraum von einem Jahr dürfte aber auf jeden Fall viel zu knapp bemessen sein für die Vorstellung beim Bischof, den Nachweis der Berufung für das Klosterleben, den Eintritt in St. Michael, das Noviziat, das Klosterleben, den Auszug, die Gründung der neuen Zelle sowie die Entscheidung zum Aufbruch.

Da erste sichere urkundliche Nachweise über die drei Iren in Regensburg erst für 1074 vorliegen, könnte es durchaus sein, dass sie mehrere Jahre in Bamberg blieben, also bis in die Krisenzeit 1072/73 hinein. Sie hätten dann die Gründung des Kanonikerstifts St. Jakob, seine Umwidmung und die Verschärfung des Konflikts zwischen Bischof und Domkapitel miterlebt. Ob sie in irgendeiner Weise direkt daran beteiligt waren, ob demzufolge also die Auflösung des Stifts und die Übergabe an St. Michael wirklich auf sie zugeschnitten war, muss, da nicht belegbar, reine Spekulation bleiben.

Da sie aber, wie immer die Ereignisse um St. Jakob abliefen, auf die Protektion des nun zunehmend unter Druck geratenen Hermanns angewiesen waren, verließen sie Bamberg. In Regensburg wurden sie freundlich aufgenommen und übernahmen nach einigen Zwischenstationen, wohl als Inklusen im Ober- und Niedermünster, die kleine Kirche Weih St. Peter für ihre Gemeinschaft. Von dort aus zogen ihre Nachfolger gut 30 Jahre später in das neue Kloster St. Jakob um, das übrigens gleichzeitig mit der Benediktinerabtei Prüfening entstand, einer Gründung Bischof Ottos von Bamberg. Kurze Zeit darauf, ab den 1130er Jahren, entwickelte sich dieses Schottenkloster zur Keimzelle für eine ganze Reihe von Tochterklöstern, wobei unter den ersten vier – Erfurt, Würzburg, Nürnberg und Konstanz – gleich drei das Patrozinium des Mutterhauses trugen, nämlich St. Jakob.

Weit mehr als Spekulation ist daher die Vermutung, dass Hermanns Gründung in Bamberg und der Aufenthalt von Marianus mit seinen Begleitern zumindest in der Weise zusammenhängen, dass die Iren die Erinnerung an einen Bamberger Jakobskult nach Regensburg mitnahmen. Theoretisch denkbar ist zwar auch die Annahme, dass beide Ereignisse nichts miteinander zu tun haben, dass somit St. Jakob in Bamberg und die Regensburger Schottenkirche unabhängig voneinander im Kontext der stetig zunehmenden Jakobusbegeisterung in Deutschland zu sehen sind. Echte, belastbare Argumente gibt es aber weder für die eine noch für die andere Meinung, so dass wir hier den Faden weiterspinnen wollen.

Es stellt sich nämlich die Frage, wer in Bamberg wen beeinflusst haben mag. Ob also die Jakobusverehrung mit den Iren in die Domstadt kam, oder ob sie diese von dort mitgenommen haben. Wenn die zweite Annahme bevorzugt wird, dann stellt sich die weitergehende Frage, ob Bischof Hermann für die Einführung des Jakobskults verantwortlich war, oder ob er selbst auf einer eigenständigen Bamberger Santiagobegeisterung aufbauen konnte. Dazu müssen wir etwas weiter ausholen.

Die Ausbreitung der Jakobsverehrung bis nach Bamberg

Lange bevor in der ersten Hälfte des 9. Jahrhunderts im fernen Galicien das Grab des Apostels und Märtyrers Jakobus des Älteren aufgefunden wurde, hatte sich im Westen die Legende verbreitet, dass dieser neben Petrus, Andreas und Johannes bedeutendste Jünger Jesu vor seiner Hinrichtung in Jerusalem in Spanien missioniert haben soll. Im Verlauf des 8. Jahrhunderts festigte sich im kleinen, christlichen und von den Mauren stark bedrängten asturischen Reich im Nordwesten der Iberischen Halbinsel die Überzeugung, dass Jakobus persönlich für die frühe Christianisierung Spaniens verantwortlich war. Die Anerkennung eines im späteren Santiago de Compostela entdeckten Sarkophags als seine Ruhestätte wurde daher sofort akzeptiert.

Allerdings entwickelte sich daraus, wie schon angedeutet, zunächst nur ein lokaler und regionaler Kult, der mit zunehmenden Kontakten langsam ins Frankenreich und wahrscheinlich nach England ausstrahlte. Anfang des 10. Jahrhunderts mehren sich die Informationen darüber auch in Deutschland, vor allem im Umkreis der Reichenau. Ein um das Jahr 930 entstandener Text spricht von einem blinden und verkrüppelten Mönch, der schon viele heilige Orte besucht habe und dabei auch bis Santiago gekommen sei, wo er sein Augenlicht wiedererlangt haben soll. Reisen ins ferne Galicien scheinen also zu dieser Zeit schon möglich gewesen zu sein, waren aber sicherlich noch sehr selten. Außerdem erlitt die Wallfahrt nach Compostela einen empfindlichen Rückschlag, als die Araber kurz vor der Jahrtausendwende zu einer Offensive ansetzten und dabei auch die Stadt zerstörten.

Wirklich greifbar werden die Pilgerfahrten aus Deutschland daher erst in der zweiten Hälfte des 11. Jahrhunderts im Kontext der verstärkten Anstrengungen um die Kloster- und Kirchenreformen, die von Cluny und Gorze ausgingen. Es handelt sich zunächst nur um vereinzelt in den Quellen aufgezeichnete Wallfahrten: um 1070 ein Eberhard von Nellenburg mit seiner Frau Ida, dann eine Gräfin von Sponheim, ein Blinder namens Folbertus und schließlich Erzbischof Siegfried von Mainz mit seinem Aufenthalt im Reformkloster Cluny, das für die Entwicklung des Santiagoweges so entscheidende Bedeutung haben sollte. Sie alle können als Vorläufer der mittelalterlichen Massenbewegung Richtung Compostela gelten, für die die folgenden Jahrhunderte stehen.

In der einschlägigen Forschungsliteratur, insbesondere bei Plötz, tauchen nun vor allem für das Bistum Bamberg sehr frühe Hinweise auf den heiligen Jakobus auf, die noch vor den Auswirkungen der Ordensreformen und den Ereignissen um 1070 anzusiedeln sind.

Angesichts der dürftigen Quellenlage für die Wallfahrten nach Spanien wird immer wieder der Versuch unternommen, als Beleg für die zunehmende Santiagobegeisterung in Süddeutschland andere Nachweise heranzuziehen, wie etwa Kirchenpatrozinien oder Reliquienverehrungen. Diese Suche gestaltet sich aber mühsam, denn gerade die Namen von Kirchen, wie sie in späteren Quellen überliefert sind, müssen nicht notwendigerweise mit den ursprünglichen übereinstimmen. Abgesehen davon, dass häufig schlicht keine Informationen über die Gründungen vorliegen, kann es unter dem Eindruck von neueren spirituellen Entwicklungen im Laufe der Zeit zu Patrozinienwechseln gekommen sein.

Ein für das Bistum Bamberg hochinteressanter Fall ist St. Jakob in Kirchrüsselbach. Heinrich II., der ja vor seiner Krönung zum König bayerischer Herzog war, schenkte 1011 der neuen Diözese sieben Dörfer im Nordgau, also auf bayerischem Gebiet nördlich und östlich des heutigen Nürnbergs. Die Schenkungsurkunde sagt jedoch nichts darüber aus, ob wirklich jeder der sieben Orte bereits eine Kirche hatte, und noch viel weniger wird vermerkt, welches Patrozinium sie trugen. Das besagte Rüsselbacher Gotteshaus taucht dennoch in aller Regel in den Listen der frühen Jakobspatrozinien im fränkisch-bayerischen Raum auf, manchmal wird ihm allerdings ohne urkundliche Belege ein früher Patrozinienwechsel zugeschrieben.

Doch selbst wenn tatsächlich bereits zu Beginn des 11. Jahrhunderts in Rüsselbach eine Kirche zu Ehren des heiligen Jakobus gestanden hätte, wie dies für einige wenige bayerische Orte vor und kurz nach der Jahrtausendwende nachgewiesen ist, dann muss das immer noch kein Beweis dafür sein, dass mit ihr Bezug genommen wurde auf die sich verbreitenden Nachrichten von der Auffindung des Grabes in Galicien. Da er als einer der bedeutendsten Apostel und Märtyrer des frühen Christentums gilt, wäre es eher verwunderlich, wenn sein Name keinen Niederschlag bei der Benennung von Kirchen gefunden hätte.

Eine zweite Verbindung von Jakobskirchen aus der Mitte des 11. Jahrhunderts nach Bamberg wird gerne über Bischof Gundekar von Eichstätt hergestellt. Er soll in der Zeit zwischen 1057 und 1075 über 120 Gotteshäuser geweiht haben, darunter vier mit dem Patrozinium des Pilgerheiligen aus Compostela. Hier tun sich nun zwei Probleme auf. Zum einen liegt eine Verwechslung der beiden Gundekare vor. Denn der erste, der zwischen 1015-1019 auf dem Bischofsstuhl saß, stammte in der Tat aus Bamberg und wurde von Heinrich II. in der Nachbardiözese eingesetzt, um mit dem entsprechenden Nachdruck Eichstätter Gebiete nach Bamberg übertragen zu können.

Gundekar II. hingegen, der sich um die Seelsorge und Pfarrlandschaft so verdient gemacht hat, hatte mit Bamberg nichts zu tun, sondern war möglicherweise mit Erzbischof Siegfried von Mainz verwandt und hatte vor seiner Berufung nach Eichstätt das Amt des Kaplans am Hof des salischen Kaisers Heinrich III. inne. Wenn denn die Zahl von vier Kirchen zu Ehren des Apostels bei mehr als 100 von ihm geweihten Gotteshäusern als signifikanter Anstieg der Jakobusfrömmigkeit interpretiert werden kann, dann liegt deren Ursprung vermutlich eher am Rhein und nicht an der Regnitz. Wir kommen darauf zurück.

Als drittes Argument für frühe Bamberger Jakobsfrömmigkeit gilt die Weihe des Doms im Jahr 1012. In der Weihenotiz für den Hauptaltar wird tatsächlich eine Jakobusreliquie erwähnt. Doch aus dem Zusammenhang heraus ergibt sich ein ganz anderes Bild. Denn der vermeintliche Spanienmissionar ist nur einer von insgesamt zehn Aposteln, von denen Reliquien niedergelegt werden, und er selbst steht, gemäß seiner Bedeutung im Neuen Testament, an vierter Stelle der Reihe, hinter Petrus, Paulus und Johannes. Eine irgendwie herausgehobene Stellung oder besondere Verehrung lässt sich daraus nicht herauslesen. Welche Reliquie dies übrigens war, woher sie stammte, wie sie erworben wurde und welchen Anspruch auf Echtheit sie hat, das sollte man vielleicht tunlichst nicht hinterfragen.

Die in der Literatur angeführten Hinweise reichen also nicht aus, um eine schon vor Hermann und den irischen Mönchen existierende, wie auch immer geartete Verehrung des Jakobus zu behaupten, die auf eine Verbindung nach Spanien und Galicien verweisen würde. Erst um 1070 verdichten sich die Hinweise auf einen spezifischen Jakobskult. Wer dessen ursprünglicher Träger und Übermittler war, der später so gescholtene Bischof oder Marianus und seine beiden Gefährten, das muss offen bleiben. Für beide Alternativen gibt es gewichtige Argumente.

Die Idee der *peregrinatio*, der mittellosen und anstrengenden Pilgerschaft, welche die iroschottischen Mönche seit merowingischen Zeiten angetrieben hatte, verband sich vermutlich bereits gegen Mitte des 11. Jahrhunderts mit der aufkommenden Modeerscheinung Santiago und mit der sich langsam durchsetzenden Figur der Pilgerpatrons Jakobus. Es wäre also nicht verwunderlich, wenn die drei irischen Wanderer diese Vorstellung auf ihrem Weg nach Bamberg aufgegriffen hätten. Aus ihrer Heimat selbst brachten sie diese Verbindung wohl noch nicht mit, denn ihr Ziel wird klar mit dem heiligen Petrus in Rom benannt. Leider schweigen sich die Quellen darüber aus, welche Stationen sie zwischen Irland und Ostfranken eingelegt haben, so dass die Vermischung ihrer ursprünglichen Motivation mit der Jakobspilgerschaft nicht nachzuweisen ist.

Sehr wohl jedoch gibt es Hinweise, die eine tragende Rolle von Bischof Hermann möglich erscheinen lassen, die über die Gründung von St. Jakob und das Wallfahrtsversprechen hinausgeht. Zum einen wäre hier die Reise Siegfrieds von Mainz in das burgundische Kloster Cluny zu nennen, unter dem Vorwand oder als Teil der Wallfahrt nach Galicien. Der Erzbischof schaltete sich nämlich nach seiner Rückkehr aktiv als Schlichter in die Auseinandersetzungen in Bamberg ein, vermutlich weil Hermann vor seiner Ernennung eine hohe Stellung in seinem Domkapitel innegehabt hatte. Die bei beiden spürbare Hinwendung zum heiligen Jakobus könnte demzufolge ihre Ursprünge in Mainz gehabt haben.

Wenn es denn stimmt, dass Gundekar II. von Eichstätt mit Siegfried verwandt war, könnte auch diese Beziehung dafür sprechen. Dass sich Hermann für die letzten Jahre seines Lebens in das Reformkloster Schwarzach zurückzog – Jakobus gilt als Reformheiliger – könnte darauf hindeuten, dass er Santiago treu geblieben ist, auch wenn er vermutlich nie das Versprechen einlöste, nach Galicien zu ziehen. Aber, wie gesagt, aus den Quellen lassen sich die Ursprünge des Bamberger Jakobskults nicht wirklich eindeutig und nachprüfbar eruieren.

Jakobus als Helfer für einen Franken im Jenseits

Wenn schon die Vorgeschichte zu den Ereignissen von 1072/73 um St. Jakob in Bamberg, um Bischof Hermann und die irischen Mönche nicht restlos aufzuklären ist, so fanden diese doch bald darauf ein Nachspiel, das die Verbindung des Apostels mit der Domstadt an der Regnitz einzigartig macht, zumindest in Bayern. Irgendwann um 1130, die Daten lassen sich nur indirekt aus dem Text erschließen, schrieb nämlich ein dem Bischof Otto nahestehender Kleriker die Geschichte einer Jenseitsvision auf. Mit den Worten „Gott ist unser Zeuge!“ versichert der Autor, dass ihm „neulich“ Heinrich von Ahorn, Bruder des Bischofs Burchard II. von Worms, persönlich erzählt habe, wie ihm dieser Gnadenerweis zuteil geworden war (Text bei Plötz / Röckelein).

Der Adelige aus der Fränkischen Schweiz, „ein guter und im Rahmen seines weltlichen Standes frommer Mann“, hatte aus nicht genannten Gründen gelobt, nach Santiago zu pilgern. Wegen seiner Nachlässigkeit verschob er den Aufbruch jedoch so lange, bis der Herr ihn strafte. Drei Tage schon lag er im Bett. Die Familie erwartete das Schlimmste.

Doch plötzlich, und an diesem Punkt der Erzählung beginnt übergangslos die Vision, stehen zwei weißgekleidete Männer, mutmaßlich Engel, vor dem Todkranken, und gehen wieder. Dann kommt ein würdiger alter Mann, und lässt ihn ohne Trost zurück. Schließlich stürmt ein böser und schrecklicher Mann herein, natürlich ein Dämon, und schleppt Heinrich mit sich Richtung Höllenschlund. Alleine der Weg hinunter lässt ihn erschauern, doch die ewige Verdammnis ist offensichtlich nicht seine Bestimmung, denn der böse Geist trägt ihn in die Höhe, wo aber immer noch Weinen und Zähneknirschen ist.

Dort, im Fegefeuer mit seinen dichten Rauchschwaden, ergreift ihn der alte und würdige Mann, der zuvor an seinem Krankenbett aufgetaucht war, und verscheucht den Dämon. Kaum merken die armen Seelen, dass da ein Mensch wieder zu den Lebenden zurückgeführt wird, wenden sie sich mit Nachrichten für das Diesseits an ihn. Ein alter Bekannter Heinrichs, Adalbero von Volsbach, schickt ihn zu seiner Witwe, auf dass sie bete und gute Werke für sein Heil tue. Außerdem tritt ein Unbekannter auf ihn zu und beauftragt ihn, Bernhard von Rodecke auszurichten, er möge die von ihm geraubten Güter der Bamberger Diözese zurückerstatten, damit sein unter Wahnsinn leidender Sohn geheilt werde.

Die nächste Station des Wegs ist eine weiche, duftende Wiese, eingehüllt in harmonische Wohlklänge. Von dort aus blickt Heinrich auf Geheiß seines Führers hinauf zu den himmlischen Kreisen, voll Licht und süßen Liedern. Von Ferne sieht er ein gleißendes Strahlen, so hell, dass er keine Figur erkennen kann. Dies sei der Herr, versichert ihm der Greis, doch noch könne er ihn nicht schauen. Es folgen, für unsere heutige Sicht etwas unmotiviert, zwei weitere Mahnungen, die an Kloster Georgenberg im Inntal und an Bischof Otto von Bamberg gerichtet sind. Vielleicht haben hier der Schreiber oder ein späterer Kopist die Vision für eigene Zwecke genutzt. Nachprüfbar ist dies nicht, da der Text nur in einer Abschrift wohl des 13. Jahrhunderts überliefert ist.

Doch dann, endlich, erfahren Heinrich und wir die Identität des helfenden Alten. Kein Geringerer als Jakobus, der Apostel Christi ist es, der ihn durchs Jenseits führt und dessen Beistand er sich durch das Versprechen der Wallfahrt nach Santiago erworben hat. Mit einigen guten Ratschlägen, mit welchem Verfahren er die Seinen in der Welt von der Jenseitsvision überzeugen könne, wird er schließlich zurück zu seinem Krankenlager gebracht.

Als retardierendes Moment der Erzählung, um die Spannung zu steigern und die Ernsthaftigkeit der Intervention des heiligen Jakobus zu belegen, verschweigt Heinrich von Ahorn zunächst sein Erlebnis und führt die abgesprochenen Handlungen nicht aus. Im Schlaf muss Jakobus ihm also neuerlich erscheinen und ihn dringlich ermahnen, auch wirklich alles zu erfüllen und auszurichten. Durch das verabredete Ritual und seine plötzlichen Heilung erlangt er tatsächlich Glaubwürdigkeit, erzählt von seiner Vision und richtet den Adressaten der Aufträge getreulich alles aus.

Die Witwe Adalberos tut, was ihr geheißen wurde; Bernhard leistet der Diözese Genugtuung, so dass sein Sohn gesund wird; selbst Bischof Otto, an den sich Heinrich über Mittelsmänner wenden muss, da er nicht in seiner Gunst steht, erfüllt die Forderungen aus dem Jenseits. Nur Kloster Georgenberg scheint sich zu sträuben, so dass der Bericht mit dem Verweis auf drei weitere Erscheinungen unterstützend nachlegen muss. Der ehemals so nachlässige Heinrich von Ahorn aber regelt, wie vor einer langen Pilgerfahrt üblich, seine Angelegenheiten und bricht gen Santiago auf, zur Gedenkstätte des heiligen Apostels Jakobus.

Unzweifelhaft schöpft bereits die Visionsgeschichte, die der Burgbesitzer aus der Fränkischen Schweiz dem früher im Dienst von Bischof Otto stehenden Kleriker erzählt, aus der engen Beziehung Bambergs mit dem Jakobuskult. Noch deutlicher aber verweist der Rahmen, den der Schreiber der Jenseitsschau

Heinrichs gibt, auf eine lebendige zeitgenössische Verehrung des Apostels.

Der Text setzt nämlich mit dem Verweis auf die neue Art von Pilgerspiritualität ein, die gerade um sich greift, und begründet so die Aufzeichnung des Berichts:

> Weil wir hören, daß sich sehr viele zur Gewinnung der Huld der göttlichen Barmherzigkeit um den Schutz des heiligen Apostels Jacobus bemühen, und weil wir sehen, daß gar mancher über weite Länderstrecken mit wunderbarer Sehnsucht zu seiner Gedenkstätte eilt...

Seine Motivation, ausgerechnet die Erlebnisse eines Laien niederzuschreiben – den Makel des weltlichen Standes entschuldigt er, indem er ihn als fromm und Bruder eines Bischofs vorstellt –, formuliert der geistliche Verfasser denn auch in diesem Kontext: „damit jene, die dem Apostel jetzt in treuer Verehrung dienen, künftig mit noch glühenderem Verlangen in Liebe zu ihm entbrennen."

Der Sitz im Leben des Textes, seine praktische Funktion ist also die der „Erbauung der Gläubigen", wie es dann in den Schlussbemerkungen heißt, „damit die Verehrer des hl. Jacobus in der Liebe zu ihm immer feuriger werden." So wie der Apostel dem Heinrich geholfen habe, so könne man sich darauf verlassen, dass er auch die anderen, die ihm folgen, zur Schau des ewigen Friedens und zum Erlöser führen werde.

Fazit und Ausblick

Wenn wir nun die drei Stationen unserer Rekonstruktion eines frühen Jakobuskults in Bamberg zusammenfassen – die Gründung von St. Jakob durch Bischof Hermann, der Aufenthalt der drei Iren, der später, von Regensburg aus, zum Ausgangspunkt einer Reihe von Jakobusklöstern im süddeutschen Raum wird, sowie die Vision des Heinrich von Ahorn mit Santiago als altem Mann, der ihn durch das Jenseits führt –, so verdichtet sich die Vermutung, dass die fränkische Diözese im letzten Drittel des 11. und zu Beginn des 12. Jahrhunderts in ganz besonderer Weise an der sich langsam ausbreitenden Jakobusverehrung partizipiert hat, ja möglicherweise sogar ein Zentrum der nun einsetzenden Wallfahrten aus dem ostfränkisch-bayerischen Raum Richtung Galicien war.

Ob der abgesetzte Bischof wirklich die Pilgerreise ins ferne Spanien angetreten hat, bleibt ungewiss, aber der gute Heinrich von Ahorn fiel sicherlich nicht wieder zurück in seine alte Nachlässigkeit. Ihm folgte über die Jahrhunderte hinweg eine nicht annähernd zu schätzende Zahl von Wallfahrern, die aus religiösen oder auch aus ganz anderen Motiven zum Grab des Apostels aufbrachen.

Unter ihnen waren noch im 12. Jahrhundert einige für die bayerische Geschichte durchaus bedeutende Persönlichkeiten. Zumindest ist von Heinrich dem Löwen, der als „Gründer" Münchens gilt, eine Fahrt nach Santiago de Compostela für das Jahr 1182 überliefert. Früher schon, im Jahr 1138, soll nach späteren Quellen der Würzburger Bischof Embricho von dort eine wertvolle Armreliquie mitgebracht haben. Und es wird auch gemunkelt, dass Adela von Vohburg, Erbin des Egerlandes und erste Frau Friedrich Barbarossas, nach ihrer Scheidung vom König im Jahr 1153 die Reise antrat. Doch das wären schon fast Themen für einen historischen Roman im Umkreis des Jakobsweges.

Auswahlbibliographie

Flachenecker, Helmut. *Schottenklöster. Irische Benediktinerkonvente im hochmittelalterlichen Deutschland.* Paderborn: Schöningh, 1995.

Flachenecker, Helmut. „St. Jakob und die irischen Benediktiner", in: Klaus Herbers und Dieter R. Bauer (Hrsg.). *Der Jakobskult in Süddeutschland.* Tübingen: Narr, 1995, 151-168.

Graf, Bernhard. *Oberdeutsche Jakobsliteratur. Eine Studie über den Jakobskult in Bayern, Österreich und Südtirol.* München: Tuduv, 1991.

Guttenberg, Erich Freiherr von. *Die Regesten der Bischöfe und des Domkapitels von Bamberg I.* Würzburg: Becker, 1932.

Herbers, Klaus. „Frühe Spuren des Jakobuskultes im alemannischen Raum", in: Klaus Herbers und Dieter R. Bauer (Hrsg.). *Der Jakobskult in Süddeutschland.* Tübingen: Narr, 1995, 3-27.

Herbers, Klaus und Robert Plötz. *Nach Santiago zogen sie. Berichte von Pilgerfahrten ans „Ende der Welt".* München: dtv, 1996.

Plötz, Robert. „Santiago-peregrinatio und Jacobus-Kult mit besonderer Berücksichtigung des deutschen Frankenlandes“, in: *Gesammelte Aufsätze zur Kulturgeschichte Spaniens*, 31, 1984, 24-135.

Plötz, Robert. „Der Apostel Jacobus in der europäischen Patrozinienlandschaft unter besonderer Berücksichtigung Frankens“, in: Klaus Herbers und Dieter R. Bauer (Hrsg.). *Der Jakobskult in Ostmitteleuropa*. Tübingen: Narr, 2003, 175-229.

Plötz, Robert. „Jacobus in Oberschwaben“, in: Dieter R. Bauer et al. (Hrsg.). *Oberschwaben und Spanien an der Schwelle zur Neuzeit*. Ostfildern: Thorbecke, 2006, 71-102.

Plötz, Robert und Hedwig Röckelein. „Die Visionen des Heinrich von Ahorn und das Kloster St. Georgenberg“, in: Klaus Herbers (Hrsg.). *Stadt und Pilger: soziale Gemeinschaften und Heiligenkult*. Tübingen: Narr, 1999, 29-68.

Santos Noya, Manuel. „Zeugnisse des Kultes in Patrozinien, Hospizen und Bruderschaften“, in: Klaus Herbers und Dieter R. Bauer (Hrsg.). *Der Jakobskult in Süddeutschland*. Tübingen: Narr, 1995, 29-43.

Suckale, Robert (Hrsg). *Bamberg: ein Führer zur Kunstgeschichte der Stadt für Bamberger und Zugereiste*. Bamberg: Collibri, 1990.

Weber, Stefan. *Iren auf dem Kontinent. Das Leben des Marianus Scottus von Regensburg und die Anfänge der irischen „Schottenklöster“*. Heidelberg: Mattes, 2010.

Bayerische Herzöge auf dem sizilianischen Königsthron:
eine gescheiterte Bewerbung in Barcelona

Die Verwandtschaftsbeziehungen waren kompliziert und die politische Lage äußerst verworren, als der bayerische Herzog Stephan III. der Prächtige um 1380 bei seinem Vetter, dem aragonesischen König Peter IV. mit dem Beinamen *Cerimoniós*, der Zeremoniöse, für seinen Sohn Ludwig um die Hand seiner sizilianisch-katalanischen Cousine Maria und damit um den sizilianischen Thron anhielt. Nachdem der Bayer zunächst vorgefühlt und bereits einen nicht unerheblichen Aufwand getrieben hatte, um diesem Ziel näherzukommen, wurde er am Ende in Spanien nahezu brüsk abgewiesen.

Für die große Weltpolitik hatte die kurze Episode der bayerischen Bewerbung um die sizilianische Krone keine Auswirkungen. Bei einer Betrachtung der bayerisch-spanischen Beziehungen darf diese Geschichte der gescheiterten bayerischen Großmachtpolitik hingegen nicht fehlen.

Die katalanisch-aragonesische Herrschaft in Sizilien

Im Laufe der sogenannten Reconquista, der Rückeroberung der Iberischen Halbinsel von den Mauren, hatten sich im Norden der Iberischen Halbinsel mehrere Reiche herausgebildet. Während das kleine Navarra ausgeschlossen blieb, hatte sich Portugal im Westen bis zum 13. Jahrhundert in einem breiten Streifen am Atlantik bis zur Algarve ausgedehnt und seine Unabhängigkeit erlangt.

Im Zentrum hatte sich die Machtbasis zunächst von Asturien nach León und dann nach Kastilien verschoben. Den kastilischen Königen, allen voran Ferdinand III., gelang es schließlich bis 1250, die großen Städte Andalusiens, insbesondere Córdoba und Sevilla einzunehmen. De facto war damit die Reconquista abgeschlossen, denn das verbleibende Königreich Granada war mehr oder weniger von Kastilien abhängig und wurde letztendlich bis 1492 geduldet.

Im Osten waren Aragón und Katalonien zur Krone von Aragón verschmolzen. Das vereinte Reich begnügte sich auf dem Festland mit der Eroberung Valencias bis hinunter nach Alicante, um dann als See- und Handelsmacht sukzessive auf das Mittelmeer auszugreifen und die Herrschaft über die Balearen, Sardinien, Sizilien und zeitweise sogar über Athen zu gewinnen.

Mit den enormen Landgewinnen auf dem Festland und dem Prestige der Siege über die Mauren stiegen die iberischen Könige im Kreis der europäischen Mächte auf und konnten eine entsprechend expansiv ausgerichtete Heiratspolitik betreiben. Ferdinand III. von Kastilien etwa nahm die Tochter des Stauferkönigs Philipp von Schwaben zur Frau, woraus sein Sohn Alfons X. der Weise einen Anspruch auf die deutsche Kaiserkrone ableitete, den er jedoch nicht durchzusetzen vermochte.

Peter III. der Große von Aragón heiratete ebenfalls eine Stauferin, nämlich Konstanze, die Tochter des unglücklichen sizilianischen Königs Manfred. Als der vom Papst eingesetzte Karl von Anjou auf der Insel abgelehnt wurde, unterstützten die Katalanen folgerichtig den Aufstand der Bevölkerung in der sogenannten Sizilianischen Vesper 1282. Nach zwei Jahrzehnten kriegerischer und diplomatischer Auseinandersetzungen gelang es Friedrich II., dem dritten Sohn Peters III., zu Beginn des 14. Jahrhunderts die Herrschaft des Hauses Barcelona auf Sizilien zu festigen.

Es folgte über 80 Jahre und mehrere Generationen hinweg eine Heiratspolitik zwischen der aragonesischen und der sizilianischen Linie, die sicherlich dem Begriff Inzest ziemlich nahe kommt, gleichzeitig aber dazu führte, die Herrschaft der Katalanen gegen auswärtige Prätendenten abzusichern. Peter IV. von Aragón, der *Ceremoniós*, Urenkel Peters des Großen, vermählte sich 1349 in dritter Ehe mit seiner Großcousine Eleonore von Sizilien, Enkelin Friedrichs II. und damit ebenfalls Urenkelin Peters des Großen. Deren jüngerer Bruder, König Friedrich III. der Einfältige von Sizilien, heiratete 1361 Konstanze, eine

Tochter Peters IV. aus erster Ehe. Um die aus dieser Verbindung geborene Maria ging es nun in den Verhandlungen zwischen den Bayern und dem aragonesischen König, denn Friedrich starb 1377 und hinterließ nur dieses eine Kind.

Es sei vorweggenommen: Prinzessin Maria musste neuerlich die Achse Sizilien-Barcelona stützen. Aus dynastischen Gründen wurde sie von ihrem Großvater mütterlicherseits, Peter IV., der gleichzeitig ihr angeheirateter Onkel väterlicherseits war, an seinen Enkel Martin den Jüngeren und damit an ihren Großcousin vergeben, der 1380 erst das zarte Alter von fünf oder sechs Jahren erreicht hatte, während sie mit 18 Jahren bereits längst heiratsfähig war.

Die bayerischen Ambitionen auf eine Eheschließung mit Maria und damit auf das sizilianische Erbe waren im Vergleich zu dieser engen Verknüpfung zwischen den beiden Linien des Hauses Barcelona denkbar schwach abgesichert. Wahrscheinlich rechnete der Herzog nicht damit, dass König Peter IV. die letzte, in der Tat nahezu skandalöse Verbindung anstrebte, und versuchte deshalb, den entfernteren Verwandtschaftsgrad mit politischen Initiativen zu untermauern.

Ferne Verwandtschaft heißt in diesem Fall, dass Stephan II. mit der Hafte, Herzog von Bayern-Landshut und Sohn von Kaiser Ludwig dem Bayer, im Jahr 1328 Elisabeth von Sizilien-Aragón zur Frau nahm, die Tochter von König Friedrich II., der die Insel um 1300 für das Haus Barcelona einigermaßen gesichert hatte. Elisabeth nun war über die Ehe ihrer Nichte Eleonore von Sizilien eine angeheiratete Tante von Peter IV.; ihre drei Kinder, die Herzöge Stephan III. der Prächtige (Bayern-Ingolstadt), Friedrich der Weise (Bayern-Landshut) und Johann II. (Bayern-München) daher Cousins des aragonesischen Königs und über Eleonores Bruder Friedrich III. von Sizilien auch Großcousins von Maria.

Doch diese drei bayerischen Herzöge waren beileibe nicht die einzigen möglichen Prätendenten für die Erbin Siziliens. Selbst innerhalb der eigenen Familie der Wittelsbacher gab es noch eine jüngere Verbindung. Eleonores Vater Peter II. von Sizilien hatte eine Kärntnerin geheiratet – woraus übrigens Peter IV. von Aragón durchaus Ansprüche auf Gebiete im heutigen Österreich ableitete. Deren Tochter Beatrix, also die jüngere Schwester von Eleonore, wurde 1345 an Ruprecht II. von der Pfalz vergeben, und ihre Tante Margarete, die erheblich jüngere Schwester der sizilianisch-bayerischen Elisabeth, heiratete kurz darauf, im Jahr 1348, den Pfalzgrafen Rudolf II.

Wie auch immer diese wahrlich verschlungenen Familienbeziehungen für das sizilianische Erbe zu bewerten sein mögen, die politische Lage auf der Insel stand ihnen an Komplexität in nichts nach.

Nach dem Aufstand von 1282, der Sizilianischen Vesper, war es dem Haus Barcelona zwar gelungen, wie oben schon angedeutet, seine Herrschaft einigermaßen zu stabilisieren. Doch das Haus Anjou hatte mit päpstlicher Hilfe Neapel und damit Süditalien behauptet und fand sich keinesfalls mit der Trennung der beiden Territorien ab. Der Papst hatte über die Insel das Interdikt verhängt, die höchstmögliche Kirchenstrafe, wodurch jegliche Sakramentenspendung unterbunden wurde. Zudem führten die schon bis in die Stauferzeit zurückgehenden Auseinandersetzungen dazu, dass sich der lokale Adel, die Barone, nicht nur weitgehend selbständig machten und eigene, ganz egoistische Interessen vertraten. Die großen Familien auf der Insel ergriffen auch für jeweils unterschiedliche Seiten Partei.

Weder Friedrich II. noch seine schwachen Söhne vermochten, die von außen kommenden Söldnertruppen oder die internen Konflikte wirksam zu bekämpfen. Da zudem die gewachsenen wirtschaftlichen und kulturellen Beziehungen Siziliens nach Süditalien abgebrochen waren und Mitte des 14. Jahrhunderts mit der Pest ein weiterer fataler Faktor in dieses sizilianische Trauerspiel eingriff, versank das Land in Anarchie, mit unzähligen und nicht enden wollenden Bürgerkriegen, die überall Verwüstungen hinterließen.

Erst im Jahr 1372 kam es zu einer einigermaßen tragbaren Übereinkunft zwischen den sizilianischen Aragonesen, dem Haus Anjou und dem Papst, doch nur wenige Jahre später stand dies alles wieder zur Disposition, da Friedrich III. der Einfältige ohne männlichen Thronfolger starb. Die junge Maria wurde zum Spielball der führenden Adelsfamilien, die als sogenannte Vikare die Herrschaft unter sich aufteilten, sich jedoch nicht über das weitere Vorgehen einigen konnten. Der Kampf um die Erbin und das Erbe begann.

Herzog Stephans diplomatische Initiative

Den ersten Schritt unternahm einer der Vikare, der offensichtlich eine schon unter Friedrich III. einmal angedachte, aber wieder verworfene italienische Lösung anstrebte. Er trug die Hand Marias dem Visconti-Spross Gian Galeazzo an, dem späteren Herren von Mailand, Verona, Cremona, Piacenza, Bobbio, Perugia etc. etc. An diesem Punkt nun greifen die Bayern in die Geschichte ein: Herzog Stephan der Prächtige, ältester Sohn Elisabeths von Sizilien-Aragón, hatte bereits 20 Jahre zuvor Taddea Visconti geheiratet, eine Cousine von Gian Galeazzo. Er stand somit zwischen zwei Stühlen, setzte aber eindeutig auf die aragonesische Karte.

Den aus dieser Entscheidung resultierenden Briefwechsel fand Heinrich Finke in den 1930er Jahren im Kronarchiv von Aragón, und er soll, als Beispiel für das wahrlich unwürdige Schachern um Länder und um Frauen mit bayerisch-spanischer Beteiligung, hier kurz zusammengefasst werden.

Die Unterlagen setzen mit einem in Barcelona verfassten Schreiben Peters IV. vom 18. August 1379 ein, mit dem der König auf einen nicht erhaltenen Brief der bayerischen Herzöge Stephan, Friedrich und Johann antwortet. Sie hätten ihn, fasst Peter zusammen, darüber informiert, dass sie am Tag des heiligen Jakobus, also am 25. Juli, mit dem Papst in Rom zusammentreffen wollten, um die sizilianische Angelegenheit der geplanten Ehe zwischen dem Visconti und Maria zu besprechen. Sie hätten ihn, Peter, gebeten, einen Vertrauten dorthin zu schicken, um das weitere Vorgehen abzustimmen. Der König bedankt sich überschwänglich für diese Initiative, an der er großes Interesse habe, da ja das angesprochene Reich Sizilien gemäß den Bestimmungen König Friedrichs ihm gehöre. Leider sei der Brief zu spät angekommen, so dass der Termin bereits verstrichen sei, aber er schicke selbstverständlich einen Boten und bereite gleichzeitig geeignete Maßnahmen vor.

Besonders eilig schien er es aber nicht gehabt zu haben, denn erst sechs Wochen später stattete er seinen Beauftragten Bernhard Lavrador aus Perpignan mit einem kurzen, lateinischen Anschreiben an die drei Herzöge aus. Gleichzeitig übergab er ihm genaue Anweisungen in katalanischer Sprache, die minutiös die Verhandlungsstrategien auflisteten.

Sein Unterhändler solle zunächst das Beglaubigungsschreiben übergeben, dem Anlass entsprechend grüßen und den Bayern versichern, dass er, der König, betrübt darüber sei, dass Sizilien über eine Eheschließung oder auf anderem Weg an den Visconti fallen könnte. Er sei schließlich der Großvater Marias und er fasse es als Beleidigung auf, dass er bezüglich der Hochzeit nicht konsultiert wurde. Er gehe davon aus, dass auch sie, die Herzöge, dies als Beleidigung empfänden. Da nun Sizilien auf eine Frau übergehe, die durch die genealogische Linie ihm zugehöre, rüste er, der König, zum mächtigen Sturm auf die Insel, damit sie nicht in die Hände des Grafen noch in die eines anderen Fremden falle. Dies sei eine Frage der Ehre für ihn und wohl auch für die Herzöge. Daher bitte er sie, ihm zu helfen.

Interessant an diesem Dokument ist, dass der Unterhändler des Königs den Bayern auch größere Entschädigungen in Form von Geld oder Land in Aussicht stellen durfte, sei es für ihre Aufwendungen, sei es als Abgeltung für mögliche Rechtsansprüche. Diesen Punkt hebt Peter besonders hervor, dass nämlich mit den bayerischen Herzögen sogar über die Abtretung eines Teils von Sizilien verhandelt werden könne. Über die Schritte der Wittelsbacher in dieser Sache möchte er genauestens unterrichtet werden, aber er lässt ihnen ausrichten, dass sie darauf vertrauen könnten, dass er sie in allem unterstütze, was der Sache diene. Vor allem schärft er Lavrador ein, er möge doch so genau wie möglich herausbekommen, was die Bayern vorhaben.

Diese Diskussionsgrundlage für seinen Unterhändler sollten die Herzöge nicht zu Gesicht bekommen. Es lässt sich deshalb schwer feststellen, ob das Papier schon ein gewisses Zugeständnis beinhaltet, dass eventuelle Ansprüche der Bayern möglicherweise nicht von vornherein von der Hand zu weisen wären. Vermutlich fürchtete sich Peter in erster Linie davor, dass hier ein unerwünschter Prätendent auftreten könnte, und so wollte er sich erst einmal mehrere Optionen offen halten.

Auf der Basis der klaren Festlegung, dass er als König von Aragón und Großvater der Erbin allein über das Erbe Siziliens bestimmen könne, räumte er seinem Gesandten einen gewissen

Spielraum ein, um sich zuallererst des diplomatischen und vielleicht auch militärischen Beistands der drei Herzöge zu versichern. Da sie von sich aus an ihn herangetreten waren, durfte er auf ihre Unterstützung zwar vertrauen, doch vermutlich konnte er noch nicht ausreichend einschätzen, was sie wirklich antrieb, so dass er vorsichtshalber Entschädigungsforderungen einkalkulierte. Vielleicht hatten die Wittelsbacher in ihrem Brief aber bereits angedeutet, dass ihre Familie bereitstehen würde, sollte sich keine andere Lösung für die Prinzessin und die sizilianische Frage finden. Dann hätte Peter dies in seiner Antwort geflissentlich übergangen.

Wie dem auch sei, Lavradors Reise nach Rom war, wenn er sie denn unternahm, vergebens, denn die Bayern hatten ihre Pläne geändert. Erst Ende Mai 1380 erscheint Stephan III. beim Papst, um mit ihm im Auftrag König Wenzels Reichsangelegenheiten zu besprechen. Von dort aus schickt er Anfang Juni drei Vertraute nach Katalonien, von denen aber nur einer, Ulrich von Lichteneck, die Mission auch tatsächlich ausführt. Im Gepäck hat er einen liebenswürdigen Brief des Herzogs an seinen Verwandten Peter, in dem Stephan wortreich beklagt, dass die Distanzen so groß seien und ein persönliches Treffen verhinderten, so dass die Beziehungen über Mittelsmänner laufen müssten.

Die Verhandlungen in Katalonien

Im August 1380 kam es dann im königlichen Hauskloster Poblet in der Nähe von Barcelona zu einem längeren Gedankenaustausch zwischen Peter IV. von Aragón und dem Unterhändler des Bayern, über den Heinrich Finke im Kronarchiv eine Art Protokoll in katalanischer Sprache gefunden hat. Daneben gibt es ein auf Latein verfasstes, wohlwollendes, aber reichlich aussageloses Begleitschreiben, das der bayerische Unterhändler aus Katalonien mitnahm. Darin verweist Peter explizit auf die schriftlich niedergelegten Ergebnisse des Gesprächs. Im Übrigen dankt er seinem geschätzten Verwandten für alles und bietet seinerseits als kurze Abschiedsfloskel seine Dienste an.

Viel spannender ist allerdings das erhaltene Sitzungsprotokoll, denn dies verrät, warum der König in seinem offiziellen

Brief so kurz angebunden formuliert und sich auf diese Weise seine bayerischen Vettern mehr oder weniger diplomatisch vom Halse hält. Die Niederschrift ist dabei in der von Finke publizierten Fassung so schön gegliedert, dass die Abfolge hier beibehalten werden soll. Der bayerische Unterhändler Ulrich von Lichteneck scheint sich nämlich bei seinem Gespräch mit Peter an eine ihm fest vorgegebene Ordnung gehalten zu haben, und der König nahm sich der jeweils vorgetragenen Anliegen zunächst noch geduldig, dann immer harscher an.

> *Tagesordnungspunkt 1:* Stephan lässt ausrichten, dass die Hochzeit zwischen der Königin von Sizilien und dem Mailänder Gian Galeazzo ohne die Zustimmung des aragonesischen Königs und auch ohne seine Zustimmung in die Wege geleitet worden sei. Sie stelle somit eine Beleidigung für den König wie auch für ihn selbst dar. Er, Stephan, habe eine Gesandtschaft nach Mailand geschickt und sei dann auf seinem Weg nach Rom persönlich dorthin gereist, habe mit dem Grafen gesprochen und erreicht, dass dieser ihm versprochen habe, weder Land noch Frau noch etwas anderes anzustreben, was ihm missfallen könnte.
> – Der König dankt Stephan für alles was er zur Ehre des Königs getan hat. Die Hochzeit beruhe nicht auf Einverständnis, da der König nicht zugestimmt habe, und gegen den Willen des Königs könne sie nicht zustande kommen.

Da in der Antwort Peters die Formel „senyor rey“ insgesamt viermal in lediglich vier Zeilen auftaucht, dürfen wir ihr sicherlich eine gewisse Bedeutung zumessen. Diese diplomatische Umschreibung des Protokollanten soll wohl heißen, dass die Bemühungen Stephans zwar gut gemeint waren, dass die wirkliche Entscheidung aber bereits auf einer ganz anderen Ebene gefallen war und der bayerische Herzog mit dem Rückzug Viscontis eigentlich nichts zu tun hatte.

Tatsächlich hatte der Mailänder Prätendent im Frühjahr 1379 versucht, größere Truppenverbände nach Sizilien zu schicken. Er musste aber bald einsehen, dass er gegen die Aragonesen und ihre Verbündeten auf der Insel keine Chance haben würde, sich durchzusetzen. Als daher Stephan 1380 bei ihm in Mailand vorstellig wurde, hatte er diese Pläne bereits ad acta gelegt und konnte dem bayerischen Herzog ruhigen Gewissens versichern, keine entsprechenden Ambitionen zu haben. Allerdings versuchte er später nochmals, in der sizilianischen Angelegenheit tätig zu werden, doch zu diesem Zeitpunkt, Mitte der 1390er Jahre, war die Herrschaft Aragóns bereits endgültig gefestigt.

> *Tagesordnungspunkt 2:* Die Tatsache, dass die Königin von Sizilien auf ihrer Insel nicht regieren könne, betrübe den Herzog sehr, insbesondere, da er mit ihr und mit dem König und seinen Kindern durch Blutsverwandtschaft verbunden sei. Mit dem Rat des Königs und seiner tatkräftigen Hilfe möge es doch geschehen, dass sie ihr Reich in Frieden und Ruhe regiere.
> – Peter entgegnet darauf: Die Königin von Sizilien sei gegenwärtig in seinem Machtbereich und er werde schon dafür sorgen, dass Ruhe in ihrem Reich einkehrt und ihr der nötige Gehorsam entgegengebracht wird. Wenn er dazu der Hilfe des Herzogs bedürfe, dann werde er sich ihrer bedienen.

Offensichtlich hatte Stephan keine aktuellen Informationen oder schätzte die Lage falsch ein, denn Peter hatte Maria schon Anfang 1379 durch einen verbündeten sizilianischen Adeligen aus Catania und damit aus der Hand ihres selbsternannten Vormunds entführen lassen. Mehrere Jahre blieb sie noch auf Sizilien, bevor sie schließlich über eine Zwischenstation in Sardinien nach Barcelona verfrachtet wurde. Peter brauchte demnach tatsächlich keine Hilfe mehr von außerhalb, er hatte die Angelegenheit selbst geregelt.

Den kurzen Tagesordnungspunkt 3 können wir übergehen, denn Stephan bietet allgemein seine Dienste für den König an, wofür ihm dieser herzlich dankt. Es handelt sich um ein Wohlwollen erheischendes Vorgeplänkel für die eigentlich wichtige Angelegenheit.

> *Tagesordnungspunkt 4:* Der Herzog lässt den König wissen, dass er einen Sohn habe, der künftig verheiratet werden müsse. Er fragt deshalb an, ob es Peter möglicherweise gefalle, ihn der Königin von Sizilien zum Manne zu geben, damit die Krone nicht an einen Fremden falle. Seine Kinder seien ja sozusagen auch Kinder des Königs. Denn was wäre, was Gott verhüten möge, wenn Königin Maria ohne Erben stürbe. Dann wäre es doch allemal besser, wenn das Reich in der Hand eines Freundes und nicht in der eines Fremden läge. Im letzteren Falle wäre Krieg die Folge, und wenn

sein Sohn König wäre, könnte der Krieg verhindert werden, und mit ihm die Kosten, die dieser verursacht.

– Der aragonesische Herrscher meint dazu: Es freue ihn, dass Stephan einen Sohn und Nachfolger hat. Doch eine Hochzeit dieses Sohnes mit der Königin von Sizilien könne es nicht geben, denn eingedenk der engen Verbindung seines Hauses mit dem von Sizilien habe er bereits die Eheschließung der Königin mit seinem Enkel Martin beschlossen.

Auch hier scheint Stephan nicht ausreichend informiert gewesen zu sein, oder Peter, der Großvater der beiden vermutlich nicht gerade glücklich Verlobten, wollte seine Entscheidung noch nicht öffentlich machen. Sein Enkel war nämlich zu diesem Zeitpunkt erst ein kleiner Junge, während Maria bereits auf das 20. Lebensjahr zuging. Deshalb musste sie auch noch zehn Jahre warten, bis ihr Mann ein einigermaßen zuträgliches Alter für die Eheschließung erreicht hatte.

Tagesordnungspunkt 5: Stephan habe schon Boten und Briefe an die Barone Siziliens geschickt, die durchaus mit der Hochzeit seines Sohnes einverstanden wären. Doch dafür sei die Zustimmung des Heiligen Vaters notwendig. Deshalb suche er, Stephan, jetzt also die Einverständniserklärung des Papstes und natürlich seine, die des Königs, damit das Reich Frieden bekomme.

– Die Antwort Peters fällt knapp aus: Er habe bereits in der oben angesprochenen Form über die Ehe Marias entschieden, was aus unterschiedlichen Gründen zum Wohle der Königin und des Reiches beitrage.

Die Weiterführung des Gesprächs hätte sich mit den vorausgehenden Informationen eigentlich schon erledigt, doch der treue Unterhändler Ulrich von Lichteneck wollte wohl seine Mission vollständig ausführen. Er setzt also nochmals ein:

Tagesordnungspunkt 6: Der Herzog bitte König, er möge einen seiner Söhne zum Papst schicken, denn die enge Verwandtschaft Stephans mit Peter und seinen Söhnen verlange es...

Völlig unvermittelt bricht an dieser Stelle die Aufzeichnung ab. Wir können nur vermuten, dass König Peter von Aragón das nun wahrlich unfruchtbar gewordene Gespräch abrupt beendet hat. Alles Notwendige war gesagt. Vermutlich wollte er auch nichts von der nötigen päpstlichen Dispens wegen des zu engen Grades der Blutsverwandtschaft zwischen Stephans Sohn und Maria hören, der ja bei der Hochzeit zwischen seinen beiden Enkeln ein noch viel größeres Problem darstellte.

Weder die familiären Bande noch diplomatische Umgangsformen vermochten es, die Abfuhr schön zu reden, die Herzog Stephan von seinem katalanisch-aragonesischen Vetter bekam. In kurzen Worten lautete die Nachricht, die der Unterhändler vom Kloster Poblet an seinen Herzog zu überbringen hatte: Der Bayer hat seine Schuldigkeit getan, der Bayer kann gehen.

Ausblick

Auch wenn er in Katalonien mit seinem Traum von einem bayerischen Herzogssohn auf dem sizilianischen Thron ein Debakel erlitten hatte, konnte Stephan der Prächtige im Nachhinein dennoch zumindest mit einem Aspekt dieser Angelegenheit zufrieden sein. Er hatte sich bei der sizilianischen Nachfolge auf die „richtige", die aragonesische Seite gestellt.

Richtig war die Entscheidung für Aragón und gegen den Visconti auf jeden Fall aus familiären Gründen. Nur wenige Jahre später, 1385, räumte nämlich Gian Galeazzo seinen Onkel Bernabò aus dem Weg, um die Alleinherrschaft in Mailand anzutreten. Mit diesem aber waren nun gleich mehrere bayerische Wittelsbacher verbunden gewesen, so dass der Mord an ihrem italienischen Schwiegervater sie zumindest indirekt betraf: Stephan hatte Bernabòs erste Tochter Taddea zur Frau. Seine Nichte Elisabeth von Bayern-Landshut heiratete dessen ältesten Sohn Marco. Und sein Bruder Friedrich, Vater Elisabeths, vermählte sich in zweiter Ehe mit einer weiteren Tochter Bernabòs, nämlich Maddalena, die somit zugleich Tante und Stiefmutter Elisabeths wurde. Zu guter Letzt heiratete 1396 auch noch Ernst, Sohn von Stephans drittem Bruder Johann II. von Bayern-München, die zweitjüngste Tochter des Mailänders, Elisabetta.

Zu dieser Zeit allerdings war der innerbayerische Bruder- und Vetternstreit schon so weit fortgeschritten, dass die vielfältigen Familienbande zu Bernabò nicht mehr zu einem gemeinsamen Vorgehen gegen dessen Mörder Gian Galeazzo, sondern zu noch tieferen Konflikten unter den Wittelsbachern führten.

Die sizilianische Frage jedenfalls war vergessen. Dort setzte Peter IV., und insofern hatte Stephan der Prächtige auch die richtige Vorahnung in Bezug auf die Machtverhältnisse gehabt, mit der Verbindung von Maria und Martin dem Jüngeren auf lange Sicht gesehen eine echte Stabilisierung der aragonesisch-katalanischen Ansprüche durch. Nach Martins Tod fiel die Insel definitiv an die Krone von Aragón und schließlich, nach der Vereinigung von Kastilien und Aragón im Jahr 1479 bzw. 1504, zusammen mit Neapel als Vizekönigreich über Jahrhunderte hinweg an Spanien.

Nachdem der Versuch so kläglich gescheitert war, seinem Sohn Ludwig die sizilianische Königskrone zu verschaffen, hatte Herzog Stephan zumindest mit seiner Tochter wesentlich mehr Erfolg. Elisabeth wurde 1385 mit dem jungen französischen König Karl VI. verheiratet. Als dieser wegen seiner Geisteskrankheit zwischenzeitlich immer wieder regierungsunfähig war, ergriff sie die Gelegenheit und übernahm selbst inmitten des Hundertjährigen Kriegs als Isabeau de Bavière die allerdings nicht unbedingt glückliche Regentschaft.

Auswahlbibliographie

Finke, Heinrich. „Zur Korrespondenz der deutschen Könige und Fürsten mit den Herrschern Aragons im 14. und 15. Jahrhundert“, in: *Gesammelte Aufsätze zur Kulturgeschichte Spaniens*, 5, 1935, 458-505.

Finley, Moses I. et al. *Geschichte Siziliens und der Sizilianer*. München: Beck, 4. Aufl. 2010.

Kiesewetter, Andreas. „Heirats- und Bündnisverhandlungen zwischen den Visconti und den aragonesischen Königen von Sizilien (1355-1380)“, in: Peter Rückert und Sönke Lorenz (Hrsg.). *Die Visconti und der deutsche Südwesten*. Ostfildern: Thorbecke, 2008, 207-236.

Maier, Franz. „Die Visconti und die Herzöge von Bayern“, in: Peter Rückert und Sönke Lorenz (Hrsg.). *Die Visconti und der deutsche Südwesten*. Ostfildern: Thorbecke, 2008, 171-183.

Reinhardt, Volker und Michael Sommer. *Sizilien. Eine Geschichte von den Anfängen bis heute*. Darmstadt: WBG, 2010.

Reiseberichte des Spätmittelalters:
ein Spanier in Nürnberg, Nürnberger in Spanien

Nur wenige Spanier des ausgehenden Mittelalters verfassten von ihren Reisen ins Ausland Berichte, die der Nachwelt erhalten geblieben sind. In die Gegenrichtung führte allerdings der stetig zunehmende Pilgerstrom nach Santiago de Compostela in Deutschland zu einem Aufschwung der Gattung Reiseliteratur mit Schwerpunkt Spanien. Legt man nun die entsprechenden spanischen und deutschen Texte auf der Suche nach dem heutigen Bayern übereinander, so ergibt sich als Schnittmenge automatisch die aufstrebende Reichs-, Handwerker- und Handelsstadt Nürnberg.

Auf deutscher Seite sind von zwei Mitgliedern der Patrizierfamilie Rieter – Vater Peter und Sohn Sebald – Aufzeichnungen ihrer jeweiligen Wallfahrt (1428 bzw. 1462) auf die Iberische Halbinsel überliefert. Hinzu kommen die ausführlichen Notizen des Gabriel Tetzel, der den böhmischen Adeligen Leo von Rožmital in den Jahren 1465 bis 1467 auf seiner langen diplomatischen Mission begleitete, die sie u.a. auch nach Spanien und zum Grab des heiligen Jakobus brachte. Für die spanische Seite stehen insbesondere die wohl um 1454 verfassten Reiseerinnerungen *Andanças e viajes* des andalusischen Edelmannes Pero Tafur, der zwischen 1436 und 1439 einen großen Teil der damals bekannten Welt befuhr: von Ägypten, Palästina und Konstantinopel über Italien bis nach Deutschland bzw. ins Heilige Römische Reich.

Ihnen allen gemeinsam ist, dass sie als Patrizier oder reiche Adelige ihre Unternehmungen mehr oder weniger frei von materiellen Problemen angehen konnten, meist mehrere Anlässe miteinander verknüpften (Pilgerschaft, Geschäfte, Diplomatie, auf der Reise sich ergebende Aufträge sowie einfach touristische Neugier), in der Regel mit den entsprechenden Empfehlungsbriefen ausgestattet waren und daher auch Zugang zu hohen und höchsten Institutionen und Persönlichkeiten hatten (Bischöfe und Kardinäle, Herzöge, Könige und Kaiser).

Die jeweiligen Beweggründe der Reisenden, ihre Biographien, die literarhistorischen Bewertungen der Texte und viele andere Aspekte sind von der Forschung zu diesen Autoren und zu mittelalterlichen Reiseberichten schon weithin zusammengetragen worden, so dass wir uns hier auf einige besonders interessante Episoden und auf konkrete Eindrücke der Deutschen und des Spaniers vom anderen Land konzentrieren können.

Natürlich darf bei diesen spätmittelalterlichen Berichten der Wahrheitsgehalt der Aussagen und Beobachtungen nicht in jedem Fall auf die Goldwaage gelegt werden. Aber wichtig ist ja vor allem, was die Texte in den Fassungen aussagen, die uns überliefert wurden.

Der andalusische Edelmann Pero Tafur in Deutschland und Nürnberg

Aus welchen Gründen der Andalusier Tafur wirklich zu seiner langen Reise aufgebrochen war und welche konkreten Ziele er damit verband, lässt sich nur schwer eruieren. Letztendlich ist dies auch zweitrangig angesichts der unterhaltsamen Geschichten, die er dabei erlebt hat und in seinem Bericht zum Besten gibt.

Nachdem er das Jahr zuvor im Orient zugebracht hatte, zog Pero Tafur im Sommer 1438 von Mailand aus über den Gotthardpass. Er wandte sich sofort nach Basel, um die spanischen Bischöfe zu treffen, die an dem zu dieser Zeit dort tagenden Konzil (1431-1449) teilnahmen. Da er einen befreundeten Kardinal nicht in der Stadt antraf, besuchte er ihn im Kurort Baden in der Schweiz, ließ bei dieser Gelegenheit eine Verletzung behandeln und nutzte natürlich auch die warmen Quellen zur Erholung von den Strapazen der Reise.

Obgleich die folgenden Beschreibungen eigentlich nichts mit Bayern zu tun haben, dürfen sie bei einer Betrachtung der *Andanças* nicht fehlen, denn sie sind charakteristisch für Tafurs besondere Sicht der Dinge und für seinen durchaus nicht verklemmten, bisweilen sogar anzüglichen Umgang mit der fremden und der eigenen Moral.

> Was ich sah, gilt es dort nicht für unanständig, daß Männer und Weiber bis auf die Haut nackt ins Bad gehen; sie treiben daselbst mancherlei Spiele und halten Trinkgelage nach der Sitte des Landes. Es war dort eine Dame, welche eine Wallfahrt zu Gunsten ihres in der Türkei gefangenen Bruders machte. Ich unterhielt mich oft damit, ihren Mägden Silbermünzen in das Bad zu werfen, und sie mußten untertauchen, um sie mit dem Munde aus dem Grund des Wassers heraufzuholen; man kann sich denken, was sie in die Höhe streckten, wenn sie den Kopf unten hatten – se puede creer qué es lo que tenían alto, quando la cabeça tenían baxa (spanischer Text nach der Ausgabe 1874; deutsche Übersetzung bei Stehlin / Thommen).

Mit jener Dame zieht Tafur weiter, um sie bis in ihre Heimat Köln zu geleiten, ohne dass wir über die Art ihrer Beziehung informiert würden. Nur soviel sagt er, als sie in Köln in ihrem Haus anlangen: „Sie nahm mich zu sich, und ich erfuhr von ihr die größte Aufmerksamkeit – e reçebí della muy grande onrra – während der ganzen acht Tage, die ich dort zubrachte."

Umso mehr Details erfährt der Leser über die immer hübschen, gut befestigten, gut organisierten Städte, durch die er kommt, wobei er einmal die Organisation der Feuerbekämpfung in Strassburg lobt, ein anderes Mal die Burgendichte des Mittelrheintals bewundert oder auch die Schönheit von Männern, noch mehr aber die von Frauen preist. Der Erinnerungswürdigsten unter ihnen sollte er in Konstanz begegnen:

> Ich sah daselbst das schönste Weib, das ich je erblickt habe noch wieder erblicken werde; ihre Schönheit war so groß, daß ich zweifelte, ob das an einem menschlichen Wesen möglich sei; wenn sie eben so gut als schön war, würde sie im Paradiese einen Vorzugsplatz erhalten – grant parte le farían del Parayso.

Die gewählte Formulierung lässt vermuten, dass er sich ihrer Moralität nicht so ganz sicher ist, obwohl er bedauerlicherweise weder sein Schönheitsideal näher erläutert, noch uns darüber aufklärt, unter welchen Umständen er ihr begegnet ist.

Überhaupt räumt er den Frauen erstaunlich viel Raum in seiner Erzählung ein, ohne auf ihr Aussehen genauer einzugehen: Seien es die ehrbaren Gemahlinnen von Herzögen und Grafen, von denen er weiß, mit wie vielen Dienerinnen sie sich umgeben, wie viele Kinder sie geboren haben und wie ergeben sie ihren Männern sind. Seien es die nicht so bedeutenden und vielleicht nicht ganz so ehrbaren Frauen, die indirekt zur Sprache kommen. Etwa in Köln, der größten und reichsten und schönsten Stadt Deutschlands, wo sich der Erzbischof persönlich um ihn annahm. Über diesen Kurfürsten schreibt Tafur:

> [N]ach seinem Benehmen zu urtheilen, schien er mir mehr für die weltlichen als für die geistlichen Geschäfte seines Kirchenamtes geeignet zu sein. Er bereitete mir ein großes Fest und bewies mir großes Entgegenkommen, und ich war auf so vertrautem Fuße mit ihm, wie wenn ich dort geboren wäre. Er ritt selbst mit mir aus und nahm mich mit, die Kirchen und Klöster und die Paläste der Herren zu sehen, sowie auch die Damen, die er nicht ganz zu verabscheuen schien.

Kurz darauf, in Brügge, kommentiert er die freien Sitten und Gebräuche von Männern und Frauen gleichermaßen, ohne den moralisierenden Zeigefinger besonders nachdrücklich zu heben:

> In der genannten Halle soll die Freiheit bestanden haben, daß die Weiber, wenn sie wollten, mit jemandem, und wäre es mit Leuten, die sich dafür bezahlen lassen, die Nacht daselbst zubringen konnten, und die Männer eine Weibsperson zum Schlafen – é echarse con ella – mitbringen konnten unter der Bedingung, daß er sie nicht bedränge, um sie zu sehen oder zu erfahren, wer sie sei; denn welcher solches thäte, würde den Tod verdienen. Bei den Gesellschaften in den Bädern gilt das Zusammensein von Männern und Weibern für so anständig, wie bei uns in die Kirche zu gehen; wahrlich, die Göttin der Wollust hat dort eine große Macht, aber es muß einer nicht als armer Mann kommen, denn der würde schlecht aufgenommen.

Für sich selbst allerdings weiß er die Grenzen des Anstands zu ziehen, denn er erweist seine Ritterlichkeit dort, wo sie herausgefordert wird. In Brügge herrscht Hungersnot. Als Tafur gerade in der Kirche die Messe hört, nähert sich ihm eine Frau, klagt ihr Leid und bietet dem Edelmann ihre zwei jungfräulichen Töchter an. Seine Reaktion besteht aus tätiger Nächstenliebe:

> Ich nahm ihr und den Mädchen einen Eid ab, daß sie solche Dinge mit keinem Menschen mehr unternehmen würden, und daß sie, in Ansehung daß das kommende Jahr sich schon besser anließ, sich alle drei zusammen aus dem erhalten würden, was ich ihnen gab! Ich gab ihnen sechs venezianische Ducaten und damit nahm ich Abschied von ihnen.

Auf der Rückreise trifft er in Köln einen alten Bekannten, den Bischof von Viseo, der in diplomatischer Mission für das Konzil unterwegs ist, und schließt sich ihm Richtung Basel an. Kurz hinter Mainz jedoch hat Tafur eine erste, durchaus unerfreuliche, allerdings indirekte Begegnung mit Bayern.

Der Sohn des rheinischen Pfalzgrafen aus dem Hause Wittelsbach nämlich setzt die Reisegruppe zwei Wochen lang fest. Beinahe hätte der Spanier bei diesem Abenteuer sein wertvolles Schwert verloren. Es überrascht daher nicht, dass er keine große Lust verspürt, dessen Verwandten seine Aufwartung zu machen, so dass er auf seiner weiteren Reise Altbayern meidet – sieht man einmal von der Etappe Nürnberg-Eger durch die Oberpfalz ab.

Über Basel, Schaffhausen und Konstanz – wo er das schon erwähnte schönste menschliche Wesen kennenlernt, das er je erblickt hat – verlässt er schließlich das Rheintal Richtung Osten, um den in Prag weilenden König Albrecht II. zu besuchen. Nach kurzen Aufenthalten in Ulm und Nördlingen kommt er im Oktober 1438 nach Nürnberg, wo gerade der Reichstag abgehalten wird. Die dort anwesenden spanischen Bischöfe machen ihn mit dem Gesandten des Königs bekannt, so dass seine Weiterreise trotz der Kriegswirren in Böhmen und Schlesien gesichert ist. Allerdings muss er das Ende der Beratungen abwarten und vertreibt sich währenddessen die Zeit mit touristischen Aktivitäten in Nürnberg.

Offensichtlich scheinen ihn die fränkischen Frauen nicht sonderlich beeindruckt zu haben, denn er erwähnt sie nicht. Dafür jedoch geht der Andalusier näher auf einen Aspekt ein, den er schon vorher bei mehreren Städten lobend hervorgehoben und nach dem Besuch einer Handelsmesse in Köln nochmals unterstrichen hatte: „Die Deutschen sind ein sehr geschicktes Volk, besonders in den mechanischen Gewerben, wie ich schon erwähnt habe.“ Nicht umsonst vergleicht er nun die Stadt an der Pegnitz mit dem industriellen Zentrum Kastiliens seiner Zeit:

> Die Stadt Nürnberg ist eine der größten und reichsten in Deutschland; sie ist eine sehr alte Stadt und hat eine Einwohnerzahl etwa wie Toledo, liegt wie dieses in einem Thal und ist von dem selben Umfang. Es leben daselbst viele Gewerbtreibende, besonders im Fache von Messingarbeiten aller Art, und man macht hier die Panzerhemden, welche man Nürnberger nennt – de Nirumberga.

Nach dem Lob für die handwerklichen Betriebe erwähnt er natürlich auch die Sehenswürdigkeiten der Reichsstadt. Dabei gibt er eine nette Anekdote zum Besten, die seinen ausgeprägten Sinn für Humor, gepaart mit kritischen Spitzen, zum Ausdruck bringt. Er bezieht sich dafür auf eine Legende, die den Seitenhieb umso wirksamer macht:

> Es ist hier eine Kirche, in welcher Kaiser Karl der Große die Reliquien niederlegte, die er übers Meer gebracht hatte, als er Jerusalem einnahm. Ich gieng mit den Cardinälen, die Reliquien zu besehen; man zeigte uns deren viele, darunter eine eiserne Lanzenspitze, so lang wie eine Elle, und sie behaupteten, es sei die, welche unserm Heiland in die Seite gestoßen wurde; ich sagte, diese hätte ich in Constantinopel gesehen, und ich vermuthe, wenn die Herren nicht dabei gewesen wären, würden mir diese Worte bei den Deutschen übel bekommen sein.

Was Wunder, handelt es sich bei der Heiligen Lanze doch nicht nur um eine verehrte Reliquie, sie gehört auch zu den Reichskleinodien. Sie repräsentierte die Macht der deutschen Kaiser und ineins damit die gerade erst erworbene Bedeutung Nürnbergs als ewige Verwahrerin der Insignien. Ihr ausgerechnet an diesem Ort nachzusagen, sie wäre nicht einmalig oder gar gefälscht, kam für die Tafur begleitenden Gastgeber sicherlich einer Häresie in Einheit mit Majestätsbeleidigung nahe. In der Tat konnten ihn da wohl nur die spanischen Bischöfe und sein eigener humoristischer Unterton vor Handgreiflichkeiten retten. Wie zum Ausgleich schließt er im Text seinen Aufenthalt in

Nürnberg mit einer besänftigenden Botschaft ab: „Die Stadt ist sehr wohlhabend und hat, für eine Binnenstadt, einen ausgedehnten Handel.“

Über Eger reist der andalusische Edelmann nach Prag weiter, von dort nach Schlesien zum König, wird dann nach Wien eingeladen, unternimmt einen Ausflug nach Ungarn, und im Winter 1538/39 überquert er schließlich die Alpen Richtung Italien.

Liest man Pero Tafurs Aufzeichnungen seiner Reise durch die deutschen Landen und nach Nürnberg, dann schält sich dabei eine recht offene Haltung des Andalusiers heraus. Das Ungewohnte und Befremdliche der anderen Kultur wird zunächst einmal wohlwollend, nie abschätzig wahrgenommen. Die Architektur, bisweilen die Landschaft, die Wirtschaft und das Handwerk, die Sitten und Gebräuche, Feste und Turniere, auch die Beziehungen zwischen den Geschlechtern: Fast immer findet Tafur ein lobendes Wort, eine bewundernde Feststellung. Dies lässt sich insbesondere an den Adjektiven ablesen, die zumeist auf Dinge wie auf Menschen gleichermaßen angewendet werden: schön, wenn nicht die oder das Schönste, gut, praktisch, vortrefflich, groß, wohlhabend, geschickt, tapfer, geordnet, gesittet ist alles, was ihm begegnet.

Natürlich stellt er ab und an auch das Fremde heraus, um es mit Spanien und spanischen Städten zu vergleichen und damit in seinen Verstehenshorizont und dem seiner Leser hineinzuholen. Er beeilt sich dann aber sofort wieder, das Gute und Interessante des Anderen zu unterstreichen. Dort, wo einmal Kritik durchscheint, ist sie eingebunden in einen humoristischen Ton und in ein verständnisvolles Lächeln, wenn nicht gar in leichte Selbstironie wie im Fall der Szene im Bade mit den münzentauchenden Mädchen.

Man könnte sogar davon sprechen, dass Tafur mit seinem Reisebericht eine positive Stereotypisierung Deutschlands aufbaut. Das Beispiel von Nürnberg ist dafür beispielhaft. Zunächst setzt er mit der scheinbar objektiven Beschreibung ein: „eine der schönsten und reichsten“ Städte Deutschlands, um diesen Gedanken zum Abschluss, nach der humoristischen Episode mit den Reichskleinodien, nochmals zu wiederholen: „sehr wohlhabend“, „reichen Handel“. Ein besseres Image als dieses von außen entworfene hätte auch eine gezielte Eigenwerbung der Stadt kaum zustande gebracht.

Die Nürnberger Rieters auf Pilger- und Geschäftsreise nach Santiago

Mit dem Handel und den Reliquien spricht Tafur zwei Faktoren an, die über mindestens zwei Generationen hinweg Mitglieder der Nürnberger Patrizierfamilie Rieter zur Reise ins ferne Galicien veranlassten.

1428 bricht Peter Rieter in Begleitung eines Knechts Richtung Santiago auf. Aus anderen Quellen weiß man, dass er auf dem Weg in Freiburg ein Geschäft abwickelte. Sein eigener, extrem kurzer Bericht sagt darüber allerdings nichts aus. Ehrlichkeitshalber muss man sogar zugeben, dass er außer der Reisestrecke mit den besuchten Orten und Heiligtümern sowie einer Aufstellung der Kosten des Unternehmens insgesamt recht wenig aussagt. „Kurz und prägnant“ ist der Text, „und könnte wegen seiner Klarheit jedem Kaufmannsbericht Ehre einlegen“, so charakterisieren ihn Herbers und Plötz, denen wir hier und im Weiteren folgen.

Die wenigen Zeilen über Spanien nehmen etwa die Hälfte der Aufzeichnungen ein, danach folgt noch die zweite Station des Weges, nämlich Rom, die uns hier nicht interessiert. Zu Spanien heißt es also:

> Item Peter Rieter rait gehn St. Jacob in Gallicia und Finisterre mit eim knecht und verzert dritthalb ducaten, nach Christi geburth vierzehenhundert und in dem acht und zwainzigisten jar, und rait durch Istories [Asturien] gen Salvator [San Salvador de Oviedo] unser lieben frauen [wohl Covadonga] und am wider reiten gehn Muntzenrat [Rückweg über Montserrat] unser lieben frauen in Kattellani [...].

Kein Wort ist hier zuviel, nur das Allernötigste lässt uns Rieter wissen, so als ob er einen Eigenbeleg für die Buchhaltung anlegen würde: der Unterzeichnende, das Ziel, die Hilfsmittel (der Knecht), der finanzielle Aufwand, Datum und Ergänzungen. Wahrlich kein Text, der auch nur im Entferntesten irgendwelche persönlichen Eindrücke von Spanien oder dem Pilgerort

Compostela wiedergeben würde. Ein größerer Kontrast als der zwischen den ausführlichen Erinnerungen Tafurs und diesen Notizen ist kaum vorstellbar. Ob das an der Nürnberger Kaufmannspragmatik oder an der Person des Wallfahrers liegt, mögen die nächsten Berichte zeigen.

Im Jahr 1462, also eine Generation später, macht sich Sebald Rieter nach Spanien auf (Text und Erklärungen bei Herbers und Plötz). Anders als bei Peter Rieter haben wir nun zumindest eine große Übereinstimmung mit Tafur, auch wenn es die einzige bleibt. Wie dieser ist nämlich der jüngere Rieter ganz offensichtlich der Ansicht – und folgt darin dem literarischen Topos –, dass eine möglichst große Zahl von Begegnungen mit hohen und höchsten Persönlichkeiten zu einer Aufwertung des Berichts und damit des Reisenden führt, unabhängig davon, ob er aus dem Erb- oder Geldadel stammt: viel Freund, viel Ehr'.

Daher stattet sich die kleine Gruppe zunächst mit Empfehlungsbriefen deutscher und italienischer Herzöge und Bischöfe aus, so dass die Reisenden trotz schwelender Kriegshandlungen zwischen Aragón, Kastilien und Frankreich wohlbehütet von Landesfürsten, Kardinälen und der Schwester des französischen Königs im Baskenland spanischen Boden betreten können. Was sie dann auf der Iberischen Halbinsel erleben, umfasst nun lediglich eine der insgesamt nur vier Seiten des gesamten Textes.

Über Burgos reiten sie nach León – sie folgen also dem klassischen Camino Francés südlich des kantabrischen Gebirgskamms – tauschen ihre Pferde gegen Maultiere ein, gelangen kurz darauf ins 60 Meilen entfernte Santiago und machen noch einen Abstecher von 16 Meilen nach Finisterre. Die Entfernungsangaben sind ein charakteristisches Kennzeichen von Sebald Rieters Aufzeichnungen, so als ob er, der Kaufmann, immer schon in Kosten-Nutzen-Relationen denken würde. Entsprechend verzeichnet er, wie sein Vater, auch akkurat, wie lange die Reise gedauert und wie viele Gulden er „verzert" hat.

Doch zurück nach Spanien. In der Stadt des heiligen Jakobus bleiben sie acht Tage. Wenn sie dort etwas von Land und Leuten gesehen haben, so erfahren wir davon ebenso wenig wie bei den anderen Etappen. Rieters Interesse richtet sich einzig und allein auf sich und seine Familie.

Fast gezwungenermaßen hebt er mit so etwas wie einer Beschreibung an: „Aldo zu dem lieben herrn St. Jacob, ist ein ertzbischoff und ein schöner thurm, do der heilig St. Jacob innen ligt unter dem obersten altar.“ Doch damit ist der Pflicht auch schon Genüge getan, denn er fährt fort, indem er auf seine eigenen Aktivitäten umschwenkt: „und herr Axel und ich...“.

Elf Zeilen lang, etwa ein Drittel des Textumfangs zu Spanien, lässt er sich anschließend darüber aus, dass er Bilder und Wappen in der Kirche aufhängen bzw. die seines Vaters ausbessern ließ und dass er ein „gross cruzifix“ anbrachte, auf dass seine und zukünftige Generationen der Dynastie immer mit dem Heiligen verbunden blieben.

Dann ziehen die Pilger wieder ab, zum nächsten wichtigen Termin, nämlich einem Treffen mit dem kastilischen König in Burgos. Dieser erlaubt ihnen, in seinem Gefolge nach Bayonne mitzureiten, wohin er zu Friedensverhandlungen mit dem französischen König aufbricht. Rieter hatte zwar noch einen Besuch beim aragonesischen Monarchen geplant, doch der Krieg macht dieses Vorhaben zunichte. Er begnügt sich daher mit der Ehre, vom französischen Herrscher empfangen zu werden und von ihm Geleitschutz bis Savoyen zu bekommen.

Wenn auch Sebalds Aufzeichnungen deutlich länger ausfielen als die seines Vaters Peter, so müssen wir doch konstatieren, dass wir über spanische Städte, Sitten und Gebräuche letztendlich nichts erfahren – mit Ausnahme von ein paar Entfernungsangaben und den Informationen darüber, dass zu jener Zeit ab León Maultiere empfehlenswerter als Pferde waren und dass es in der Kathedrale von Santiago gebräuchlich war, dass erlauchte und betuchte Pilger sich mittels Wappenschildern und Bildern verewigen durften.

Keiner aus der Nürnberger Patrizierfamilie der Rieters hatte also ein Interesse daran, einen Bericht abzufassen, der auch nur im Entferntesten dem entsprechen würde, was der ungleich beredtere Spanier Tafur hinterlassen hat.

Gabriel Tetzel und das spätmittelalterliche Spanien

Von ganz anderer Natur ist allerdings der nur wenige Jahre später entstandene Reisebericht des Nürnberger Patriziers und Bürgermeisters Gabriel Tetzel. Ende 1465 brach der böhmische Edelmann Rožmital, Schwager von König Gregor, zu seiner Fahrt durch die christlichen Lande auf, um Europa im Kampf gegen die Türken zu einen und um seinem Herrn, dem hussitischen Monarchen, einen besseren Stand gegen den Papst zu verschaffen.

Im kleinen Städtchen Gräfenberg traf Tetzel auf die gut 50 Pferde starke Gesandtschaft und schloss sich ihr an. Von Nürnberg aus geht die Reise im Winter 1466 über Heidelberg und Frankfurt nach Köln, dann über Brüssel und Calais nach England, von dort über See in die Bretagne und durch ganz Westfrankreich hindurch bis an die Biskaya. In Spanien ziehen sie durch das Baskenland und berühren La Rioja. Doch statt anschließend von Burgos aus gleich nach Santiago zu pilgern, wendet sich die Gruppe in der Sommerhitze gen Süden, auf der Suche nach dem König. Allerdings macht ihnen der Bruderzwist auf dem kastilischen Thron das Leben und die Reise so schwer, dass sie über Salamanca und Portugal nach Santiago ziehen.

Aber auch dort herrscht Krieg: Der Erzbischof und die Stadt bekämpfen sich gegenseitig. Die Pilger haben deshalb Probleme, überhaupt in die belagerte Kathedrale zu gelangen. Über Finisterre und Iria Flavia-Patrón geht es dann wieder in das bettelarme und von der Pest heimgesuchte Portugal, um von dort aus das Marienheiligtum Guadalupe in der Extremadura zu besuchen. Die nächsten Stationen sind Toledo, mit dem Erzbischof-Primas der spanischen Kirche, und Zaragoza, die Hauptstadt Aragóns.

Die Warnungen des aragonesischen Königs Johann II., wegen der anhaltenden politisch-militärischen Konflikte nicht nach Barcelona zu gehen, schlagen sie in den Wind und erreichen unter Lebensgefahr Katalonien. Bei Perpignan verlassen sie Spanien, wenden sich über Avignon nach Osten, um mit Zwischenhalten in Mailand, Venedig und Wien wieder nach Böhmen zurückzukehren, von wo aus die fränkischen Mitglieder der Gruppe nach Gräfenberg und Nürnberg weiterziehen.

Zwar kann auch das Deutschland, das Pero Tafur wenige Jahrzehnte zuvor bereist hatte, kaum als Beispiel eines Friedensreiches bezeichnet werden. Das Spanien, dem Tetzel begegnete, war jedoch in Aufruhr und unterschied sich grundlegend von dem geeinten Land, das kurz darauf – ab 1474 bzw. 1479 – die Katholischen Könige Isabella und Fernando anstrebten, wenn auch mit heute sicherlich kritisch zu betrachtenden Methoden.

Noch zerfleischten sich die beiden großen Monarchien Kastilien und Aragón in internen Machtkämpfen sowie in ewigen Scharmützeln mit dem Adel. Noch gab es geschlossene muslimische Siedlungsgebiete, nicht nur im weiterhin bestehenden Nasridenreich Granadas, sondern insbesondere auch in den christlichen Regionen Aragón und Valencia, wo die sogenannten Mudéjares entscheidend zum wirtschaftlichen Überleben beitrugen. Noch hatten die jüdischen Gemeinden gewisse Freiheiten, auch wenn der Druck zur Konversion schon auf ihnen lastete. Die Bauern und Handwerker hatten praktisch die gesamte Steuerlast zu tragen, wobei sie unter den Bürgerkriegen am meisten zu leiden hatten. Und zu allem Übel kam in verschiedenen Landstrichen die Pest hinzu.

Zumindest ist es dieses Bild der inneren Spaltungen, der Anarchie, des Hungers und des Niedergangs, das Gabriel Tetzel von Spanien zeichnet. Überall müssen sich die Böhmen und Franken der gewalttätigen Übergriffe des wohl massiv hungernden Volkes und verschiedener bewaffneter Banden erwehren, fast überall geraten sie auf irgendeine Weise zwischen die jeweiligen Fronten.

Dabei hatte der Nürnberger Tetzel sicherlich die Intention, es dem Andalusier Tafur mit positiven Eindrücken aus der Fremde gleichzutun, auch wenn er dessen Aufzeichnungen natürlich nicht kannte. So schreibt er beispielsweise über London:

> Aus der stat ritt wir durchs kunigreich zu Engelant in die haubtstat, do der kunig von Engelandt hof hält, heisst Lund. Das ist ser ein grossmächtige waidliche stat, und man treibt da grosse hantierung von allen landen. In der stat ist gar vil volks und vil handwercher, allermeist goldschmid und tuchmacher und ser schön frawen, teur zerung (Zitate nach Schmeller, Ausschnitte bei Herbers und Plötz).

Nach der etwas verunglückten Überfahrt in die Bretagne wird er sogar fast überschwänglich: „Frankreich ist das allerbest gestiftet land von allem dem was der mensch erdenken kan, das ich al mein tag ie gesehen hab.“ Ähnlich wie der Andalusier hat er dabei auch einen durchaus taxierenden Blick für Frauen, wenn er sie beständig in die Kategorien „schön“, „mittle schon“, „in einem mittelmässigen wesen“ etc. einordnet.

Spanien jedoch steht unter keinem guten Omen. Schon im französischen Baskenland erkranken die Pferde, und im ersten größeren Städtchen nach der Grenze, in dem die Gruppe Halt macht, verendet Rožmitals bester Hengst. Nicht genug damit beginnt bereits hier, auf der ersten Textseite zur Iberischen Halbinsel, die fest gefügte Weltsicht des Nürnbergers ins Wanken zu kommen. Am Hof des dortigen Grafen leben „Christen, Heiden [also Muslime] und Juden.“ Der Herr der Stadt bezeichne sich zwar als Christ, ob man das glauben dürfe, zieht Tetzel allerdings in Zweifel. Dazu kommt, dass der Graf sie zwar gut bewirtet, seine Untertanen hingegen seien „ein mordisch bos volk“. Deshalb flieht die Gruppe um Rožmital aus der Stadt.

Doch in den bergigen und heißen Landstrichen wird es keineswegs besser. Dort rotten sich ebenfalls „Christen, Heiden, Juden“ zusammen, um ihnen mit Waffengewalt Geld abzupressen. Erst als sie nach vielen Mühen über menschenleeres, wasserarmes, waldloses, „schendlichst Gebirg“ nach Burgos gelangen, kann er endlich zu ausführlicheren Beschreibungen ansetzen: von einem Stierkampf, bei dem die Tiere von Hunden zu Tode gehetzt werden; von einem durch ein besonderes Kreuz bewirkten Wunder; von dem mächtigen Grafen, der sie reichhaltig bewirtet.

Wie später beinahe überall in der Hispania zieht er jedoch auch hier schon ein „Aber“ ein. Auch in Burgos „ist ser ein bös mordisch volk von dem gemeinen man“, und selbst in der Bischofsstadt hält der weltliche Herr einen für seine Vorstellungen allzu engen Kontakt mit den Anderen: „ist auch vast mit allem wesen, und trinken und essen auf den heidnischen sitten gericht.“

In diesem Fall kommt ihnen, seinen Gästen, dies jedoch durchaus zupass. Denn der Graf präsentiert ihnen eine Schar „heidnischer oder türkischer“ Jungfrauen, „all braune weiber, und schwartz augen“, die nicht nur „gar köstlich tänz auf die heidnische mainung“ aufführen; sie „sehen auch die landfarer gern und haben die teutschen lieb." Einzelheiten verschweigt er uns natürlich.

Nicht nur hier kommen Tetzels eingefahrene Denkschablonen durcheinander. Bei Medina del Campo treffen sie auf den alten König Heinrich IV., der gegen seine Absetzung kämpft. Wie üblich ist die Herberge schlecht und sie müssen sich des Volks, in diesem Fall der „Heiden" erwehren. Als sie Audienz bekommen, sehen sie den christlichen Herrscher Kastiliens nach heidnischer Art gekleidet auf dem Boden sitzen, ja Tetzel unterstellt ihm sogar, dass er „auf den heidnischen sitten" bete und „den Christen feind sei."

Die Königin hingegen klassifiziert er als eine „hubsche Frau", allerdings eine „braune hubsche Frau", so als ob sie, die Portugiesin, maurischer Abstammung sei. Darüber hinaus weiß er zu berichten: „der kunig ist jr feind und ligt nit bei jr", ohne die Gerüchte über die Homosexualität des Königs und die Zweifel an seiner Vaterschaft für die junge Prinzessin Johanna weiter auszuführen. Angesichts dessen verwundert es dann nicht, dass der Monarch, anders als es die Gepflogenheiten erfordern würden, dem hohen Besucher Rožmital „gantz kein eer" erweist bzw. dass Tetzel dies in seinem Bericht so darstellt.

Auch auf der nächsten Station, Salamanca, scheinen dem fränkischen Patrizier die richtigen Zuordnungen schwer zu fallen. Der Bischof ist ein gottesfürchtiger Mann, der den heiligen Jakobus verehrt, und die Christen dort sollen angeblich die frommsten im ganzen Land sein. Eben dieser Bischof und seine Ritter bereiten ihren Gästen eine besondere Ehre. Sie dürfen nochmals einem Stierkampf beiwohnen, diesmal mit Kämpfern zu Pferd, bei dem die Tiere so lange mit Pfeilen beschossen werden, bis sie vor Schmerz ausbrechen und zwei Zuschauer niedertrampeln. Allerdings reiten die Männer dabei nach „heidnischer Art", wie Tetzel zuvor noch niemanden hat reiten sehen.

Fassen wir zusammen: In Spanien muss der Nürnberger Patrizier Fremdheitserfahrungen machen, die ganz offensichtlich über seinen Verstehenshorizont hinausgehen, der bis dahin vor allem an innerchristlichen Auseinandersetzungen und der Präsenz von klar abgegrenzten jüdischen Gemeinden in Deutschland geschult ist.

Natürlich erzählt auch der Andalusier Tafur beständig von ihm unbekannten Gebräuchen, die er zunächst einmal objektiv darzustellen versucht, um sie dann aus ihrem Kontext heraus zu bewerten. Das Ritterturnier in Schaffhausen etwa, dem er eine bestimmte Funktion zuzuweisen vermag. Oder von Traditionen, in die er sich sogar mit einer leicht ironischen Distanz einbeziehen lässt: beispielsweise das Spiel mit den nackten Mädchen im Bade. Die Begegnung mit dem Anderen, den Umgang mit der Alterität unterschiedlicher Religionen und Kulturen kennt er jedoch aus seiner eigenen Heimat so gut, dass ihn deutsche Sitten und fremde kulturelle Eigenheiten nicht aus seiner grundlegend positiven Einstellung herauszureißen vermögen.

Für Tetzel hingegen stellen das Neben-, Mit-, ja Durcheinander christlicher, jüdischer und muslimischer Elemente in Einheit mit dem Klima, den topographischen Schwierigkeiten und den beständig lauernden Gefahren für Leib und Leben – ganz zu schweigen von den Berichten aus den gerade erforschten Gebieten Afrikas südlich der Sahara, die er in Portugal zu Ohren bekommt – Herausforderungen dar, die sich im Text ganz häufig in einer Struktur des „Ja, aber..." niederschlagen:

Ja, die Frauen sind schön, aber braun und heidnisch. Ja, die Kirche des heiligen Jakobus in Compostela „ist eine schone weite grosse kirchen", aber sie ist Kriegsgebiet, so dass Pferde, Kühe und allerlei Gerümpel in ihr herumstehen. Ja, die Stadt Santiago ist schön und mit frommen Leuten darin, aber diese kämpfen gegen den Bischof. Ja, die Mauren in Aragón sind sogar friedliebender als die dortigen „bösen Cristen", aber in ihren Kirchen finden sich keine Gemälde. Ja, die maurischen Männer sind hübsch von Gestalt – „auf die heidnischen mainung", schränkt er ein –, „aber die frauen ganz ungeschaffen."

Sogar im Marienwallfahrtsort Guadalupe, dessen Hospital er über alles lobt, dessen Kloster „gleichen ist in der welt nit", wo die Klosterregel strengstens eingehalten wird, weil ihm, bezeichnenderweise, „ein Teutscher" vorsteht; selbst an diesem paradiesischen Ort also findet er noch ein Haar in der Suppe: „und umb das closter wächst in drey teutschen meilen gar nichts, weder getreid, frucht noch wein."

Da die wenigen Ausnahmen die Regel bestätigen, sollen auch sie nicht verschwiegen werden. Ganz in der Art Tafurs lobt Tetzel die Stadt Toledo mit ihrem reichen und mächtigen Bischof und ihrem reichen Grafen, die beide seinem Herrn Rožmital viel Ehre erweisen. In der Stadt besichtigt er viele bedeutende Reliquien und eine Bibel, die er zu den „kostlichsten“ der Christenheit rechnet. Allerdings erwähnt er nicht, wie dies der andalusische Reisende für Nürnberg vermerkt hatte, die wirtschaftlichen Grundlagen der Stadt, nämlich die Verarbeitung von Wolle sowie die Waffenproduktion, deren Aufstieg zur Weltgeltung im 15. Jahrhundert begann. Und er spricht auch nicht vom Bau der Kathedrale, wo um diese Zeit von niederländisch-deutschen Handwerkern das Löwenportal errichtet wurde.

Ein Loblied kann der Nürnberger in seinem Bericht auch auf Barcelona singen, die schöne, große Hauptstadt Kataloniens mit seinem Fernhandel, der so ausgeprägt ist, dass er glaubt, dort lägen mehr Schiffe als selbst in Venedig. So viele mächtige und reiche Leute lebten in der Stadt wie im ganzen Königreich Aragón und Katalonien zusammen.

Jedoch kommt sogar in diesen beiden Fällen noch ein Aber, wenngleich eher indirekt. Bei Toledo ist es die Beschreibung eines ganz seltsamen Rituals, das in die Geschichte als „Farsa de Ávila“ eingegangen ist, mit dem der Erzbischof den alten kastilischen König symbolisch seiner Macht entkleidet und diese dem neuen Herrscher übertragen hatte. Im Falle von Barcelona besteht das Aber in dem Versuch, die verworrenen politischen Händel zwischen Katalonien und Aragón sowie innerhalb der Königsfamilie darzustellen, was ihm ob der Komplexität der Lage jedoch nur annähernd gelingt.

Am Ende seiner Reise durch Spanien meint man daher, Tetzel regelrecht aufatmen zu hören, dass er nun, in rascher Erzählfolge, in Frankreich und Italien durch lauter schöne Städte mit gutem Gewerbe und durch fruchtbare, wohlgestiftete Landschaften gen Heimat reiten darf.

Der gute Wille, auch in Spanien Lobenswertes und Vorbildhaftes zu finden, hat ihm keineswegs gefehlt. In manchen Passagen bemüht er sich, noch in der trostlosesten Situation etwas Positives zu finden, beispielsweise wenn er den Spaniern ihre Leidensfähigkeit zugute hält: „Es ist ein volk, das wol hunger und arbeit leiden mag.“ Doch ist der Nürnberger Ratsherr einerseits zur denkbar schlechtesten Zeit durch die Iberische Halbinsel geritten. Andererseits aber war er sicherlich mit dem Fremden, dem er sich aussetzte, überfordert.

Wie sehr, das belegt die Aufzählung, mit der er die alte römische Provinzhauptstadt Mérida charakterisiert: „Mereda ist ein mittelmässige stat noch heutstags, und sitzen etlich heiden, juden, confessen, pauletten, grecken und de la centura, also das sechserley gelauben in der selben stat sein zu den zeiten gewesen." Angesichts dieser für Tetzel kaum zu verarbeitenden Glaubens- und Kulturmischung ist es umso bedauerlicher, dass die beiden Rieters in ihren Berichten über diese Aspekte ihrer Reise nichts aussagen, wir dadurch also auch keine früheren Eindrücke der spanischen Multikulturalität aus Nürnberger Kaufmanns- und Patriziersicht haben.

Ausblick

Der nächste Nürnberger Spanienreisende, von dem Aufzeichnungen erhalten sind, Hieronymus Müntzer, fällt in zweifacher Weise bereits aus der Epoche des Spätmittelalters heraus, obwohl ihn nur etwa 30 Jahre von Tetzel trennen.

Sein tagebuchähnliches *Itinerarium Hispanicum Hieronymi Monetarii* (vgl. in Ausschnitten Herbers und Plötz) von 1494 zeugt zum einen von einer objektiveren, fast schon wissenschaftlichen Betrachtung des fremden Landes, die Entfernungen misst und Angaben zur Topographie des Landes notiert, historische Daten vermerkt, Kunst und Architektur beschreibt, skizziert und geschichtlich einordnet, Überlieferungen sammelt, Bücher exzerpiert und die wirtschaftlichen Grundlagen der jeweiligen Gegend bestimmt. Dazu teilt der Bericht die Bewohner in zwei Gruppen ein: die Gebildeten und Großen, mit denen sein Verfasser Umgang pflegt, und das Volk, das bisweilen als schmutzig, unrein, faul und schweinisch abgekanzelt wird.

Zum anderen aber hatte sich in diesem Zeitraum von nur einer Generation die Iberische Halbinsel grundlegend gewandelt. Die Katholischen Könige Isabella und Ferdinand hatten die Macht in den beiden spanischen Reichen zentralisiert und begonnen, eine straffe Verwaltung einzurichten. Darüber hinaus hatten sie Granada erobert, die Inquisition eingeführt, die Juden vor die Wahl der Zwangstaufe oder des Exils gestellt, das Christentum praktisch zur Staatsreligion erhoben, mit Portugal Frieden geschlossen und damit de facto die beginnende Aufteilung der Welt unter diesen beiden Königreichen festgelegt.

Was Tetzel nur als Gerüchte von der beginnenden portugiesischen Expansion nach Afrika notiert hatte, das wird nun mit ersten Nachrichten aus Amerika Realität: die Begegnung mit einer Fremdheit ganz anderen Ausmaßes jenseits von Europa und der bis dahin bekannten Welt. In Nürnberg und von Nürnberg aus wird dieser iberisch-europäische Ausgriff auf die Welt u.a. durch Martin Behaims Globus, Hartmann Schedels Weltchronik und Müntzers eigene Initiativen tatkräftig begleitet.

Er reist also nicht mehr auf eine von Bürgerkriegen zerstörte, unter Hunger leidende, in sich vielfach zerrissene und im Niedergang begriffene Halbinsel, sondern in zwei aufstrebende Königreiche, Spanien und Portugal, die sich innerhalb kürzester Zeit zu den damals modernsten Staatsgebilden Europas und zu den beiden führenden Weltmächten entwickeln sollten.

Auswahlbibliographie

Beltrán, Rafael. „Los libros de viajes medievales castellanos“, in: *Filología Románica*, Anejo 1, 1991, 121-164.

Classen, Albrecht. „España a través del prisma alemán: perspectivas del medievo y la primera modernidad e investigaciones imagológicas“, in: Berta Raposo und Ingrid García Wistädt (Hrsg.). *Viajes y viajeros entre ficción y realidad. Alemania-España*. Valencia: Universitat de Valencia, 2009, 41-59.

Daly, Karen. „Hombres virtuosos y mujeres escandalosas en las *Andanças* de Pero Tafur“, in: Rafael Beltrán (Hrsg.). *Maravillas, peregrinaciones y utopias: Literatura de viajes en el mundo románico*. Valencia: Universitat de Valencia, 2002, 359-367.

García Sánchez, Enrique. „Libros de viaje en la península ibérica durante la Edad media: Bibliografía“, in: *Literatura Española Medieval y del Renacimiento*, 14, 2010, 353-402.

Heim, Dorothee. „Die Suche nach Geld, Freiheit und Ansehen. Künstlermigration nach Kastilien im 15. Jahrhundert“, in: Klaus Herbers und Nikolas Jaspert (Hrsg.). *„Das kommt mir spanisch vor“. Eigenes und Fremdes in den deutsch-spanischen Beziehungen des späten Mittelalters*. Münster: LIT, 2004, 316-338.

Herbers, Klaus. „‘Murcia ist so groß wie Nürnberg‘ – Nürnberg und Nürnberger auf der Iberischen Halbinsel: Eindrücke und Wechselbeziehungen“, in: Helmut Neuhaus (Hrsg.). *Nürnberg. Eine europäische Stadt in Mittelalter und Neuzeit*. Nürnberg: Verein für die Geschichte der Stadt Nürnberg, 2000, 151-183.
Herbers, Klaus. „‘Das kommt mir spanisch vor’. Zum Spanienbild von Reisenden aus Nürnberg und dem Reich an der Schwelle zur Neuzeit“, in: Klaus Herbers und Nikolas Jaspert (Hrsg.). *„Das kommt mir spanisch vor“. Eigenes und Fremdes in den deutsch-spanischen Beziehungen des späten Mittelalters*. Münster: LIT, 2004, 1-30.
Herbers, Klaus. „Jerónimo Múnzer en Santiago. La importancia de la tradición jacobea en la narración de viaje por Europa Occidental (1494-1495)“, in: Javier Gómez-Montero (Hrsg.). *Topografías culturales del Camino de Santiago. Kulturelle Topographien auf dem Jakobsweg*. Frankfurt/M.: Peter Lang, 2016, 205-217.
Herbers, Klaus und Robert Plötz. *Nach Santiago zogen sie. Berichte von Pilgerfahrten ans „Ende der Welt“*. München: dtv, 1996.
Stehlin, Karl und Rudolf Thommen. „Aus der Reisebeschreibung des Pero Tafur, 1438 und 1439“, in: *Basler Zeitschrift für Geschichte und Altertumskunde*, 25, 1926, 45-107.
Tafur, Pero. *Andanças é viajes*. Madrid: Miguel Ginesta, 1874.
Schmeller, Johann Andreas (Hrsg.). *Des böhmischen Herrn Leo's von Rožmital Ritter-, Hof- und Pilger-Reise durch die Abendlande, 1465-1467*. Stuttgart: Literarischer Verein, 1844.
Vives, José. „Andanças e Viajes de un hidalgo español (1436-1439)“, in: *Gesammelte Aufsätze zur Kulturgeschichte Spaniens*, 7, 1938, 127-207.
Vones, Ludwig. „Spanische Reisende im Reich“, in: Klaus Herbers und Nikolas Jaspert (Hrsg.). *„Das kommt mir spanisch vor“. Eigenes und Fremdes in den deutsch-spanischen Beziehungen des späten Mittelalters*. Münster: LIT, 2004, 339-358.
Weber, Eckhard. „Pilger, Räuber, Heiden und Ketzermeister. Spanienbilder in Texten deutscher Reisender an der Wende zur Neuzeit (15./16. Jahrhundert)“, in: Berta Raposo Fernández und Isabel Gutiérrez Koester (Hrsg.). *Bis an den Rand Europas. Spanien in deutschen Reiseberichten vom Mittelalter bis zur Gegenwart*. Frankfurt/M.: Vervuert, 2001, 15-75.

Bayerische Konquistadoren in Hispanoamerika:
Ulrich Schmidl und Philipp von Hutten

Die Beziehungen zwischen Bayern und Lateinamerika sind eigentlich nicht Thema dieses Bandes. Allerdings gab es eine Zeit in der ersten Hälfte des 16. Jahrhunderts, in der die neue Verbindungslinie Bayern-Spanien-Westindien, wie man die überseeischen Gebiete jenseits des Atlantiks damals üblicherweise nannte, so stark frequentiert wurde, dass sie hier notwendigerweise ihren Platz finden muss.

Von den Abenteurern, die mit den Spaniern und Portugiesen in die Neue Welt aufbrachen, stammte ein erstaunlich hoher Anteil aus süddeutschen Gebieten. Unter vielen anderen namentlich bekannten Glückssuchern waren dies beispielsweise Hans Tetzel aus Nürnberg, der auf Kuba ein Kupferhüttenwerk aufbaute; oder Bartholomäus Blümel (oder Blumenthal bzw. Flores) aus Nürnberg, der bis nach Chile kam und dort als Mitbegründer der Hauptstadt Santiago gilt; oder Ambrosius Dalfinger (oder Ehinger) aus der Gegend von Ulm, erster Statthalter der Welser in Venezuela, der im kolumbianischen Tiefland an einem vergifteten Pfeil starb; oder Bartholomäus Welser der Jüngere aus Augsburg, der 1546 in Venezuela ermordet wurde.

Nicht alle oberdeutschen Amerikareisenden bzw. -eroberer haben ihre Erlebnisse schriftlich festgehalten. Vier von ihnen verfassten jedoch relativ umfangreiche und für die historische Forschung wichtige Berichte und Briefe, die bis heute erhalten geblieben sind. Am bekanntesten, weil am makabersten und dadurch für ein sensationslüsternes Publikum äußerst ansprechend, wurden die Erinnerungen des Hessen Hans Staden von seinen Reisen in Brasilien. Nach eigenen Angaben wurde er mehrere Monate von einem Stamm von Kannibalen gefangen gehalten, so dass er jeden Moment damit rechnen musste, erschlagen und verspeist zu werden. Wenn man ihm glauben will, dann vermochte er es gerade noch, den Menschenfressern sozusagen vom Grill zu springen.

Weniger sensationell, dafür historisch und politisch hochbrisant waren die Expeditionen des Ulmers Nikolaus Federmann, der in Diensten der Welser stand. Hierbei ist vor allem die zweite Reise bedeutsam: Auf der Suche nach dem sagenhaften Goldreich El Dorado schlug er sich durch heiße Tiefländer und überquerte die eisigen Gipfel der Anden, nur um feststellen zu müssen, dass ihm die Spanier bei der Eroberung der Gebiete der kolumbianischen Hochlandindianer zuvorgekommen waren. Ruhm, Ehre und Geld verblieben bei Gonzalo Jiménez de Quesada, während Federmann, von seinen Augsburger Geldgebern angeklagt, 1542 in einem spanischen Gefängnis starb.

Die beiden anderen schreibenden deutschen Konquistadoren der Neuen Welt stammten aus dem heutigen Bayern, so dass sie hier im Mittelpunkt stehen sollen. Es handelt sich einmal um den Straubinger Patrizierssohn Ulrich Schmidl, dessen Geschichte der Reise zum Río de la Plata mit unterschiedlichen Titeln und in unterschiedlichen Versionen seit Mitte des 16. Jahrhunderts immer wieder verbreitet und gedruckt wurde.

Zum anderen haben wir einen seit 1550 bekannten und erst seit kurzer Zeit durch andere Dokumente ergänzten Text des unterfränkischen Ritters Philipp von Hutten, der nach längerem Aufenthalt in Spanien die Überfahrt nach Venezuela wagte. Dort organisierte er für die Welser Expeditionen ins Landesinnere und wurde schließlich von einem spanischen Rivalen ermordet. Vor der genaueren Betrachtung der Texte soll aber eine kurze Rückschau begründen, warum so viele Oberdeutsche und Bayern sich auf das Abenteuer Amerika einließen.

Die Welser in Venezuela

Innerhalb weniger Jahre hatte sich die Welt für Europa vollkommen verändert. Kolumbus war 1493 mit ganz unglaublichen Geschichten über Reichtum und Gold von seiner Reise zurückgekehrt, die ihn, wie er glaubte, auf der Westroute nach Indien und China geführt hatte. Wenige Jahre später, 1499, trafen Vasco da Gamas Schiffe nach zweijähriger Fahrt um ganz Afrika herum vollbeladen mit den so begehrten Gewürzen aus Indien wieder in Portugal ein.

Die Nachrichten über diese beiden Ereignisse verbreiteten sich rasend schnell, so dass die Iberische Halbinsel von heute auf morgen zu einem großen Marktplatz wurde, auf dem sich seriöse Handelshäuser ebenso ein Stelldichein gaben wie abenteuerlustige Weltenbummler.

Bis dahin war der Asienhandel, beispielsweise mit Pfeffer und Seide, ein mühsames und kostenintensives Geschäft gewesen, das vor allem von arabisch-osmanischen Zwischenhändlern und natürlich von Venedig dominiert worden war. Nach dem Niedergang von Regensburg hatten daran die neuen oberdeutschen Handelsstädte mit Nürnberg und Augsburg an der Spitze gut verdient. Doch sie beschränkten sich keineswegs auf diesen Geschäftszweig, sondern diversifizierten ihr unternehmerisches Engagement auf das Handwerk, insbesondere Waffen und mechanische Instrumente, auf Wolle, Baumwolle und Stoffe, auf Metalle, was Investitionen im Bergwerksbereich einschloss, auf Warentransporte und auch auf Finanztransaktionen.

Nürnberger und Augsburger Geschäftsbeziehungen sind in ganz Italien nachweisbar, ebenso in deutschen Handelsplätzen wie Leipzig, Frankfurt und Köln, natürlich in Brügge und Antwerpen in den Niederlanden, aber früh auch schon in Lyon. Gleichzeitig hatten die Patrizier, wie wir am Beispiel der Nürnberger Reisenden sahen, bereits lange vor den Fahrten von Kolumbus und Vasco da Gama begonnen, Beziehungen zur aufstrebenden Iberischen Halbinsel anzubahnen.

Unter den vielen wirtschaftlich aktiven Familien beider Städte ragen zweifellos die Augsburger Fugger sowie die Augsburger und Nürnberger Welser hervor. Beide Gesellschaften waren schon 1504 in Lissabon mit Niederlassungen vertreten und finanzierten zusammen mit anderen Geldgebern eigene Schiffe, um mit erheblichen Gewinnmargen Pfeffer aus Indien zu importieren. Zu einem noch viel intensiveren Engagement in Spanien führte aber eine politische Entwicklung, um nicht zu sagen ein dynastischer Zufall.

Der Habsburger Karl, geboren 1500 in Gent, erbte zunächst 1506 von seinem Vater Philipp dem Schönen den nördlichen

Teil Burgunds (die Picardie, Belgien und die Niederlande), dann 1516 von seinem Großvater Ferdinand anstelle seiner geistig umnachteten Mutter Juana das Königreich Spanien, und schließlich starb 1519 sein anderer Großvater, Kaiser Maximilian I. Um sich bei der damit anstehenden Wahl zum Herrscher des Reichs gegen seinen schärfsten Konkurrenten Franz I. von Frankreich durchsetzen zu können, benötigte er enorme Summen für Unterstützungszahlungen an die Kurfürsten.

Fugger und Welser boten sich gemeinsam an, das Kapital aufzubringen, und erhielten dafür sowie für immer neue Kredite in späteren Jahren erhebliche Privilegien und Einkünfte in Spanien, was wiederum zu einer Ausweitung ihrer festen Niederlassungen auf der Iberischen Halbinsel führte.

Daran anknüpfend arbeiteten insbesondere die Welser darauf hin, einen Teil der Neuen Welt unter ihre Kontrolle zu bekommen. Bereits Mitte der 1520er Jahre errichteten sie Faktoreien für die Abwicklung ihres Handels in Sevilla und in Santo Domingo, den beiden obligatorischen Anlaufpunkten diesseits und jenseits des Atlantiks. Mit dem Ziel, ihre eigenen Schiffe sowohl bei der Hinfahrt als auch bei der Rückfahrt voll auszulasten, schlossen sie 1528 mit dem spanischen König, ihrem Kaiser, einen Vertrag über die Statthalterschaft in Venezuela ab.

Nur wenige Jahre nachdem sie die Provinz an der Karibikküste übernommen und ganz erhebliche Investitionen getätigt hatten, stellten die Welser allerdings fest, dass das Projekt der Kolonialisierung und Beschaffung von amerikanischen Exportprodukten für Europa fehlgeschlagen war. Weder über Bergbau noch über Landwirtschaft oder Sklavenhandel noch mit anderen Maßnahmen gelang es ihren Verwaltern und Statthaltern, die Kosten-Nutzen-Rechnung positiv zu gestalten, soweit sie überhaupt Anstrengungen in Richtung auf eine umfangreiche und tragfähige Kolonisation des Landes nach spanischen Richtlinien in Angriff genommen hatten.

Darüber hinaus war das Umland um ihre Hauptstadt Coro, auf halbem Weg zwischen Caracas und Maracaibo gelegen, schon bald ausgeplündert, so dass die Gouverneure ihr Heil in den sogenannten Entradas suchten. Dies waren nichts anderes als groß angelegte und militärisch durchgeführte Raubzüge ins Hinterland auf der Suche nach den sagenhaften Goldschätzen, von deren Existenz die Berichte und die Beute der spanischen Conquistadores Hernán Cortés und Francisco Pizarro beredtes Zeugnis abgaben. Als auch diese teuren und aufwendigen Expeditionen 1546 in einem Fiasko endeten, übernahm Spanien die Verwaltung der Provinz nach eigenen Maßstäben. Das Experiment Amerika war für die Welser in jeder Hinsicht zu einem Fehlschlag geworden.

Philipp von Hutten auf der Suche nach El Dorado

Philipp von Hutten wurde 1505 in den Haßbergen im nördlichen Franken als Sohn einer alten, adeligen, aber nicht besonders reichen Familie geboren. Sein Bruder Moritz brachte es dennoch auf den Eichstätter Bischofsstuhl, während Philipp die weltliche Laufbahn einschlug und Page des bedeutenden Grafen Heinrich III. in Niederburgund wurde. Dank dessen enger Beziehung zu Karl kam der junge Ritter Hutten bald in den Umkreis des königlich-kaiserlichen Hofs in Spanien und im Reich.

Vermutlich anlässlich der Übergabe des peruanischen Goldschatzes 1534 in Toledo fasste der Franke den Entschluss, selbst sein Glück in Amerika zu suchen. Er heuerte bei den Welsern als Hauptmann einer Söldnertruppe an, die noch im gleichen Jahr von Sevilla aus nach Venezuela und 1535 unter dem Oberbefehl des Gouverneurs Hohermuth von Coro aus aufbrach, das sagenumwobene Goldland im Landesinneren zu finden. Nachdem sie drei Jahre lang vergeblich einen gangbaren Pass gesucht hatten, der sie aus der östlichen Tiefebene über die Bergkette ins kolumbianische Hochland gebracht hätte, kehrten sie 1538 dezimiert an die venezolanische Küste zurück.

Erst im Jahr darauf gelang es Nikolaus Federmann, allerdings einige Monate zu spät, zu den Gold- und Smaragdschätzen der Chibcha-Muisca-Kultur auf der Hochsavanne von Bogotá vorzudringen. Für ihn rückte Philipp von Hutten als oberster Verwalter der Welser in Coro auf. Zusammen mit dem Sohn des Oberhaupts der Dynastie, Bartholomäus Welser, brach er 1541 zu seiner zweiten großen Entrada auf, um irgendwo im südlichen kolumbianischen Hochland oder im Flüssegewirr von Caquetá, Putumayo und Amazonas ein noch sagenhafteres El Dorado als das der Muisca aufzuspüren.

Doch alle Anstrengungen, Krankheiten, Kämpfe und Verluste waren umsonst. Fünf Jahre des Herumirrens in den unendlichen Llanos, dem östlichen Andentiefland, von einem Fluss zum anderen, brachten immer nur unbestimmte Gerüchte vom großen Goldreich, nicht aber wirklich verwertbare Hinweise. Unverrichteter Dinge und verwundet kehrte Philipp von Hutten daher mit dem Rest seiner Truppe zurück, nur um festzustellen, dass in Venezuela inzwischen ein spanischer Gouverneur das Sagen hatte.

Dieser war nicht geneigt, den vor Ort verhassten Welsern irgendwelche Zugeständnisse zu machen. Zusammen mit zwei verbliebenen spanischen Getreuen wurden Philipp von Hutten und Bartholomäus Welser der Jüngere im Mai 1546 ermordet. Die Aufzeichnungen Philipps über die zweite Entrada sind verloren gegangen, aber vom Zug unter Hohermuth von Speyer 1535-1538 sind auf teils abenteuerlichen Wegen mehrere Briefe und ausführliche Beschreibungen erhalten geblieben (Zitate nach der von Schmitt und von Hutten betreuten Ausgabe).

Als Philipp von Hutten in Coro ankommt, ist seine Enttäuschung groß. Die Hauptstadt entpuppt sich als kleiner Ort mit vielleicht 150 aus Rohr und Stroh gebauten Häusern. Die dort anwesenden rund 300 Siedler sind bei den Welsern verschuldet und leben in tiefster Armut. Die Soldaten halten sich über Wasser, indem sie die Indios ausrauben oder versklaven. Diese wiederum charakterisiert der Franke als „ain bestialisch arm Volck, gantz nacket, barhaubt vnd barfuß.“ Um ihre Sitten und Gebräuche kümmert er sich daher nicht weiter. Das einzig Erwähnenswerte ist für ihn die Tatsache, dass die Frauen sich hinten und vorne mit Tüchern bedecken und die Männer eine Art Penishalter aus Kalebasse benutzen, dabei aber „die Hoden hangen“ lassen.

Als Geldersatz dienen ihnen Muschelschnüre, die sogar bei den Christen, also den Europäern, in Gebrauch sind, weil es an geprägten Münzen mangelt. Seine Hoffnung setzt er daher allein auf die bevorstehende Expedition: „dan wo vns die geret, sein wir reich, wo nit, sein wir dem teuffel ain Raiß schuldig gewest vnd bezahlt.“ Der Zug führt nach Süden, immer an der Andenkette entlang bis zum Fluß Papamene, östlich von Neiva, etwa 200 km südlich von Bogotá.

Auf der Expedition bekommen die „Jndier“ für Philipp von Hutten eine je nach den Gegebenheiten jeweils unterschiedliche Bedeutung. Einmal zählen sie nur als „Stuck“, die zu Dutzenden eingefangen werden, um als Träger und Sklaven unter den Christen verteilt zu werden. Ein anderes Mal helfen sie, indem sie mehr oder weniger freiwillig Nahrungsmittel, Führer und Übersetzer für den Weiterzug in andere Stammesgebiete zur Verfügung stellen. Besonders wichtig werden sie immer dann, wenn sie davon zu berichten wissen, dass drüben, hinter den Bergen, große Reichtümer und Gold liegen. Dann glauben sich von Hutten und die anderen dem eigentlichen Ziel nahe.

Gnadenlos vernichtet werden die Einheimischen jedoch, wenn „wir nit Fried hatten“. Etwa als ein Mitglied der Expedition verschollen ist und der Gouverneur die mutmaßlichen Mörder durch die mitgeführten Hunde zerreißen lässt. Oder als „ain andere Sprach und Nation“, ein anderer Stamm also, den Frieden bricht und die Europäer als Strafaktion „in ainem grossen Hauß den Casiqua [Kaziquen] mit mehr dann hundert Menschen“ verbrennen.

Immerhin gesteht von Hutten zu, dass es sich dabei um Menschen gehandelt hat. Doch statt eines bedauernden, irgendwie Mitmenschlichkeit signalisierenden Kommentars fährt er ungerührt fort, dass sie „des Geschmacks der Todten halber“ ihr Lager verlegen mussten. Kurze Zeit später dann macht er eine durch und durch auf die eigenen Interessen zentrierte und entlarvende Rechnung auf: „Wan so sy vns ain Christen verwunden oder vmbringen, thuet vnns mehr Schaden vnd Verhindernuß dann aintausend Jndier, so wir jnen vmbracht.“

Kein Hinweis findet sich, dass der deutsche Ritter in irgendeiner Weise die Kultur der Einheimischen zu würdigen wüsste, außer es geht um Dinge, die für das eigene Überleben so wichtig sind wie das Essen oder ihre Bewaffnung.

Natürlich gibt er auch einige der in Europa schon lange umlaufenden Stereotype zum Besten. Als sich die Nachrichten von einem Goldreich auf der anderen Seite der Berge verdichten, weisen die Indios sie darauf hin, dass dazwischen ein Stamm von feindseligen und grausamen Menschenfressern lebe. Aus der gleichen Quelle stammt auch die Information über eine weit flussabwärts liegende Provinz, die von Frauen bewohnt sei, die keine Gemeinschaft mit Männern hätten, außer zu gewissen Zeiten des Jahres „in aller Manier vnd Gestalt“, so wie man es von den Amazonen kenne. In den Bergen hingegen siedle eine andere „Nation“, „ßo sie Inmortales oder Vnsterblich nenten.“

Hier nun schreitet er mit einer seiner äußerst seltenen Reflexionen ein: „Kan nit dencken, wo jnen dieselb Torhait vnd Abusion herkumen.“ Die Bemerkung jedoch scheint sich nur auf den Stamm der Unsterblichen zu beziehen, während von Hutten die Gerüchte über die Amazonen und die Anthropophagen kommentarlos weitergibt.

Diese indirekte Nachricht von Kannibalen notiert er in dem 1550 eher zufällig publizierten Bericht sowie in seinen ausführlichen Briefen an die Familie und Freunde wohl nicht, wie andere Amerikareisende, aus Sensationsgier oder um die Vorurteile gegen die wilden Indios weiter anzustacheln. Bei ihm ist sie eher eingebettet in den Kontext seiner existenziellen Erfahrungen, denn die eigenen Bewertungsmaßstäbe und Kulturtraditionen waren durch die ungeheuerlichen Strapazen, Gefahren, Krankheiten sowie den extremen Hunger auf der Reise bis ans Äußerste angespannt worden. Gott allein und diejenigen, die dabei waren, so schreibt er, wissen,

> was Not, Ellend, Hunger vnd Durst, Müh vnd Arbeit ist, so die armen Christen in diesen drey Jaren erlitten haben. Ist zu uerwundern, das es menschlich Cörper so lang Zeit ertragen haben mögen. Ist ein Grauß, zu erzelen, was Vngezifers, als Schlangen, Kroten, Edechsen, oder Laceraten [Lagartos-Eidechsen?] Wurmkraut vnd Wurtzel, auch vil anderlay Geschlecht [Lebewesen?] vnd vnnatürliche Speiß, die armen Christen auf disem Weg vnd Zug gessen haben.

Er selbst musste auf Hunde und gekochtes Leder zurückgreifen, um nicht zu sterben. Wohl deshalb fehlt seinem dann folgenden Bericht über den Kannibalismus in den eigenen Reihen das eigentlich erwartbare Entsetzen und die klare Abgrenzung: „Es haben auch etlich [seiner Kameraden] wider die Natur Menschenflaisch gessen, nemlich ward ein Christ gefunden, so ain Vierthail von ainem jungen Kind in ainem newen Hafen mit etlichen Kräutern gekocht het.“

Was unter normalen Umständen Abscheu selbst bei denen hervorgerufen hätte, die sich an das gandenlose Abschlachten mehr oder weniger wehrloser Menschen gewöhnt hatten, wird nun als nachvollziehbare Handlung dargestellt: Zwar ist es wider die Natur, Menschenfleisch zu essen, doch auch die andere Nahrung war unnatürlich. Und – vielleicht nahm er deshalb das Gerücht um den angeblichen Kannibalismus der Einheimischen auf – auch die Anderen, die Indios taten es. Dass diesem Akt des Christen, von dem berichtet wird, sowie der etlichen anderen, auf die er nicht näher eingeht, die Tötung eines Kindes vorausgegangen sein muss, und dass dies weder mit ritterlicher Ehre noch mit christlicher Moral noch mit der Notwendigkeit der Selbstverteidigung irgendwie in Einklang zu bringen ist, das verschweigt Philipp von Hutten geflissentlich.

Überhaupt liegen ihm Rechtfertigungsstrategien fern. An keiner Stelle der Schriften schimmert durch, dass er die angewandten Methoden kritisieren oder gar die Legitimität des Unternehmens Conquista selbst hinterfragen würde. Bei der zu dieser Zeit in spanischer Sprache einsetzenden Gattung der *Crónicas de Indias*, den vielfältigen und umfangreichen Berichten über die Eroberung der Neuen Welt, gibt es solche grundsätzliche Kritik zwar auch nur äußerst selten – sieht man einmal von Bartolomé de las Casas ab. Doch die schreibenden spanischen Eroberer versuchten zumindest, ein Bündel an Begründungen zusammenzutragen, warum sie das Land besetzen, Kulturen zerstören und Menschen umbringen:

Weil dort grausame Barbaren, ungläubige Heiden, Unzucht treibende Zivilisationslose, kaum über den Tieren stehende Wilde leben; weil fremden Göttern Menschenopfer gebracht werden; weil man von kannibalischen Riten gehört hat; weil Gott die Spanier auserwählt hat, über die Welt zu herrschen; weil die Segnungen des Christentums allen Menschen gebracht werden müssen; weil der Papst selbst die Welt aufgeteilt hat und (Hispano-)Amerika daher formalrechtlich dem König und Kaiser Karl untersteht; weil daher gegen alle Widerstände die neuen Gebiete für seine Majestät in Besitz genommen und dem katholischen Glauben zugeführt werden müssen.

Mögen solche Erklärungen aus heutiger Sicht auch oft aufgesetzt wirken, weil sie das persönliche Streben nach Gold und

Reichtum kaschieren, so dienen sie doch in den Texten als roter Faden, der den grausamen Episoden einen gewissen Sinn geben soll. Bei Philipp von Hutten hingegen hat man das Gefühl, er beschäftige sich damit nicht weiter. Er dankt Gott, dass er zu dem kleinen Kreis derer gehört, die unversehrt von der Entrada zurückgekehrt sind.

Dann schreibt er an seine Familie und Freunde, dass sein ganzes Streben darin liege, wenn schon nicht großen Reichtum, so doch ein klein wenig Glück in seinem Leben zu suchen. Und deshalb bleibe er dort, in Venezuela, und bereite sich auf die nächste Expedition vor: „Ob ich schan nit vil Nutz schaff, bin ich zefriden, die wunderbarliche vnd seltzame Ding, ßo hie sein, ze sehen. Ist mir dan ain Gluck beschert, wil ich mich im Zwgreiffen auch nit seumen."

Weder machtpolitisches noch christlich-missionarisches Sendungsbewusstsein sprechen aus diesen Worten, ja vielleicht noch nicht einmal ein übersteigertes Goldfieber, wie es so viele ergriffen hatte, sondern vielmehr Abenteuerlust und Neugier. Beim Versuch, diese zu befriedigen, scheut er sich nicht, Ströme von Blut bei den Anderen, den eigentlichen Besitzern des Landes zu vergießen. Und er scheut sich auch nicht, in wiederum unendlichen Mühen und Strapazen im zweiten Zug selbst das Leben einzusetzen. Ein in der Tat hoher Preis, wenn man bedenkt, dass seine Familie ihn vor dem neuerlichen Aufbruch überzeugen wollte, wieder in die fränkischen Heimat zurückzukehren.

Ulrich Schmidl, Zeuge der Gründungen von Buenos Aires und Asunción

Ganz anderer Art als das Welser-Engagement in Venezuela waren die Beteiligungen von Nürnberger und Augsburger Welsern, Fuggern oder auch des Ulm-Augsburgers Sebastian Neidhardt an spanischen Expeditionen zum Río de la Plata. Hier stand nicht die Herrschaft über einen auszubeutenden Landstrich im Mittelpunkt, sondern der Versuch, neue Handelsverbindungen auszuloten, die Schiffe mit eigenen Erzeugnissen – Messer, Hacken und andere Metallprodukte vorwiegend aus Nürnberg – für den Tauschhandel sowie mit nautischen Geräten auszustatten, und natürlich auch auf die Entdeckung von reichen Silber- und Goldquellen zu hoffen.

Erste, ebenfalls bereits von Deutschen begleitete Unternehmungen in den späten 1520er Jahren in die Gebiete südwestlich der portugiesischen Hoheitszone hatten die Hoffnungen auf reiche Edelmetallfunde angeheizt. Neue Nahrung bekamen sie durch die Ankunft von Teilen des Inkaschatzes 1534 in Spanien. Als daher im August 1535 die Flotte des Pedro de Mendoza mit 14 Schiffen und gut 2.000 Söldnern von Sevilla aus in Richtung des Silberflusses – Río de la Plata – aufbrach, befand sich darunter auch ein Schiff, das von Neidhardt und den Nürnberger Welsern finanziert, ausgerüstet und mit niederländischen und oberdeutschen Landsknechten versehen worden war.

Ulrich Schmidl, der Sohn eines Straubinger Geschäftsmanns, hatte vermutlich schon zuvor die Soldatenlaufbahn eingeschlagen und sich nun in Antwerpen für diesen Eroberungszug anwerben lassen. Seinen Bericht über die Reise fertigte er bald nach seiner Rückkehr 1554 an, erstmals publiziert wurde er 1567 in Frankfurt unter dem Titel *Wahrhafftige und liebliche Beschreibung etlicher fürnemen Indianischen Landschaften und Insulen...*

Schmidls Text reichte zwar in Bezug auf Spannung und Unterhaltung nicht an die spektakulären Abenteuer des Hans Staden unter den „Menschenfresserleuten" heran (1557 erschienen). Er bot für das geneigte Publikum aber immerhin so viele Neuigkeiten, dass Ende des Jahrhunderts noch zwei unterschiedliche, mit Kupferstichen illustrierte Ausgaben in Frankfurt und Nürnberg verlegt werden konnten.

Bis zu welchem Punkt man den Erzählungen des Straubinger Landsknechts Glauben schenken darf, ist bis heute umstritten. Glaubwürdig sind bestimmte Daten wie die erste Gründung von Buenos Aires, die enormen Probleme, die sie dort hatten, der Zug den Paraná-Paraguay-Strom hinauf, die Gründung von Asunción sowie die unterschiedlichen Entradas, die sie von dort aus realisierten.

Dagegen hat Schmidl sicherlich bei den Zahlen der Feinde, gegen die sie jeweils antreten mussten, übertrieben. Sicherlich hat er sich auch mit den Fabeln über die Amazonen und mit der Überbetonung des Kannibalismus der Guaraní und Tupi an die

Lesererwartungen angepasst. Und ebenso sicher führte seine Beteiligung an einem Aufstand gegen den Gouverneur Cabeza de Vaca zu einer verzerrten Darstellung von dessen Wirken in Paraguay.

Aber im Großen und Ganzen haben sich viele seiner sonstigen Beobachtungen und Schilderungen als durchaus belastbar erwiesen. Dies lässt sich etwa nachweisen bei seinen Bemerkungen zur engen sprachlichen Verwandtschaft der paraguayischen Carios-Guaraní und den brasilianischen Tupi, was überdies belegt, dass er sich während seines 20-jährigen Aufenthalts intensiv mit den Sprachen der Einheimischen vertraut gemacht hat. Aber um die Wahrhaftigkeit seiner „wahrhafftigen" Beschreibung geht es uns ja eigentlich nicht, sondern um das, was er schreibt.

Leider äußert sich Schmidl ebenso wenig wie Philipp von Hutten explizit zu seinen persönlichen Motiven, die Überfahrt in unbekannte Länder angetreten zu haben. Wir können nur spekulieren, dass es sich wie bei dem Unterfranken um eine Gemengelage aus Fernweh, Abenteuerliebe und Gewinnsucht gehandelt hat. Und natürlich muss ähnlich wie bei dem Vertreter der Interessen der Augsburger Welser in Venezuela die heutige Erwartung ins Leere laufen, dass sich der Straubinger in irgendeiner Weise kritisch mit der europäischen Expansion und der gewaltsamen Landnahme in Amerika auseinandersetzen würde.

Allerdings reflektiert Schmidl zumindest an einigen Stellen über die angewandten Methoden. Es fehlen hingegen Ansätze zu einer übergeordneten Rechtfertigung der Eroberung der Gebiete um den Río de la Plata, Nordargentiniens und Paraguays für die spanische Krone. So verliert er zum Beispiel kein Wort darüber, ob und wie die verschiedenen Stämme im Laufe der zwei Jahrzehnte seines Aufenthalts „zivilisiert" und von den Spaniern christianisiert wurden.

Dies mag damit zusammenhängen, dass Schmidl vielleicht schon vor seiner Abfahrt Sympathien für den Protestantismus hegte, zumindest bekannte er sich nach seiner Rückkehr offen dazu, was dazu führte, dass er Straubing verlassen und in Regensburg Zuflucht suchen musste. Vollständig erklären kann dies sein Schweigen über religiöse Fragen sowohl in den eigenen Reihen als auch bei den Indios dennoch nicht.

Auf der anderen Seite geht er in seinen Beschreibungen viel detaillierter und objektiver als Philipp von Hutten auf Sitten und Gebräuche der verschiedenen Stämme ein: äußere Erscheinung der Menschen, Schmuck und Kleidung von Männern und Frauen, Nahrungsmittel und Bewaffnung, Sprachgrenzen und Konflikte zwischen einzelnen Völkern etc. Weitergehende Informationen über die indianische Kultur, die die spanischen Chronisten für ihr Ziel der umfassenden Kolonialisierung und die Ausbreitung des Glaubens so intensiv sammelten, etwa über Sozialstruktur, interne Hierarchien, Rechtssystem, Kulte, religiöse Vorstellungen, interessierten ihn hingegen nicht besonders.

Stattdessen setzt er, durchaus leserorientiert, auf die erfolgversprechende Strategie, den eher langweilen Ablauf von immer neuen Exkursionen ins Landesinnere mit den immer gleichen Kämpfen gegen die Indiostämme durch spektakuläre Episoden anzureichern. Gleich zu Beginn fällt eine reichlich ungeschickte Dopplung in der Erzählung seiner Überfahrt von Antwerpen nach Cádiz ins Auge, so als ob er nachträglich die monotone Aufzählung von Stationen und Entfernungen durch das unerhörte Ereignis eines gestrandeten Walfischs unterbrochen und dadurch ein exotisches Element hinzugefügt hätte.

Dazu passen dann ganz ähnliche Szenen im weiteren Verlauf der Geschichte, etwa als er schildert, wie er mit seinen Kameraden eine riesige Anakonda erschoss, die angeblich schon viele Indios gefressen hatte, und von deren Existenz wundersamerweise selbst die Einheimischen nichts wussten. Oder der breit angelegte Exkurs über Krokodile, von denen er im Lauf der Jahre angeblich 3.000 gejagt und gegessen hat.

Ausdrücklich weist er in diesem Zusammenhang darauf hin, dass Geschichten im Umlauf seien, die behaupten, diese „Fische“ wären Basilisken. Diese Auffassung rückt er zurecht, um dann dankenswerterweise weiterzufahren, dass er die entmythologisierende Erklärung nur eingefügt habe, weil er in München am Hof von Herzog Albrecht die Haut eines solchen Tiers gesehen habe. Damit nun das in Deutschland schon Bekannte und Greifbare das Element des Exotischen behält, muss Schmidl seine Erzählung durch die schiere Menge an getöteten

Tieren und durch das Auftischen von Detailwissen – der Schwanz sei das Beste und die Eier schmeckten nach Bisam – so übersteigern, dass er doch noch Staunen hervorruft.

Gleichzeitig hat die Erwähnung des Gerüchts, dass Krokodile Basilisken seien, eine ganz bestimmte Funktion. Der Berichterstatter stellt sich dadurch als jemand dar, der die alten Mythen kennt und sie angesichts der amerikanischen Realität als Fabeln entlarven kann. Dies tut er nicht zuletzt deshalb, um kurz darauf für eine andere, jetzt als wahrhaftig ausgewiesene Legende, einen umso höheren Authentizitätsanspruch zu erheben.

Nur gut eine Seite nach den Krokodilen berichtet Schmidl, wie ein kleinerer Trupp von Landsknechten am südlichen Rand des Pantanal, dem riesigen Sumpfgebiet im Zentrum Südamerikas, auf einen reichen und mächtigen König stieß. Dieser empfing sie freundschaftlich, beschenkte sie mit allem, was ihr Herz begehrte, und bei ihm sahen sie nach langer, langer Zeit endlich wieder Gold und Silber.

Doch die Eroberer wurden augenblicklich enttäuscht, so wie dies die Schriften aus Amerika so oft zu verzeichnen pflegen. Laut der Auskunft des Königs stammte das Edelmetall nämlich aus einer Region jenseits der Sümpfe, zwei Monatsmärsche entfernt, über das Wasser hinweg, hinter einer Insel, schon wieder auf festem Land. Auf der Insel wiederum sollen die Amazonen leben, Frauen mit einer Brust, die nur einige Male im Jahr Männer zu sich holten, um sich fortzupflanzen. Wenn sie Knaben bekämen, gäben sie diese den Männern, und wenn es Mädchen wären, würden sie ihnen eine Brust wegbrennen, damit sie umso geschickter ihre Bögen wider die Feinde richten könnten.

Was wie die Geschichte von den Zwergen hinter den sieben Bergen klingen mag, ist jedoch in der Erzählung Schmidl dadurch verifiziert, dass er vorher die Legende von den Krokodilen als Basilisken ins Reich der Phantasie verbannt hat. Der Amazonas als Herrschaftsgebiet der Amazonen, Amerika als Insel der Glückseligkeit, gleichsam als Überrest von Atlantis, und natürlich El Dorado, die Heimat des in Gold gehüllten Königs: All dies waren Gemeinplätze des Amerikawissens und -sehnens sowohl in Europa als auch bei den Eroberern, an die der Straubinger hier in seiner Erzählung nahtlos anknüpfen kann und bei seiner Reise wohl selbst anknüpfte.

Die Realität, die die Gruppe der Goldsucher nach einigen Tagen des Watens durch tiefes Wasser in der Regenzeit erlebte, war dann umso banaler: Von Mückenschwärmen gequält, vom Hunger geplagt und von Krankheiten gezeichnet, mussten sie ohne Edelmetall und ohne die erhoffte Begegnung mit den Amazonen wieder umkehren.

An ganz ähnlich gelagerte und in Europa verbreitete Stereotype kann Schmidl, wie zuvor schon Philipp von Hutten und Hans Staden, beim Thema der Anthropophagen anschließen. Gar schauerliche Einzelheiten gibt er dabei über die paraguayischen Carios-Guaraní zum Besten, die nach der Aufgabe der ersten Siedlung Buenos Aires und der Gründung des spanischen Operationszentrums Asunción wichtige Verbündete der Europäer wurden. Sie pflegten, sagt der Straubinger, die gefangenen Feinde – Frauen und Männer, Alte und Kinder – zu mästen wie die Schweine, um sie dann zu schlachten und aufzuessen.

Allerdings ist der Bericht an dieser Stelle nicht ganz klar. Denn sogleich schränkt er wieder ein: Die alten Männer und Frauen würden dann doch eher zur Sklavenarbeit herangezogen. Eine schöne Frau hingegen dürfe zum Teil jahrelang am Leben bleiben, bis ihr Besitzer dann feststelle, dass sie „ein wenig nach seinem Gefallen nicht" mehr sei (Text in der leicht modernisierten Fassung von Obermeier). Bei den brasilianischen Tupi, in Deutschland durch Stadens Abenteuer berühmt-berüchtigt, komme außerdem noch die – ob gewohnheitsmäßige oder rituelle sei dahingestellt – Trunksucht auf der Grundlage des Maisweins hinzu.

Diese Beschreibungen Schmidls sind so holzschnittartig und so sehr mit Vorurteilen durchsetzt, dass sie kaum Glaubwürdigkeit beanspruchen können. Erstaunlicherweise dienen sie ihm aber nicht unbedingt als vorgängige Entschuldigung für den Kannnibalismus in den eigenen Reihen, wie das bei Philipp von Hutten vermutet werden kann. Denn das spektakuläre Essen von Menschen durch Christen wird bereits kurz nach der Ankunft der Expedition am Río de la Plata erwähnt, lange vor der Begegnung mit den indianischen Anthropophagen.

Die Spanier gründeten ihre Niederlassung Buenos Aires in einer Gegend, der Pampa, die dünn besiedelt war und deren Einwohner den 2.000 Männern der Expedition schlicht nicht genug Nahrungsmittel verschaffen konnten. Eine schwere Hungersnot dezimierte die Besatzer unaufhaltsam. Als einige Soldaten unerlaubterweise eines der kostbaren Pferde schlachteten, wurden sie kurzerhand aufgeknüpft. In der Nacht schlichen sich dann ihre Kameraden an die Galgen, um sie in Stücke zu schneiden. Ja ein Spanier soll sogar seinen gerade verhungerten Bruder aufgegessen haben. Der Kupferstich der Bry-Ausgabe von 1597 tat ein Übriges dazu, diese Szene noch deutlicher auszumalen.

An diesem Punkt dürften sich nun historische Wahrheit und die um Aufmerksamkeit heischende Stellung der Episode am Anfang der Eroberungskampagne wechselseitig ergänzen. Denn die Schilderungen der eigenen wie fremden Menschenfresserei kamen durchaus dem Erwartungshorizont von Schmidls Lesern entgegen und stellen ihn, den Erzähler und Autor, in ein gutes Licht, denn er hat ja solch große Gefahren und Herausforderungen überwunden und ist quasi als Held in die Heimat zurückgekehrt.

Dass Schmidls Bericht tatsächlich für die Publikation bestimmt war, lässt sich an der Art und Weise erahnen, wie er seine und der Spanier Beziehungen zu Frauen in den Text einfließen lässt. Zu Beginn erscheinen ihm die halbnackten und im Gesicht tätowierten Indias tendenziell eher hässlich und abstoßend. Das ändert sich spätestens dann, als mit den Guaraní Frieden geschlossen und Asunción gegründet wurde.

Zum Zeichen ihres guten Willens überbringen die Carios dem Hauptmann sechs junge, unter 18-jährige Mädchen und acht Hirsche – man beachte die implizite Bewertung. Das Fußvolk, also auch der Erzähler, bekommt je zwei Frauen, die ihnen zur Aufwartung, zum Waschen, Kochen „und anderen Sachen mehr“ dienen sollen, „was einer dann zu derselben Zeit vonnöten gehabt hatte.“ Wenig Phantasie muss man aufbringen, um sich vorzustellen, um welch Sachen es sich dabei gehandelt haben mag.

Ohne Zweifel üben die indianischen Frauen eine stetig zunehmende erotische Anziehung auf ihn aus. Dies unterstreicht Schmidl in der Folge mit vielsagendem, explizitem Verschweigen. Über die sexuellen Praktiken der „mutternackten“ Charruas will er „nichts weiter auf diesmal anzeigen.“ Kurze

Zeit später, die Szene spielt übrigens am Hof des Königs, der den Hinweis auf die Amazonen gibt, wird er etwas deutlicher: „Auch sind diese Frauen sehr schön und große Buhlerinnen und freundlich und hitzig am Leib nach meinem Bedünken." Dass von daher nicht nur das erhoffte Gold den Trupp ins Land der einbrüstigen Kriegerinnen lockt, sondern durchaus auch der ebenso profane Traum von einem wahrlich exotischen Liebesabenteuer, darf vermutet werden.

Gar köstlich und doch erschreckend zugleich liest sich die Episode eines Indioaufstands während des Zugs durch den Gran Chaco. Mit den Mbayas war eigentlich schon friedliches Einvernehmen geschlossen, entsprechend hatte der Hauptmann für die Nacht drei hübsche Mädchen bekommen. Doch plötzlich verschwinden diese. Ein Aufruhr beginnt, dem in Schmidls hyperbolischer Rechnung 1.000 Indios zum Opfer fallen. Was war passiert? Der Straubinger findet nur eine Erklärung:

> [H]inwärts um Mitternacht, so hatte unser Hauptmann seine 3 Metzen verloren. Vielleicht hat er sie dieselbe Nacht nicht alle 3 zufrieden mögen stellen, denn er war ein alter Mann von 60 Jahren. Hätte er sie unter uns Knechte gelassen, die Mädchen, vielleicht wären sie nicht weggelaufen.

Dass sie, die Soldaten, jedoch schon auf ihre Kosten gekommen waren, deutet er eine halbe Seite zuvor an, als er die sehr schönen und ihre Scham bedeckenden Frauen charakterisiert: „auch macht sie zu essen und andere Sachen mehr, was dann dem Mann von ihr beliebt und anderen guten Gesellen mehr, der darum bittet, dass es nicht weiter zu schreiben ist von dieser Sache halben auf diesmal."

Letztlich schiebt der Bericht mit solchen Umschreibungen die Schuld an den dahinter nur zu erahnenden Phänomenen wie Massenvergewaltigung, Zwangsprostitution und Sexsklaverei unter der Hand den Indios, ja den Frauen selbst in die Schuhe. Aus anderen Quellen wissen wir, dass Schmidl bei seiner Heimfahrt mehrere Kinder zurückließ. Wir können also davon ausgehen, dass er in Asunción oder im weiteren Umkreis auf einer Encomienda (Landgut) einen Hausstand gegründet hatte, für den er bei den Entradas fleißig Sklaven und eben auch Sklavinnen eingesammelt hat. Dies tat er beileibe nicht wahllos, sondern nach klaren Kriterien: „Mann und Weib, die nicht fast alt waren – denn ich habe nicht nach den alten Leuten gesehen, sondern allezeit nach den jungen Leuten getrachtet.“

Wie schon erwähnt, eine besondere Rechtfertigung für sein aus heutiger Sicht durch nichts zu rechtfertigendes Handeln bietet er nicht an. Allerdings ergeben sich an einigen wenigen Stellen gewisse Abstufungen im Vergleich zu Philipp von Hutten. Mehrmals weist Schmidl auf einen kaiserlichen Erlass hin, dass gegenüber den feindlichen Indios immer dann Gnade zu walten habe, wenn sie diese nach einem gewissen Ritual erflehen. In diesen Fällen musste dann die rein militärische Logik, die ohne Rücksicht auf sogenannte „Kollateralschäden“ die Vernichtung und gewaltsame Unterwerfung des Gegners durchsetzt, hintangestellt werden. An mindestens zwei Stellen überkommen ihn deshalb oder aus anderen Gründen auch Skrupel bei der Beschreibung eines Massenabschlachtens von Indios.

Einmal, als die eigenen Truppen, angeblich auf den Befehl Cabeza de Vacas hin, eine ganze Siedlung dem Erdboden gleich machen, die Alten töten, angeblich 2.000 Männer, Frauen und Kinder in die Sklaverei führen und sich alles aneignen, was nicht niet- und nagelfest ist: „Aber wir haben ihnen Unrecht getan“, kommentiert Schmidl hier. Später dann, nach der Episode mit den drei Mädchen des Hauptmanns, verfolgen sie die Flüchtenden, treffen dabei auf einen anderen Zweig des Stammes, der von dem Aufstand nichts weiß, und machen dennoch gnadenlos alle Indios nieder, die sie finden: „man sagt gerne, der Unschuldige muss oft für den Schuldigen bezahlen.“

Dieses Eingeständnis hindert den Straubinger jedoch nicht daran, damit zu prahlen, dass er aus dieser ungerechten Strafaktion eigenen Nutzen gezogen hat, nämlich eine Beute von 19 Sklaven, mehreren Baumwollmänteln und „anderen Sachen mehr.“ Skrupel allein führen also nicht zum Umdenken und zu einer Reflexion über die ethisch-moralischen Grundlagen seines Tuns. Schmidl versteckt sich vielmehr hinter der Gehorsamspflicht gegenüber den Anführern und hinter der Gewohnheit, dass alle anderen es auch so machen und er daher nicht zurückstehen mag und kann.

Fazit

Will man denn nach der Lektüre der Berichte von Ulrich Schmidl und Philipp von Hutten zu einer historisch natürlich ungemein schwierigen und daher eigentlich kaum zulässigen Wertung ansetzen, so kann man wohl behaupten, dass die bayerischen Eroberer um keinen Deut besser waren als die spanischen, portugiesischen und später auch die holländischen, französischen und englischen Konquistadoren des amerikanischen Kontinents.

Die Spanier wurden von der Geschichte für den Völkermord an den Bewohnern Amerikas verantwortlich gemacht. Die Deutschen nahmen in diesem Unternehmen, das die Welt verändert hat, sicherlich nur eine marginale Rolle ein. Aber dort, wo sie eingegriffen haben, lässt sich strukturell kein Unterschied in den angewandten Methoden wahrnehmen.

Sie hatten zudem, anders als die Spanier, keine ideologische Rechtfertigung. Denn zumindest einige von den iberischen Eroberern gingen zumindest partiell mit der guten Absicht nach Amerika, dort den wahren Glauben zu verkünden und für das Seelenheil der Indios Sorge zu tragen – auch wenn sie damit so viel Unheil anrichteten. Bei Schmidl, Hutten und den Welsern jedoch fehlt sogar dieses Element weithin.

Auswahlbibliographie

Bernecker, Walther L. Nürnberg und die überseeische Expansion“, in: Helmut Neuhaus (Hrsg.). *Nürnberg. Eine europäische Stadt in Mittelalter und Neuzeit*. Nürnberg: Verein für die Geschichte der Stadt Nürnberg, 2000, 151-183.

Bremer, Georg. *Unter Kannibalen. Die unerhörten Abenteuer der deutschen Konquistadoren Hans Staden und Ulrich Schmidel*. Zürich: Schweizer Verlagshaus, 1996.

Felden, Dietmar. *Über die Kordilleren bis Bogotá. Die Reisen der Welser in Venezuela*. Gotha: Perthes, 1997.

Häberlein, Mark und Johannes Burkhardt (Hrsg.). *Die Welser*. Berlin: Akademie Verlag, 2002.

Klüpfel, Karl (Hrsg.). *N. Federmanns und H. Stades Reisen in Südamerika 1529 bis 1555*. Stuttgart: Litterarischer Verein, 1859 (Nachdruck Amsterdam: Rodopi, 1969).

Menninger, Annerose. „Unter ‚Menschenfressern'? Das Indiobild der Südamerika-Reisenden Hans Staden und Ulrich Schmidl zwischen Dichtung und Wahrheit", in: Thomas Beck et al. (Hrsg.). *Kolumbus' Erben*. Darmstadt: WBG, 1992, 63-98.

Obermeier, Franz. „Ulrich Schmidels (Ulrico Schmidls) Reisebuch über die La-Plata-Region und seine heutige Bedeutung", in: *Jahresbericht des Historischen Vereins für Straubing und Umgebung*, 113, 2011, 157-188.

Obermeier, Franz. „Ulrich Schmidel aus Straubing und sein Reisebericht über Südamerika", in: Peter Claus Hartmann und Alois Schmid (Hrsg.). *Bayern in Lateinamerika.* München: Beck, 2011, 19-50.

Obermeier, Franz (Hrsg.). *Ulrich Schmidel / Ulrico Schmidl. Reise in die La Plata-Gegend 1534-1554. Der Stuttgarter Autograph in moderner Fassung*. Straubing: Johannes-Turmair-Gymnasium, 2008.

Ross, Carlo. *Abenteurer und Rebell. Ulrich Schmidl und die Entdeckung Lateinamerikas. Eine Romanbiographie*. Regensburg: Mittelbayerische Zeitung, 1996.

Schmitt, Eberhard und Friedrich Karl von Hutten (Hrsg.). *Das Gold der Neuen Welt. Die Papiere des Welser-Konquistadors und Generalkapitäns von Venezuela Philipp von Hutten 1534-1541*. Berlin: Berlin Verlag, 2. Aufl. 1999.

Schmitt, Eberhard und Götz Simmer (Hrsg.). *Tod am Tocuyo. Die Suche nach den Hintergründen der Ermordung Philipps von Hutten 1541-1550*. Berlin: Berlin Verlag, 1999.

Walter, Rolf. *Der Traum von Eldorado. Die deutsche Conquista in Venezuela im 16. Jahrhundert*. München: Eberhard, 1992.

Werner, Theodor Gustav. „Das Kupferhüttenwerk des Hans Tetzel aus Nürnberg auf Kuba (1545-1571) und seine Beziehungen zu europäischem Finanzkapital", in: *Vierteljahresschrift für Sozial- und Wirtschaftsgeschichte*, 48, 1961, 289-328 und 444-502.

Werner, Theodor Gustav. „Die Beteiligung der Nürnberger Welser und Augsburger Fugger an der Eroberung des Río de la Plata und der Gründung von Buenos Aires", in: *Beiträge zur Wirtschaftsgeschichte Nürnbergs*. Nürnberg: Stadtarchiv Nürnberg, Bd. 1, 1967, 495-592.

Wüst, Wolfgang. „Die Lateinamerika-Mission des Augsburger Handelshauses Welser", in: Peter Claus Hartmann und Alois Schmid (Hrsg.). *Bayern in Lateinamerika.* München: Beck, 2011, 51-75.

Danubio, río divino:
der spanische Dichterfürst Garcilaso de la Vega auf der Donauinsel

Mit der Doppelherrschaft des Habsburgers Karl als Kaiser Karl V. und König Carlos I. von Spanien rückte die Iberische Halbinsel vermehrt ins Blickfeld deutscher Investoren und Abenteurer aus dem Gebiet des heutigen Bayerns. Aber auch in umgekehrte Richtung fanden sich nun vielfältige Anlässe für Spanier, mit dem Reich und speziell mit Bayern direkt in Kontakt zu kommen. Ein solcher Beweggrund ergab sich im Jahr 1532, als im Gefolge der ersten Belagerung von Wien durch die Osmanen (1529) ein großer Kriegszug gegen die Truppen von Sultan Süleyman in Ungarn vorbereitet wurde.

Im Herbst 1531 brach der junge Fernando Álvarez de Toledo, Herzog von Alba, von Spanien aus auf, um in Regensburg zum Heer seines Monarchen zu stoßen. Begleitet wurde er dabei von dem gerade 30-jährigen Adeligen Garcilaso de la Vega (geb. 1501 oder 1503 in Toledo, gest. 1536 in Nizza), der sich bereits diverse Meriten als treuer Soldat und insbesondere als aufstrebender Stern am spanischen Dichterhimmel erworben hatte. Mit dem Ehrentitel „príncipe de los poetas castellanos – Dichterfürst in spanisch-kastilischer Sprache“ ging er in die Literaturgeschichte ein.

Für Deutschland und speziell für Bayern ist es sicherlich nicht übertrieben, ihn als den Autor eines der schönsten und zugleich traurigsten Lieder zu bezeichnen, das je über die Donau geschrieben wurde. Es handelt sich um seine *Canción III*, die er einsam im Exil auf einer Donauinsel verfasste, während alle anderen in den Krieg zogen.

Garcilaso und die Erneuerung der spanischen Lyrik

Garcilaso de la Vega, nicht zu verwechseln mit dem jüngeren, in Amerika geborenen Inca Garcilaso de la Vega, stammte aus dem spanischen Hochadel, wobei er auf eine lange Tradition von Literaten in seiner Familie verweisen konnte. Dank dieses Erbes und seines eigenen Auftretens als Dichter und Soldat repräsentierte er fast schon paradigmatisch den neuen Renaissancemenschen, den Cortegiano, der es vermochte, mit Feder und Schwert gleichermaßen brillant umzugehen.

Hoch gebildet trat Garcilaso im Jahr 1520 in die Dienste des Königs und begleitete ihn nicht nur auf seinen Kriegszügen, sondern zwischen 1529 und 1530 auch zur Kaiserkrönung nach Rom. In diesen zehn Jahren in unmittelbarer Nähe zum Hof gelang es ihm, beste Beziehungen zum Haus Alba aufzubauen: sowohl zum späteren Vizekönig in Neapel, Pedro de Toledo, als auch zu dessen Neffen Fernando, dem Herzog von Alba, der Jahrzehnte später in der Geschichte der Barbara Blomberg eine tragende Rolle spielen sollte.

Garcilaso heiratete eine Hofdame und hatte mit ihr mehrere Kinder. Doch zur großen Liebe – vielleicht sollte man besser sagen: zur großen Muse – seines Lebens wurde eine portugiesische Edelfrau aus dem Gefolge der Kaiserin. Sie blieb, da ebenfalls bald verehelicht und früh verstorben, für ihn natürlich unerreichbar. Diese unerfüllbare Liebe wurde aber zu einer Voraussetzung für den grundlegenden Wandel, den Garcilaso in der spanischen Lyrik einleiten sollte.

Der Überlieferung nach kam es 1526 in Granada zu einem Gespräch zwischen dem venezianischen Botschafter und dem Dichter Juan Boscán über Fragen der Lyrik und der Ästhetik. Kurz darauf begann der Spanier zusammen mit seinem engsten Freund Garcilaso, die Anregungen aus dieser Unterhaltung in die Praxis umzusetzen. Es ging dabei um den Versuch, eine lange Dichtungstradition aus der italienischen Renaissance in die spanische Sprache und Vorstellungswelt zu übertragen.

Erste Ansätze dazu hatte es zwar schon etwa 100 Jahre zuvor gegeben, doch diese wenig überzeugenden Schritte hatten sich nicht durchsetzen können. Die Gemeinschaftsaktion der beiden Freunde, insbesondere die von Boscán rückhaltlos anerkannte Meisterschaft Garcilasos, hatte hingegen Erfolg. Das neue Modell sollte nun Vorbildfunktion für das gesamte Goldene Zeitalter im 16. und 17. Jahrhundert bekommen, ja die spanische Lyrik für immer verändern.

Der Ausgangspunkt der italienischen Traditionen war die provenzalisch-okzitanische Trobadorlyrik aus dem 12. Jahrhundert, die im 13. Jahrhundert am Hof des Stauferkaisers Friedrich II. in Sizilien kreativ weitergeführt wurde. Entscheidende Impulse erhielt sie dann im 14. Jahrhundert in der Toskana von Dante (1265-1321) und insbesondere von Francesco Petrarca (1304-1374), dessen Dichtung in ganz Europa nachgeahmt wurde.

Zwar ging es weiterhin, wie bei den hochmittelalterlichen Minnesängern, um die unerfüllte Liebe zu einer Frau. Aber das Liebeskonzept bei Petrarca hatte sich gewandelt. Es war sehr viel stärker verinnerlich und idealisiert. Dadurch rückte das Subjekt des leidenden Dichters in den Mittelpunkt, der über seine eigene Befindlichkeit schrieb. Durch sein Liebesleid quasi gereinigt, suchte er einen höheren Seins- oder Bewusstseinszustand zu erreichen.

Charakteristisch war bei Petrarca darüber hinaus der Rückgriff auf antike Autoren und Mythen, die er mit seinen Wortspielen (Laura, l'aura, lauro, laudare etc.), einer geschliffenen Metaphorik bei der Beschreibung der Geliebten sowie mit immer neu ins Paradoxe gewendeten Parallelismen und Antithesen anreicherte. Auf formalem Gebiet schöpfte er unter anderem aus den schon in Sizilien eingeleiteten Entwicklungen. Allen voran sind dabei der elfsilbige Vers für die Kanzonen zu nennen sowie das Sonett, das er zur Perfektion führte.

Garcilaso de la Vega nahm nun die Errungenschaften Petrarcas auf und wurde in Spanien zum Wegbereiter für eine neue, man könnte auch sagen moderne Art des Dichtens und damit des Denkens. Ihm gelang es, die kastilische Dichtungssprache so flexibel zu gestalten, dass der Elfsilbler nicht mehr als Fremdkörper wahrgenommen wurde, sondern als etwas Eigenes, das dem spanischen Sprachrhythmus entsprach.

Der Konflikt mit dem Kaiser

Im Jahr 1530 stand Garcilaso noch in der Gunst des Hofes. Gerade von den Krönungsfeierlichkeiten aus Italien zurückgekehrt, entsandte ihn die Kaiserin in diplomatischer Mission nach Paris. Im Jahr darauf trübte sich allerdings das Verhältnis zu Karl V. und seiner Frau ein. Auslöser hierfür war die Liebesbeziehung zwischen einem Neffen Garcilasos und einer Hofdame.

Die Eltern des Mädchens widersetzten sich der geplanten Hochzeit und erlangten von dem damals in Brüssel residierenden Kaiser ein entsprechendes Verbotsdekret. Noch bevor dieses eintraf, möglicherweise sogar gegen den expliziten Willen des Herrschers, gaben sich die beiden Liebenden in der Kathedrale von Ávila das Jawort, und zwar in Anwesenheit von Garcilaso.

Direkt im Anschluss daran, im Herbst 1531, machte sich der Dichter im Gefolge des Herzogs von Alba auf den Weg nach Deutschland. Im Baskenland erreichte sie ein Bote der erzürnten Kaiserin. Garcilaso versuchte sich herauszureden, dass er nicht als Zeuge bei der Trauung fungiert habe, ja im Vorfeld nicht einmal vom Anlass der Feier in Ávila unterrichtet gewesen sei. Mit diesem Lavieren machte er die Sache aber vermutlich nur noch schlimmer. Erst die Intervention des Herzogs und dessen Drohung, dass er selbst nicht weiterreisen würde, sollte sein Freund festgehalten werden, führte zur zeitweiligen Lösung des Konflikts.

Mitten im Winter überquerten sie die Pyrenäen. Sie zogen zunächst durch Frankreich Richtung spanische Niederlande, dann rheinaufwärts an Köln vorbei durch Deutschland, bis sie schließlich donauabwärts Regensburg erreichten, vermutlich noch im März 1532. Dort traf etwa gleichzeitig auch ein Bote der Kaiserin mit den Informationen über den Vorgang ein. Trotz einer neuerlichen Intervention seiner Freunde aus dem Haus Alba, diesmal vorgetragen durch Pedro de Toledo, fällte Karl ein für Garcilaso einschneidendes Urteil: die Verbannung.

Leider liegen für den Ort, an dem der Dichter festgesetzt wurde, keine näheren Informationen vor, weshalb es im Laufe der Zeit zu vielfältigen Spekulationen kam. Unter anderem wurden auch Wien und Pressburg (Bratislava) für Garcilasos Exil ins Spiel gebracht. Die Mehrzahl der Forscher spricht sich jedoch heute für eine Donauinsel bei Regensburg aus.

Wie stark Garcilaso der plötzliche und radikale Entzug der kaiserlichen Gunst getroffen hat, davon legt nicht nur die dritte Kanzone, die hier näher vorgestellt werden soll, beredtes Zeugnis ab. Auch das ebenfalls im Exil entstandene vierte und möglicherweise das neunte Sonett sowie die ersten beiden Strophen der zweiten lateinischen Ode sprechen vom harten Los der Einsamkeit, der Gefangenschaft und der Abwesenheit der Geliebten. Es lässt sich jedoch aus der heutigen Perspektive nicht sicher feststellen, wie viel von diesen Klagen tatsächlich der persönlichen Betroffenheit und Verzweiflung geschuldet ist und wie viel davon einer gewissen dichterischen Stilisierung des eigenen Schicksals zugeschrieben werden muss.

Wie dem auch sei, die schwere Zeit auf der Donauinsel dauerte für den Adeligen aus Toledo nur einige wenige Monate. Noch im Sommer oder Herbst hatten die beiden Fürsprecher aus der Dynastie der Alba Erfolg bei Karl. Zwar wurde die Verbannung nicht aufgehoben, aber immerhin umgewandelt. Garcilaso durfte seinen Freund, den neu ernannten Vizekönig Pedro de Toledo, nach Neapel begleiten und sein Exil von da an in einem der Zentren der europäischen Kultur jener Zeit genießen. Sogar zwei Reisen nach Spanien sind aus diesen Jahren überliefert, obgleich der Kaiser sein Urteil noch nicht revidiert hatte.

Erst mit Karls Kriegszügen nach Tunis (1535) und in die Provence (1536) kam es zu einer neuerlichen Annäherung. Doch schon kurz darauf starb Garcilaso an einer Verletzung, die er bei der Belagerung einer Burg in Südfrankreich erlitten hatte.

Die Kanzone von der Donauinsel

Die Form der Kanzone stammt zwar aus der provenzalischen Trobadordichtung, bekam dann jedoch durch Dante und Petrarca in Italien neue Impulse und wurde daher als *canción italiana* oder *canción petrarquista* in Spanien übernommen. Sie besteht aus einer nicht festgelegten Anzahl an Strophen (Stanzen oder „estancias“), die wiederum aus einer frei wählbaren Anzahl von elf- und siebensilbigen Versen gebildet werden.

Trotz dieser Freiheit und Flexibilität handelt es sich um ein komplexes Gebilde mit höchstem Schwierigkeitsgrad. Denn zum einen gehorchen alle Stanzen einem bestimmten, in sich noch weiter unterteilten Rhythmus von Aufgesang („fronte") und Abgesang („sirima"). Zum anderen wiederholt sich das in der ersten Stanze einmal festgelegte Vers- und Reimschema über die gesamte Kanzone hinweg, um dann in die Schlussstrophe („envío") einzumünden, die das bisherige Schema reduziert wieder aufnimmt.

Wenn wir also für jeden Vers der dritten Kanzone Garcilasos sowohl die Silbenzahl (7 oder 11) als auch den Ablauf der Vollreime (A, B, C etc.) verzeichnen, so ergibt sich in den fünf Strophen mit jeweils 13 Versen invariabel die gleiche Folge von: 7A-7B-11C-7A-7B-11C-7C-7D-7E-7E-11D-7F-11F. Im „envío" wird dieses Schema um den Mittelteil reduziert auf: 7A-7B-11C-7A-7B-11C-7F-11F.

Dass eine solche formale Komplexität in der Übersetzung nicht annähernd wiedergegeben werden kann, bedarf keiner Erklärung. Deshalb wurde für die deutsche Fassung auch auf den Versumbruch verzichtet. Sie möchte bewusst nur als Hilfsübersetzung hinter dem Text von Garcilaso de la Vega (nach der Ausgabe von Elias L. Rivers) stehen.

Canción III

1

Con un manso rüido
d'agua corriente y clara,
cerca el Danubio una isla que pudiera
ser lugar escogido
para que descansara
quien, como yo estó agora, no estuviera:
do siempre primavera
parece en la verdura
sembrada de las flores;
hacen los ruiseñores
renovar el placer o la tristura
con sus blandas querellas,
que nunca, día ni noche, cesan dellas.

Mit einem sanften Rauschen fließenden, klaren Wassers umschließt die Donau eine Insel, die ein erlesener Ort sein könnte, damit jemand Ruhe fände, der sich dort nicht in der Weise aufhielte, wie ich es gerade tue: wo sich der Frühling immerfort in dem Grün zeigt, das die Blumen verbreiten; dass dort Freude oder Trübsal sich erneuern, dazu tragen mit ihren milden Klagen die Nachtigallen bei, die nie, weder tags noch nachts, darin einhalten.

2

Aquí estuve yo puesto,
o por mejor decillo,
preso y forzado y solo en tierra ajena;
bien pueden hacer esto
en quien puede sufrillo
y en quien él a sí mismo se condena.
Tengo sola una pena,
si muero desterrado
y en tanta desventura:
que piensen por ventura
que juntos tantos males me han llevado;
y sé yo bien que muero
por solo aquello que morir espero.

Hier ward ich festgesetzt, oder, um es treffender zu sagen, gefangen und bezwungen und allein im fremden Land; das dürfen sie ruhig tun mit dem, der es ertragen kann, und mit dem, der sich selbst zuerst verurteilt. Mich bedrückt nur ein Schmerz, sollte ich in der Verbannung und in solchem Unglück sterben, dass man dann vielleicht meinen könnte, so viel Ungemach hätte mir den Tod gebracht, dabei weiß ich doch, dass ich allein an dem sterbe, an dem zu sterben ich erhoffe [an der Liebe?].

3

El cuerpo está en poder
y en mano de quien puede
hacer a su placer lo que quisiere,
mas no podrá hacer
que mal librado quede
mientras de mí otra prenda no tuviere;

cuando ya el mal viniere
y la postrera suerte,
aquí me ha de hallar,
en el mismo lugar,
que otra cosa más dura que la muerte
me halla y ha hallado,
y esto sabe muy bien quien lo ha probado.

Der Körper ist in der Gewalt und der Hand dessen [des Kaisers?], der frei verfügen kann, was immer ihm beliebt; aber dennoch vermag er nicht, dass es um mich schlecht bestellt ist, solange er nicht ein anderes Unterpfand [die Seele, den Geist, die Lyrik?] von mir hat. Wenn denn nun das Unheil kommen sollte und das endgültige Los, dann soll es mich hier finden, an ebendiesem Ort, denn ein härteres Schicksal als der Tod [die Liebe?] findet mich und hat mich schon gefunden, und dies weiß wohl der, der davon gekostet hat.

4

No es necesario agora
hablar más sin provecho,
que es mi necesidad muy apretada,
pues ha sido en un hora
todo aquello deshecho
en que toda mi vida fué gastada.
Y al fin de tal jornada
¿presumen d'espantarme?
Sepan que ya no puedo
morir sino sin miedo,
que aun nunca qué temer quiso dejarme
la desventura mía,
que'l bien y el miedo me quitó en un día.

Es ist jetzt nicht mehr nötig, ohne Nutzen weiterzureden, dass meine Not so drängend ist, wurde doch in nur einer Stunde all das zunichte gemacht, wofür ich mein ganzes Leben eingesetzt hatte. Und am Ende dieser Zeit soll ich mich einschüchtern lassen? Wisst, dass ich jetzt nur noch furchtlos sterben kann, da mir mein Unglück nicht einmal etwas Angsterfüllendes belassen wollte, das Unglück, das mir Glück und Furcht an einem Tag nahm.

5

Danubio, río divino,
que por fieras naciones
vas con tus claras ondas discurriendo,
pues no hay otro camino
por donde mis razones
vayan fuera d'aquí, sino corriendo
por tus aguas y siendo
en ellas anegadas;
si en tierra tan ajena,
en la desierta arena,
d'alguno fueren a la fin halladas,
entiérrelas, siquiera,
porque su error s'acabe en tu ribera.

Oh Donau, göttlicher Fluss, der du durch wilde Nationen mit deinen klaren Wellen fließt, es gibt keinen anderen Weg, auf dem meine Gedanken von hier entkommen könnten, es sei denn auf deinen Wassern eilend und in ihnen untergehend; wenn sie einstmals in einem so fernen Land im wüsten Sand von jemandem gefunden werden sollten, verschütte sie wieder, damit ihr Irren an deinen Ufern ende.

6

Aunque en el agua mueras,
canción, no has de quejarte;
que yo he mirado bien lo que te toca;
menos vida tuvieras
si hubiera de igualarte
con otras que se m'an muerto en la boca.
Quién tiene culpa en esto,
allá lo entenderás de mí muy presto.

Auch wenn du, mein Lied, im Wasser sterben solltest, so klage doch nicht, denn ich habe wohl auf dein Los geachtet. Du hättest weniger Leben, wenn du gleich behandelt worden wärst wie andere, die mir im Munde gestorben sind. Wer daran die Schuld trägt, das wirst du dort drüben sehr bald von mir erfahren.

Eine kommentierende Lektüre der *Canción III*

Genauso streng wie die Handhabung der formalen Vorgaben für eine Kanzone präsentiert sich in Garcilasos *Canción III* auch die Durchstrukturierung der inhaltlichen Aspekte. Auf den ersten Blick erkennbar ist die zunächst zirkuläre Anlage der fünf 13-zeiligen Stanzen: Sie gehen vom Naturschauspiel der donauumspülten Insel aus, loten dann in den drei zentralen Strophen das Innenleben und das Erleben des lyrischen Ich aus, um schließlich mit dem emphatischen „Danubio, río divino“ wieder auf den Fluss und damit auf den Anfang zu verweisen.

Allerdings tun sie dies nicht in einer abschließenden Kreisbewegung, sondern mit einem sich öffnenden Element, das hinüberführt zum „envío“, also zur verkürzten sechsten Stanze. Dort finden sich die beiden zuvor aufgerufenen raum-zeitlichen Grundformen nochmals vertreten: das Zirkuläre in der autoreflexiven Benennung der Kanzone sowie die Richtung nach vorne durch den Verweis auf das Jenseits.

Die spannungsreiche Vermengung der aus der Natur entliehenen geometrischen Formen von Kreis (Insel) und Gerade (Fluss) schreibt dem gesamten Gedicht eine polare, wenn nicht sogar antithetische Grundstimmung ein. Gegensatzpaare begegnen uns daher zuhauf bei unserer Lektüre: innen vs. außen; freie Natur vs. eigenes Gefängnis; Körper vs. Geist und Seele etc. Wobei es durchaus erlaubt ist, ja vom Text selbst angeboten wird, paradoxe Querverbindungen zu ziehen.

So bedeutet der paradiesische Frühling auf der Insel keineswegs eine Vorschau auf die jenseitigen Freuden, sondern verstärkt umso mehr das diesseitige Leiden an der Verbannung. Genauso darf die Liebe keineswegs als Hort der Freiheit verstanden werden, denn sie führt, wie das Exil, zum Tod. Eine endgültige Lösung dieser Widersprüche vermag das Lied nicht zu entwickeln, das „allá lo entenderás“ des letzten Verses unterstreicht dies. Die „canción“ kann dies alles lediglich thematisieren und in einem schützenden, formal vorgegebenen Rahmen durcharbeiten.

Garcilaso setzt bei seiner Donaukanzone nicht mit der direkten Anrufung des Flusses im ersten Vers ein. Ein solches Vorgehen wählt er erst in der fünften Stanze. Zu Beginn des Liedes verschiebt er hingegen die konkrete geographische Situierung auf den dritten Vers. Die ersten beiden Zeilen – das sanfte Rauschen des klaren Wassers – nutzt er zunächst einmal, um den eingeweihten Lesern einen Hinweis darauf zu geben, dass er sich in die literarischen Traditionen des Petrarquismus einschreiben möchte.

Mit dem in der Renaissance so typischen Spiel von „imitatio“ (Nachahmung) und „aemulatio“ (nachahmende Überbietung) verweist er dabei auf den Meister selbst, speziell auf dessen Kanzone CXXVI. Petrarca hatte dort den Gesang auf seine „donna“ mit dem Siebensilbler „Chiare, fresche e dolci acque – Klare, frische und süße Wasser“ eingeleitet. Beim näheren Hinsehen zeigt sich, dass das Lied des Italieners auch in formaler Hinsicht genau unserem Gedicht entspricht (fünf dreizehnzeilige Stanzen mit analoger Vers- und Reimstruktur).

Nachdem Garcilaso auf diese Weise zunächst dem großen Vorbild Tribut gezollt hat, kann er mit „cerca el Danubio una isla“ zu seinem eigenen Anliegen übergehen. Die von der Donau eingeschlossene Insel bekommt nun alle Eigenschaften zugeschrieben, die sie gemäß der langen, bereits in der Antike etablierten Tradition braucht, um zum „locus amoenus“, zum paradiesischen Ort zu werden: ewiger Frühling, kühlendes Wasser, duftende Blumen, der angenehme Gesang der Nachtigallen. Doch bei Garcilaso steht dieses Idyll sofort unter einem Vorbehalt. Angedeutet wird dies durch eine Folge von Konjunktiven („pudiera“, „descansara“ etc.) und das erste Auftreten des lyrischen Ich in einem Verneinungssatz.

Warum die Donauinsel zwar als Garten Eden beschrieben wird, für das „yo“ hingegen nicht als unbeschwerter Ort der Einkehr und Erholung gilt, klärt die zweite Strophe. Der Sprecher präsentiert sich als ein Gefangener, der in der Fremde den Tod erwartet. Merkwürdig unbestimmt bleiben dabei diejenigen, die ihn dort festsetzten. Sie interessieren letztlich nicht. Es geht hier vielmehr um die Selbsteinschätzung des Ich, das die Bestrafung annimmt und das Ende seines Lebens erwartet.

Unter der Hand jedoch nimmt der Text eine Umdeutung vor. Die Formulierung der Selbstverurteilung („a sí mismo se condena“) führt gerade nicht zum Geständnis, gegen die Befehle des Kaisers gehandelt zu haben. Es kommt auch nicht zu einer

Unterwerfungsgeste mit der Hoffnung, dadurch Gnade zu erlangen. Stattdessen wird die eigene Verfehlung als Schicksal dargestellt („tanta desventura“, „tantos males“), so dass das Leiden zum Tod nun völlig neu interpretiert werden kann: „que muero / por sólo aquello que morir espero.“

Dass es sich bei dem unbestimmten „aquello“ um die Liebe und den Liebesschmerz handelt, daran kann wenig Zweifel bestehen angesichts der formalen und der nahezu wörtlich zitierenden Einschreibung des Gedichts in die Tradition des Petrarkismus. Ich liebe, also sterbe ich an der Liebe, das ist der wohlbekannte Topos, der hier aufgerufen wird.

Das explizite Wort „amor“ aber vermeidet Garcilaso im gesamten Text. Entweder, um das literarische Spiel mit möglichen Doppelbedeutungen nicht durch eine klare Festlegung zu verhindern. Oder weil er die hehre Liebe nicht mit so weltlichen Angelegenheiten wie Macht und Verbannung vermischt sehen möchte. Oder aber, weil das Übel des Exils sich zu stark in den Vordergrund drängt.

In der dritten Strophe verbindet sich das trotzige Aufbegehren des lyrischen Ich mit einer beinahe stoisch anmutenden Resignation zu einer spannungsvollen Einheit. Wer anders als der Kaiser kann gemeint sein, wenn hier von der absoluten Verfügungsgewalt über den Körper die Rede ist. Ihm, Karl, dem Garcilaso in seinem gesamten Werk keine einzige Lobeshymne gewidmet hat, schleudert der Sprecher den nächsten Vorbehalt entgegen – ohne ihn explizit zu nennen. Solange er kein anderes Unterpfand von ihm in den Händen hält, kann selbst der Herr der halben Welt nichts gegen ihn ausrichten.

Wie wir aber das Wörtchen „prenda“ füllen sollen, das bleibt wiederum unbestimmt. Ob es sich um das naheliegende Oppositionspaar handelt, also Körper vs. Geist und Seele, oder ob auch hier die Liebe ins Spiel kommt, oder ob wir schon an dieser Stelle damit rechnen dürfen, dass die Lyrik als Gegenentwurf zur weltlichen Macht aufgebaut wird, bleibt uns überlassen.

Im zweiten Teil der dritten Strophe jedenfalls nimmt Garcilaso das Spiel mit den Begriffen vom Schicksal, das zum Tode führt, und von dem noch härteren Schicksal, das schlimmer als der Tod ist (also die Liebe), wieder auf. Er will den Leser damit in diesen Erfahrungshorizont hineinzuholen: „y esto sabe muy bien quien lo ha probado – und dies weiß wohl der, der davon gekostet hat“. Natürlich wird mit diesem letzten Vers ein ganz exklusiver Zirkel angesprochen. Selbstverständlich kann das gemeine Volk eine solch tief gehende Liebesempfindung nicht nachvollziehen. Aber ebenso wenig können es diejenigen, die nur das Schwert führen, ohne zugleich als Zeichen der wahren Aristokratie trefflich mit der Feder umzugehen. Die wahrlich erhabene Liebe ist den wahrlich erhabenen Menschen vorbehalten, und nur diese können sich in den Sprecher hineinversetzen.

Mit der vierten Stanze schließt sich ein kleinerer Zirkel innerhalb des größeren, den das Gedicht zieht. Die dreimalige Konzentration auf das eigene Leiden in den drei zentralen Strophen zeigt nämlich in sich wieder eine bestimmte Bewegung, nämlich bei der Benennung derer, die das lyrische Ich in diese Lage gebracht haben. Waren dies zunächst die unbestimmten anderen im Plural („bien pueden hacer esto“), so folgte danach der unmissverständliche Verweis auf den einen, den Kaiser, um jetzt das Spektrum der Gegner neuerlich mit der Verwendung des Plurals zu öffnen: „presumen“, „Sepan“.

Doch wiederum hat der Leidende kein Interesse daran, die Angelegenheit auf dieser Ebene weiterzuführen. Dank der Macht des Wortes, über die er verfügt, könnte er in eine direkte, konkret politische Auseinandersetzung einsteigen, doch er verzichtet darauf. Und zwar keineswegs, weil er Konsequenzen zu fürchten hätte, darauf legt das lyrische Ich Wert. Wenn sein ganzes Lebenswerk durch eine einzige Entscheidung in sich zusammengebrochen ist, wenn nur noch die Einsamkeit und der Tod warten, wovor sollte er sich fürchten?

Das gezügelte Aufbegehren des Sprechers und der Durchgang durch die eigene Gefühlswelt haben zumindest ein Ergebnis gezeitigt. Er ist auf diese Weise nämlich zu einer ruhigen Gelassenheit gekommen. Mit dieser Geisteshaltung kehrt das lyrische Ich nun in der fünften Stanze zurück zum Ausgangspunkt. Doch der hat sich im Verlauf des Gesangs verändert. Nicht mehr das paradiesisch erscheinende Inselgefängnis steht nun im Mittelpunkt, sondern der majestätisch gelassen dahinfließende Strom, die in göttliche Sphären erhobene Donau.

Dadurch, dass sie direkt angesprochen wird, erfährt sie gleichsam die Ehre, mit dem dichtend Leidenden und Liebenden auf einer Stufe zu stehen. Die wilden Stämme und Nationen an ihren Ufern können ihr nichts anhaben, so wenig, wie die Feinde dem dichtenden und wortmächtigen Sprecher zu schaden vermögen. Über den Fluss, den einzig verfügbaren Weg in die Freiheit, sendet das lyrische Ich seine Gedanken und somit seine Kanzone, um dadurch eine neue, durchaus widerspruchsvolle Polarität aufzubauen.

Quasi mit missionarischem Eifer werden Gedicht und Donau auf die Reise geschickt. Sie sollen in fernen und unzivilisierten Landen nicht nur vom Leiden des Sprechers Zeugnis ablegen, sondern auch von seiner Schaffenskraft, die wiederum über die Form und die dichterischen Verfahren die Tradition der abendländischen Kultur repräsentiert. Zugleich jedoch bittet der Sprecher die Donau, die wertvolle Fracht zu verschütten, sollte tatsächlich jemand sie finden. Als Begründung finden wir den rätselhaften Hinweis auf den „error – Irrtum" der Gedanken, die der Donau anheim gegeben werden.

Die Kommentatoren des Textes lesen diese Stelle nicht nur als rein rhetorische Bescheidenheitsgeste Garcilasos, der damit seine fehlbare und fehlerbehaftete Schöpfung dem göttlichen Fluss unterordnet. Sie ziehen daraus auch Schlüsse für die Einstellung des Dichters zu seinem eigenen Werk, das er eben nicht für die große Öffentlichkeit bestimmte. Es habe ihm dazu gedient, immer wieder neu den nie gelingenden Versuch zu unternehmen, mittels der Lyrik für sich die Welt und sein eigenes Selbstverständnis in ihr auszuloten.

Dichtung als höchster Ausweis der menschlichen Zivilisation? Oder Dichtung als auf einen kleinen Kreis Eingeweihter beschränkte aristokratische Tätigkeit, wenn nicht gar als intime Privatangelegenheit? Die Geschichte hat gezeigt, dass die Freunde von Garcilaso ersterer Auffassung waren, als sie nach seinem Tod sein Werk zusammentrugen und veröffentlichten.

In der verkürzten Schlussstrophe, dem „envío", wechselt der Adressat noch einmal, und zwar von der göttlichen Donau hin zur Kanzone selbst. Auch wenn sie sterben sollte und ihr dadurch ein Nachleben und Weiterwirken verwehrt würde, so hätte sie doch zumindest gelebt, während den anderen, die aus welchen Gründen auch immer von ihm nicht in die Gedichtform gegossen wurden, nicht einmal das vergönnt gewesen sei.

Das zuvor aufgeworfene Paradox wird hier im Prinzip weitergeführt, ja sogar noch verschärft. Der Begriff des Todes erfährt dabei eine Differenzierung. Beide Gruppen, die Kanzone, die Garcilaso aufgeschrieben hat, und die nicht verschriftlichten Lieder sterben zwar. Doch das unterscheidende Merkmal stellt das Leben dar. Die autoreflexiv angesprochene „canción" wird erst in der Zukunft und in der Möglichkeitsform („mueras") ihr Leben beenden. Die anderen dagegen haben nie gelebt. Das Schweigen des Dichters wäre also in ihrem Fall gleichbedeutend mit der Negation von Optionen und von neuen Schöpfungen.

Am Ende schreibt Garcilaso der deutlich zirkulären Struktur des Gedichtes eine bestimmte Richtung ein, indem er zunächst das Reden über die Kanzone in den Mittelpunkt stellt, um dem Text dann, statt eine abschließende Lösung anzubieten, einen neuen Vorbehalt mitzugeben: diesmal *sub specie aeternitatis*, im Lichte der Ewigkeit und des Jenseits.

Ausblick

Was dies für eine Gesamtinterpretation des Gedichts bedeutet, können wir in dieser kurzen kommentierenden Lektüre natürlich nicht vollständig klären. Zu viele komplexe Begriffe, echte oder stilisierte Erfahrungen von Schicksalsschlägen müssten dazu in Beziehung zueinander gebracht und in einem breiten Spektrum an Aussagemöglichkeiten abgewogen werden. Eine genuin politische Lektüre, wie sie beispielsweise Mar Martínez Góngora vorlegt, indem er die Frage nach dem Schuldigen klar mit Karl V. beantwortet, stellt vermutlich eine zu enge Auslegung dar.

Allerdings führt uns dieser Kommentator damit wieder zurück zur historischen Ausgangssituation des Jahres 1532 in Regensburg, als der Kaiser Garcilaso de la Vega auf eine Insel verbannte. Die *Canción III*, die dieser dort verfasste, verschwand nicht im Strom der Zeit oder in den Wassern der Donau. Sie überdauerte wie das übrige Werk des spanischen Dichters. Heute gilt sie in den Studien zur spanischen Metrik als das Paradebeispiel für die Kanzonendichtung in kastilischer Sprache schlechthin.

Ihren Weg zurück zu den Ursprüngen an den Ufern der Donau ist sie allerdings im Verlauf der letzten fünf Jahrhunderte nicht gegangen. In Bayern fand Garcilasos Kanzone nicht die Beachtung, die sie eigentlich verdient hätte. Dies mag daran liegen, dass niemand in die Gefahr kommen will, unter die wilden Nationen gezählt zu werden, durch die die klaren Wellen der Donau fließen. Oder daran, dass wegen der fehlenden Belege keine Stadt wirklich mit Fug und Recht von sich behaupten kann, den spanischen Dichterfürsten im Exil beherbergt zu haben. Doch ein schönerer Vers als Garcilasos „Danubio, río divino" ist der Donau seither wohl nicht mehr gesungen worden.

Bibliographie

Arce, Margot. „Cerca el danubio una isla...", in: *Studia Philologica. Homenaje a Dámaso Alonso*. Madrid: Gredos, 1960, 91-100.

Farmer, Julia. „The Experience of Exile in Garcilaso's Second Eclogue", in: *Bulletin of Hispanic Studies*, 88, 2, 2011, 161-177.

Gallego Morell, Antonio. *El renacimiento español: Garcilaso y Herrera*. Granada: Universidad de Granada, 2003.

Garcilaso de la Vega. *Obra completa*. Ed. Guillermo Suazo Pascual. Madrid: Edaf, 2004.

Garcilaso de la Vega. *Poesía castellana completa*. Ed. Consuelo Burell. Madrid: Cátedra, 2006.

Lapesa, Rafael. *La trayectoria poética de Garcilaso*. Madrid: Istmo, 1985.

Martínez-Góngora, Mar. „El río Danubio y la estructura circular de la Canción III de Garcilaso: El poder de la voz poética", in: *Hispanofila*, 122, 1998, 17-27.

Morales Saravia, José (Hrsg.). *Garcilaso de la Vega. Werk und Nachwirkung*. Frankfurt/M.: Vervuert, 2004.

Navarro Tomás, Tomás. „Introducción", in: Garcilaso de la Vega. *Obras*. Madrid: Espasa-Calpe, 1966, 9-64.

Prieto, Antonio. *Garcilaso de la Vega*. Madrid: SGEL 1975.

Prieto de Paul, Ángel L. „Introducción", in: Garcilaso de la Vega. *Poesías completas*. Madrid: Castalia, 1989, 15-38.

Rivers, Elias L. (Hrsg.). *La poesía de Garcilaso*. Barcelona: Ariel, 1981.

Barbara Blomberg:
Geliebte des Kaisers, Heldenmutter und eigensinnige Frau unter spanischer Aufsicht

Heilige, Herrscherin, Hure, das sind die Ingredienzien, die Frauen aus der Geschichte auch für heutige Zeiten noch anziehend machen. Vor allem, wenn sich eine oder mehrere dieser Kategorien mit einem Anflug von Tragik oder mit der Aura des Geheimnisvoll-Enigmatischen vermischen. Dann werden sie bevorzugt zu Heldinnen von Romanen, Romanbiographien oder gar von Filmen.

In Spanien gibt es eine ganze Reihe herausragender Frauengestalten, die in diesen Rahmen passen: Königin Urraca aus dem 12. Jahrhundert etwa, die sich mit ihren Liebhabern gegen alle Anfeindungen durchsetzte. Oder im 14. Jahrhundert die kastilische Edeldame Inés de Castro: Als unstandesgemäße Geliebte des portugiesischen Thronfolgers wurde sie vom König ermordet, doch nach seinem Tod ließ der Sohn sie wieder ausgraben und krönte die halbverweste Leiche zur Königin. Oder Königin Juana, Mutter Karls V., die als „die Wahnsinnige" ein halbes Jahrhundert lang in einer Burg weggesperrt wurde. Oder deren Mutter, Königin Isabella die Katholische, die sich ihren Mann selbst aussuchte, die Einigung von Kastilien und Aragón vorantrieb, sich von einem angesehenen Juden beraten ließ und dennoch 1492 die Juden aus Spanien auswies.

In Bayern war der eigene Herzogs- und Königsthron den Männern vorbehalten. Dennoch haben wir auch hier Frauen, die bis heute eine große Faszination ausüben. Etwa im 13. Jahrhundert die Andechserin Hedwig, die heilige Herzogin von Schlesien und Polen. Oder ihre Schwester Gertrud, die grausam ermordete Gemahlin des ungarischen Königs. Oder indirekt die Tochter Gertruds, die heilige Elisabeth von Thüringen, die allerdings zum heutigen Bayern nur über ihren Onkel, Bischof Eckbert von Bamberg, Kontakt hatte. Oder etwas später die Herzogstochter Elisabeth, die als Isabeau de Bavière inmitten des Hundertjährigen Kriegs zur umstrittenen Regentin Frankreichs aufstieg. Oder Agnes Bernauer im 15. Jahrhundert, die zum Prototyp der als Hure abgekanzelten, nicht standesgemäßen Geliebten eines Herzogssohns wurde. Und selbstverständlich gehört auch die Kaiserin Sissi in diese Reihe, deren Liebe, Leben und Sterben sich schier unauflösbar mit filmischen und literarischen Phantasien vermischt hat.

Weder Heilige noch Herrscherin war Barbara Blomberg. Für sie, die in besonderer Weise die bayerisch-spanische Verbindungslinie unter den herausragenden Frauen repräsentiert, blieb im Urteil der Geschichte und manchmal auch in dem der Fiktion nur die dritte Kategorie, nämlich die der Hure oder, abgeschwächt, die der Geliebten des Herrschers.

Dass sie einst im Alter von 70 Jahren auf einem kleinen Anwesen an der nordspanischen Atlantikküste sterben würde, war der Regensburger Gürtelmacherstochter Barbara Plumberger oder Blumberger nicht in die Wiege gelegt worden. Ihre wechselvolle Lebensgeschichte fern der bayerischen Heimat erklärt sich nur dadurch, dass sie wenige Monate lang die mutmaßlich letzte Geliebte Kaiser Karls V. war, und dass ihr aus dieser Beziehung geborener Sohn Hieronymus unter dem Namen Juan de Austria zu einem der größten Kriegshelden seiner Zeit aufstieg.

Er, der offiziell anerkannte Halbbruder König Philipps II., erlangte trotz des Makels der unehelichen Geburt Ruhm und Ehre. Seine Mutter hingegen wurde zum Spielball der Macht der Habsburger und der Staatsräson. Die Tatsache, dass sie dabei zunehmend ihren eigenen Willen durchzusetzen verstand und sich nie vollständig unterwarf, macht sie zu einer für Historiker wie Literaten gleichermaßen attraktiven Frau. Daher soll sie und nicht ihr etwas übertrieben als Retter des Abendlandes bezeichneter Sohn für diese berühmte Episode der bayerisch-spanischen Geschichte stehen.

Da sich wie bei vielen der angeführten Frauen auch bei Barbara Blomberg Geschichte und Geschichten überlagern, werden wir in einem ersten Zugang versuchen, das Leben der Regensburgerin zunächst einmal möglichst objektiv zu rekonstruieren.

Danach wenden wir uns dann einigen literarischen Verarbeitungen des Blomberg-Stoffs aus der jüngsten Zeit zu, die das Schicksal der schönen Gürtlerstochter in ganz unterschiedlicher Weise in historischen Romanen behandelt haben.

Barbara Blomberg, eine kurze Biographie

Da die Historikerin Marita Panzer 1995 eine beispielhafte und umfassend dokumentierte biographische Studie zu Barbara Blomberg vorgelegt hat, können wir uns darauf beschränken, ihr zu folgen. Wir wollen dabei nur die wichtigsten Stationen aus dem Leben der Frau nachzeichnen, die je nach Blickwinkel als „große Liebende“, als „zärtliche Mutter“ oder als „liederliches Frauenzimmer“ angesehen worden ist (diese und alle weiteren Zitate nach Panzer).

Vermutlich 1527 kam Barbara Plumberger in der Regensburger Kramgasse zur Welt. Madame de Blombergh nannte sie sich erst viel später in Flandern und Spanien. In Regensburg wuchs sie in einer in jeder Hinsicht normalen Handwerkerfamilie auf. Ob sie wirklich besonders schön war oder ob sie, wie bisweilen kolportiert wird, den Kaiser mit einer besonders guten Stimme bezirzt hat, darüber sagen die Quellen nichts aus.

Anfang April 1546 kam Karl V. zu einem Reichstag nach Regensburg. Kurz zuvor war das zweite Regensburger Religionsgespräch gescheitert, so dass die politischen Verhandlungen unter keinem guten Stern standen. Tatsächlich erschien von der protestantischen Fraktion nur ein bedeutender Fürst. Bis Ende Juli war der Kaiser daher vornehmlich mit Warten beschäftigt und damit, den Schmalkaldischen Krieg gegen die Protestanten zu planen.

Die erste Frage, die sich angesichts der extrem ungleichen Beziehung zwischen Karl und Barbara stellt, muss wohl lauten, wie der 46-jährige Witwer, Herrscher über ein Weltreich, überhaupt mit der einfachen Handwerkertochter zusammentreffen konnte. Panzer nimmt mit überzeugenden Argumenten an, dass das junge Mädchen ihm nicht quasi als Gastgeschenk zugeführt wurde, denn sonst wäre das Techtelmechtel schnell bekannt geworden. Vermutlich half sie während des Reichstags im Gasthaus *Zum Goldenen Kreuz*, in dem der Kaiser logierte, als

Zimmermädchen oder bei ähnlichen Diensten aus, so dass keine Gerüchte nach außen drangen. Wie lange die Liaison andauerte, bleibt daher Spekulation.

Das Kind der Barbara Blomberg und Karls V. wurde im Februar 1547 geboren und Hieronymus genannt. Ob der Kaiser sich für die Namensgebung mit seiner ehemaligen Geliebten in Verbindung gesetzt hat, wissen wir nicht. Unsicher ist auch, wann genau die Mutter den Jungen abgeben musste. Möglich ist, dass er schon bald nach seiner Geburt nach Brüssel geholt wurde, möglich ist aber auch, dass er bis zu seinem vierten Lebensjahr bei seiner Mutter in Regensburg bleiben durfte.

Jedenfalls kam der kleine Hieronymus 1551 zu Pflegeeltern nach Spanien und wurde dort ab 1555 von Magdalena de Ulloa, der Frau von Karls Haushofmeister Quijada erzogen. Bereits ein Jahr zuvor hatte der Habsburger in Brüssel einen Zusatz zu seinem Testament verfasst, in dem er seinen unehelichen Sohn offiziell anerkannte. Nach Karls Tod 1558 wurde er vom neuen spanischen König, seinem Halbbruder Philipp II., in Juan de Austria umbenannt. Er erhielt als Kaisersprössling eine standesgemäße Erziehung und schlug die militärische Karriere ein, die ihn langsam aber sicher zu allerhöchstem Ruhm führen sollte.

Da Karl in seinem Testament auch den Namen der Mutter verzeichnete und ihr eine kleine Rente zuwies, war Barbara seit 1558 ein Problem für den spanischen Hof. Allerdings bestand kein akuter Handlungsbedarf, da die Regensburger Geliebte des Kaisers, sicherlich nicht ohne eine gewisse Überzeugungsarbeit, unter die Haube und damit zum Schweigen gebracht worden war. Möglicherweise hatte sie den Offizier Hieronymus Kegel bereits während ihrer Schwangerschaft zur Vertuschung des kaiserlichen Fehltritts geheiratet, vielleicht aber auch erst 1551, kurz vor der Übersiedlung der beiden nach Brüssel.

Dort lebte sie zunächst unbeachtet von der Welt in der damaligen Hauptstadt der Niederlande, wo Kegel eine gute, aber nicht herausragende Stelle in der Heeresverwaltung innehatte. Sie bekam drei Kinder und sorgte im Rahmen der Möglichkeiten der Familie für deren gute Erziehung. Die Rente, die Karl ihr in seinem Testament zugesprochen hatte, scheint, wenn überhaupt, nur selten ausbezahlt worden zu sein. Solange Barbaras Mann lebte, war das Problem aufgeschoben.

Das änderte sich 1569, als der Offizier bei einem Unfall ums Leben kam. Von Geldsorgen geplagt, forderte Barbara nun die ihr zustehenden Bezüge ein, vermutlich unter Verweis auf ihre Position als Mutter des Königsbruders. Spätestens ab diesem Zeitpunkt musste sich der Staat – also konkret Philipp II., der spanische General Herzog von Alba, zu jener Zeit Statthalter in den Niederlanden, Juan de Austria selbst sowie sein ehemaliger Pflegevater Quijada – ernsthaft mit der langsam lästig werdenden Familie beschäftigen.

Juan de Austria kümmerte sich dabei um seinen Halbbruder Konrad, den ersten Sohn aus Barbara Blombergs Ehe mit Hieronymus Kegel. Er zwang ihn in die theologische Laufbahn, aus der dieser aber ausstieg, Offizier wurde, heiratete und bald starb. Seine wiederum mittellose Familie fand dann bei Barbara in Spanien Aufnahme. Kegels jüngster Sohn verunglückte kurz nach seinem Vater. Die Tochter blieb vermutlich bei ihrer Mutter, begleitete sie nach Spanien und starb noch vor ihr.

Das viel größere Problem stellte für die Habsburger Madame de Blombergh selbst dar. Als Witwe und nun bekanntermaßen dem Königshaus nahestehend musste sie standesgemäß leben können. Doch gleichzeitig wollte der Hof unter allen Umständen vermeiden, dass sie Skandale verursacht oder gar an eine Wiederverheiratung denkt. Denn über eine solche, so die Furcht, hätte der neue Mann wiederum versuchen können, Einfluss zu gewinnen. Daher wurde Barbara vom Generalstatthalter, offensichtlich mit erheblichen Widerständen ihrerseits, aus der Hauptstadt Brüssel entfernt und nach Gent, dem Geburtsort Karls abgeschoben.

Philipp und Juan waren damit aber noch nicht zufrieden und schlugen das Naheliegende vor, nämlich ein Kloster, wenn möglich in Spanien. Sie überschätzten dabei jedoch die Einflussmöglichkeiten des Herzogs von Alba – dessen brutales Vorgehen gegen die aufständischen Protestanten in den Niederlanden sattsam bekannt ist – und unterschätzten den ausgeprägten Eigensinn und Lebenswillen der Regensburgerin. Alba schreibt über Barbara: „wenn man ihr von Spanien spreche, gerate sie in Aufregung und sage man solle sich ja nicht einbilden, dass man sie hintergehen werde; sie wisse schon, wie man dort die Frauen einsperre; eher lasse sie sich in Stücke hauen, als nach Spanien zu gehen."

Die Freiheit und bis zu einem gewissen Grad auch die Freizügigkeit des modernen, aufgeschlossenen, weltoffenen und reichen Flandern wollte die Regensburgerin nicht gegen das als düster und gesellschaftlich verhärtet verschriene Zentrum des Reiches eintauschen. Außerdem schätzte sie die Gestaltungsmöglichkeiten der eigenen, wirtschaftlich jetzt abgesicherten Witwenschaft.

Ein reger Briefwechsel zwischen dem Hof und Brüssel zeugt davon, wie aufmerksam sie beobachtet wurde. Allerdings widersprechen sich dabei die Berichte, die Alba einholen ließ. Die einen – einheimische Zeugen – attestieren ihr eine für die Niederlande nicht übermäßig unsolide Lebensführung. Andere hingegen – an spanischen Verhältnissen Maß anlegende Informanten – werfen ihr Verschwendung, Vergnügungssucht und Festgelage vor. Mit einem Wort: Weder der Statthalter noch der König und sein Halbbruder waren zufrieden.

Auch Albas Nachfolger Requesens, der sogar die Möglichkeit einer Rückkehr Barbaras nach Regenburg ins Auge gefasst hatte, scheiterte mit seinen Bemühungen um eine Lösung. Madame de Blombergh setzte sich durch. Sie lehnte definitiv das Angebot ab, nach Spanien zu gehen, sei es in ein Kloster, sei es auch, um in der Umgebung ihres Sohnes zu leben. Stattdessen ließ sie sich in Brüssel nieder. Zu allem Überfluss wurden ihr dort, ob berechtigt oder nicht lässt sich nicht überprüfen, diverse Affären nachgesagt. In einem Brief an den neuen Statthalter schreibt der königliche Sekretär in Spanien verzweifelt: „Quan terrible animal es una mujer desenfrenada – welch ein schreckliches Geschöpf ist eine zügellose Frau".

Hinzu kam, dass Barbara jetzt nicht mehr allein Gebärerin des Kaisersohns, sondern eine Heldenmutter war. Nach ersten Erfolgen bei der Niederschlagung der Moriskenaufstände bei Granada hatte Juan de Austria 1571, mit nicht einmal 25 Jahren, als Oberbefehlshaber der Flotte der Heiligen Allianz die Osmanen vernichtend geschlagen und die Ehrentitel „Sieger von Lepanto" oder gar „Retter der Christenheit" eingeheimst. Und eben dieser Held wurde 1576 von seinem Bruder, dem König, dazu ausersehen, das leidige Problem des Niederländischen

Aufstandes ein für alle Mal zu erledigen, egal ob mit einem erträglichen Frieden oder mit brutaler Gewalt.

Die Frau, die ihm einst in Bayern das Leben geschenkt hatte, mit der er aber in der Zwischenzeit keinen direkten Kontakt aufgenommen hatte, die konnte und durfte bei dieser Aufgabe nicht in seiner Nähe verbleiben. In Spanien kursierten nämlich immer mehr Gerüchte ob ihres anrüchigen Lebenswandels. Angeblich soll sie mit Engländern und Protestanten Umgang gehabt haben, und in Brüssel liefen wohl bereits Spottgedichte über sie um.

Also zitierte Juan de Austria seine Mutter vor seiner Ankunft in den Niederlanden zu einem vertraulichen Gespräch unter vier Augen nach Luxemburg. Wie die Unterredung verlief und welche Absprachen wirklich getroffen wurden, das fand keinen Eingang in offizielle Dokumente. Die Spekulationen und literarischen Ausschmückungen darüber decken verständlicherweise ein riesiges Spektrum an Möglichkeiten ab. Fakt ist jedoch, dass Barbara Blomberg im Frühjahr 1577 im Hafen von Laredo an der kantabrischen Küste spanischen Boden betrat.

Sie wurde von Magdalena de Ulloa empfangen, der Pflegemutter des kleinen Hieronymus, die inzwischen dessen uneheliche Tochter Ana, also Barbaras Enkelin großzog. Über einige Zwischenstationen brachte man die Mutter von Juan de Austria zunächst zu einem abgelegenen Kloster bei San Cebrián de Mazote in der weiteren Umgebung von Valladolid, wo ihr zumindest ein eigener Haushalt zugestanden wurde.

Dort erreichte sie kurz darauf die Nachricht vom Tod ihres Sohnes. Nach einem nur kurzfristig geltenden Friedensvertrag waren in den Niederlanden die Kämpfe wieder ausgebrochen, und auch der glorreiche Sieger von Lepanto hatte in der verfahrenen Lage nichts auszurichten vermocht. Er starb 1578 an Typhus.

Damit hatte sich für Philipp II. das Problem Barbara Blomberg weithin erledigt, denn sie stand nun in keiner direkten verwandtschaftlichen Beziehung mehr zum Königshaus und konnte die Ehre der Habsburger nicht mehr beflecken. Wohl deshalb stimmte er ihrem Ersuchen zu, an die Küste umziehen zu dürfen.

Ihr wurde 1580 in Colindres bei Laredo eine ausreichende, aber nicht üppige Rente sowie das Haus zugewiesen, das zuvor dem unter mysteriösen Umständen ermordeten Sekretär ihres Sohnes gehört hatte. 1584 zog sie ein paar Kilometer weiter ins Landesinnere nach Ambrosero, wo sie ein kleines Anwesen, kaum mehr als einen Bauernhof erwarb, auf dem sie mit ihrer Tochter und einigen Angestellten lebte. 1591 nahm sie dort ihre Schwiegertochter mit den drei Enkeln auf und empfing hin und wieder alte Freunde aus den Niederlanden.

Bald nach ihrer Tochter starb Madame Blombergh Ende 1597, ohne ihre bayerische Heimat je wieder gesehen zu haben. In Ambrosero, ihrem Altersruhesitz, ist bis heute der Ortsteil bzw. die Straße Barrio Madama nach ihr benannt.

Soweit die Lebensgeschichte der Barbara Blomberg, wie sie aus den Archiven in Regensburg, Belgien und Spanien rekonstruiert wurde. Es ist dies ein Gerüst an Daten, Fakten und zeitgenössischen Bewertungen, das jedoch über viele Zeiträume keine Auskunft geben kann. Vor allem blenden die Dokumente und die Briefwechsel zwischen Brüssel und Spanien die Innenperspektive jener Frau aus, die durch ihre Beziehung mit dem Kaiser in die Mühlen der Staatsbürokratie geraten ist. Diese Leerstellen zu füllen treten nun die historischen Romane an, die das Leben der angeblich so schönen Regensburgerin in ganz verschiedener Weise ausmalen.

Literarische Bearbeitungen des Blomberg-Stoffes

Es ist nicht leicht, immer genau zwischen Biographien mit wissenschaftlichem Anspruch, eher literarischen Biographien und Romanen über eine historische Persönlichkeit zu unterscheiden. Dass aus den Publikationen über Barbara Blomberg die Studie von Marita Panzer, der wir bisher gefolgt sind, als verlässliche Arbeit an den Quellen und Überlieferungen heraussticht, ist nicht zu bezweifeln. Bereits in ihrem Vorwort erwähnt sie dabei Romane, wie den der Christiane Benedikte Neubert vom Ende des 18. Jahrhunderts, Theaterstücke, insbesondere das 1949 veröffentlichte von Carl Zuckmeyer, und diverse Lebensbeschreibungen schon aus dem 17. Jahrhundert, die wir, da sie weithin bekannt sind, hier außer Acht lassen können.

Bemerkenswerter erscheint hingegen, dass es nach der Jahrtausendwende zu einem wahren Boom an Veröffentlichungen über die Geliebte Kaiser Karls V. kam. Eine ganze Reihe mehr oder weniger realitätsnaher Versionen des Blomberg-Stoffes sind dabei in Deutschland, Spanien, England und Italien erschienen.

Seit mehreren Jahrzehnten lebte Silvia di Natale bereits in Regensburg, als sie 2009 mit *La ragazza di Ratisbona* auf Italienisch den wohl umfangreichsten Roman über die Gürtlerstochter vorlegte. Dabei folgt sie in den Grundzügen dezidiert den von Panzer vertretenen Thesen, baut um dieses Gerüst herum jedoch eine Vielzahl von fiktionalen wie halbfiktionalen Geschichten, Episoden und Personen. Auf diese Weise erscheint das Schicksal Barbaras eingebunden in eine umfassendere Aussage, dass nämlich die machtpolitischen und damit zu dieser Zeit notwendigerweise die religionspolitischen Auseinandersetzungen über die Hoffnungen, Sehnsüchte, ja das Leben der einzelnen Menschen hinweggerollt sind, und dass sich darin im Prinzip, mit leichten Nuancen, beide Seiten, also Katholiken und Protestanten, in nichts nachstanden.

Auch Angeline Bauer verbindet mit *Der Maler und das Mädchen* von 2009 biographische Reminiszenzen an die Donaustadt. In ihrem intrigenreichen, auf Kriminalspannung hin angelegten Roman wirft sie ein Schlaglicht auf das Jahr 1546, so dass die Beziehung des Kaisers zur jungen Regensburgerin nur ein Teil der verwickelten Handlung ist. Das spätere Schicksal der Barbara Blomberg spielt darin entsprechend keine entscheidende Rolle.

Der spanische Journalist und Schriftsteller José Serradilla Muñoz, der sich in Büchern über die Essgewohnheiten, die Frauen und die letzte Beichte Karls V. bereits ausgiebig mit dem spanischen König und Kaiser des Reichs beschäftigt hatte, setzte 2011 mit den *Memorias de Bárbara Blomberg* ein weiteres Mal zu einer Betrachtung der Kultur des 16. Jahrhunderts an, und zwar mit einer fiktionalen Autobiographie der Frau, die von der spanischen Gesellschaft als freizügig, ja als Hure gebrandmarkt wurde.

Ebenfalls im Zusammenhang mit dem Habsburger Monarchen, der als alter, kranker Mann zurückgezogen in Yuste den

Tod erwartet, taucht Barbara Blomberg in Linda Carlinos Roman *A Matter of Pride* von 2008 auf, und es steht zu vermuten, dass sie auch in anderen Biographien und biographischen Romanen über den Kaiser und über ihren Sohn Juan de Austria eine gewichtige Rolle spielt.

Hier sollen nun aber zwei aus Deutschland und aus Spanien stammende literarische Texte der letzten Jahre näher kommentiert werden, die versuchen, mit völlig unterschiedlichen Ansätzen die Leerstellen der biographischen Forschung zu füllen.

Die Geliebte des Kaisers

Am Beginn von Manfred Böckls Roman *Die Geliebte des Kaisers* von 2003 steht eine Szene, die mit dem Thema Barbara Blomberg zunächst eigentlich nichts zu tun hat. Eine Ehebrecherin wird von den Bütteln halbnackt in den Pranger vor dem Regensburger Rathaus gesperrt, um am Abend, nach einem Tag voller Demütigungen und Qualen, als „gebrochene Kreatur" heimzuwanken.

Das sprachliche Repertoire, aus dem der Erzähler bereits auf den ersten Seiten schöpft und das wir hier und im Folgenden immer wieder direkt einfließen lassen, soll ganz offensichtlich den Leser beeindrucken: Der „Metze" wird das Mieder vom Oberkörper gefetzt; ins „Wimmern der Erniedrigten" mischt sich das „geile Johlen und Stöhnen der Schaulustigen"; die „ehrbaren Bürger" nähern sich „wie tückisch tappende Bestien" der „Hure", dem „sündigen Miststück". Genau diese ehrbaren Bürger Regensburgs sind es jedoch auch, die die schöne Barbara herausgeputzt haben, um dem alternden Kaiser „eine Freude zu bereiten".

Noch ist die Handwerkertochter stolz darauf, dass sie ausgewählt wurde. Sie werde nicht fallen wie die Dirne am Pranger, redet sie sich ein, als sie am Rathaus vorbei zum Festbankett eilt. Wir aber ahnen, dass die Konstruktion des Romaneinstiegs nicht nur die Doppelmoral des Rats der Stadt denunzieren, sondern auch die Zukunft der Pluembergerin als „geschändetes Frauenfleisch" ankündigen soll.

Die Erniedrigung, Verstümmelung und Vernichtung der Körper der Schwachen durch die Mächtigen wird in Böckls Roman zum zentralen und sprachlich fast schon manieriert dargebotenen Thema, zumindest während der ersten 100 Seiten, bevor Barbara sich in Brüssel einrichtet. Zunächst sättigt sich der Kaiser „bis zum Ende des Marienmonats am blutjungen Leib der Bürgerlichen“. Dann folgt ein Szenenwechsel. Ein junger Regensburger Kurier wird ausgesandt, Karl von der Geburt des Sohnes zu unterrichten. Er findet den Kaiser auf dem Schlachtfeld von Mühlberg, wo der Herzog von Alba eine Spur der Verwüstung, der Folter, geräderter Bauern, geplünderter Häuser, vergewaltigter Frauen und grausam hingeschlachteter Greise und Kinder gezogen hat.

Wieder Szenenwechsel: Ein kaiserliches Regiment zieht nach Regensburg. Der versoffene Hurenwaibel, der Aufseher über den Begleittross, beutet die ihm unterstellten Prostituierten gnadenlos aus und fällt über sie her, „von nichts anderem als der animalischen Brunst getrieben.“ Ausgerechnet mit ihm, dem Hieronymus Kegel, der nur an Schnaps und Weiber denkt, wird Barbara zwangsweise verheiratet: „Stechende Schmerzen im Schamfleisch, gequetschte oder zerbissene Brüste“ sind von da an ihr täglich Brot.

Doch was sie zu ertragen hat, erscheint noch glimpflich im Vergleich zu dem, was sie auf ihrem Weg nach Flandern sieht: verödete Dörfer, „bündelweise [...] Kadaver an den Balken“, „in Fäulnis übergegangene Körper“, „Scharen völlig entwurzelter und vegetierter Menschen, die von Aberglauben oder unbezähmbarer Gier nach Fleisch zu den Galgenhügeln getrieben worden sind“, ein unsägliches Treiben der katholischen Soldateska in Verbund mit der quälenden und sengenden Inquisition, von der wahllos „vermeintliche Ketzer zur vorgeblich höheren Ehre des Christengottes bei lebendigem Leibe geröstet“ werden.

Doch nicht die Schrecken des Kriegs im Allgemeinen und die Gräuel des religiösen Fanatismus auf beiden Seiten sind das Ziel der Verurteilungen des Erzählers. Bei ihm herrscht eine klare Ordnung. Auf der einen Seite schieben sich „wie ein fäkalienbrauner Keil die Mönche“ durch die Menschenmassen, um den Befehl zum Abschlachten und Brennen zu geben. Auf der anderen Seite sind es die „aufrechtesten und selbstbewußtesten protestantischen Bürger“, die Hoffnung allüberall ausstrahlen.

Im Roman des Niederbayern Manfred Böckl feiert also die *Leyenda negra* fröhliche Urständ, die über Jahrhunderte in Europa verbreitete stereotype Verurteilung Spaniens als Land der fanatisch orthodoxen Katholiken, der Inquisitoren, der grausamen Potentaten, der Verfolger von Andersdenkenden und der Verantwortlichen für die Ausrottung der Indios in Amerika. Eine auch nur im Ansatz differenzierende Sichtweise, ein Versuch, die aus heutiger Betrachtung in der Tat schwer zu verstehenden Verbrechen aus der historischen Distanz heraus zu bewerten, liegt seinem Erzähler völlig fern.

Allerdings erfährt die auf klare Kontraste setzende Schwarz-Weiß-Malerei insofern eine leichte Modifikation, als die Kategorien der pauschalen Schuldzuschreibung an Spanier und Katholiken um ein Element erweitert werden: nämlich um die Männer. In einem ersten Zugang sind diese zunächst einmal alle versoffen, verfressen, machtgeil und würdigen die Frauen zu Objekten ihrer sexuellen Begierden herab.

Erst in Brüssel, nachdem ihr der beinahe vierjährige Kaisersohn Geronimo aus den Armen gerissen und nach Spanien verfrachtet worden war, rückt Barbara zur eigentlichen Protagonistin des Buches auf. Ihres einzigen Rückhalts beraubt, schutzlos den Übergriffen des verhassten Ehemanns ausgeliefert, psychisch und emotional am Ende, beginnt sie ein Doppelleben in den Gassen und Spelunken der Hauptstadt: „Als Hure gab sie dem Freier alles – als Frau empfand sie äußerste Verachtung ihm gegenüber; nicht die Lust, sondern allein das Gefühl ihrer Macht über den viehisch Keuchenden wollte sie genießen."

Während Kegel sich langsam zu Tode säuft und Karl den Gipfel seiner Macht überschritten hat, bringt Barbara von ihren verschiedenen Liebhabern im Laufe der Jahre drei Kinder zur Welt, als „Unterpfand dafür, daß sie sich trotz tausendfacher Schändung nicht hatte brechen lassen."

Deutlich zu erkennen ist hier die Doppelstrategie des Romans. Er will die historisch nur über Andeutungen und Mutmaßungen zu fassende sexuelle Freizügigkeit Barbaras sensationalistisch ausweiten – Stichwort: die Hure Blomberg. Und er will gleichzeitig den normensprengenden Einsatz ihres Körpers als notwendige, ja einzig mögliche Form der Auflehnung gegen die katholisch-habsburgisch-machistischen Unterdrückungsmechanismen herausstellen.

Mit dem Tod des Kaisers und der Anerkennung ihres in Juan de Austria umbenannten Sohnes ändert sich die Position der Regensburgerin in den Niederlanden. Sie partizipiert selbst an der Macht, wenn auch nur sehr eingeschränkt. Dies findet im Roman seinen Ausdruck darin, dass sie sich andere Liebhaber sucht. Männer – jetzt natürlich keine Spanier oder Katholiken mehr –, die auch verständnisvoll sein können.

Bei einem protestantischen Adeligen und dem englischen Gesandten findet sie nicht nur sexuelle Erfüllung, sondern kann erstmals offen über ihr Leben und ihr Leiden sprechen. Über beide Männer kommt sie in Kontakt mit freierem Denken. Ja der Engländer bringt ihr sogar eine seltsame, pseudo-heidnisch-keltische Vorstellungswelt nahe, wonach die Barmherzigkeit in den Menschen grundgelegt sei, während die Mächte des Bösen – das Römische Reich und die „Tyrannei der Päpste" – Hass und Intoleranz verbreitet hätten. Nur die Natur führe zu Gott und zur Insel der Glückseligkeit, die da Avalon heißt.

Doch es herrscht Krieg. Unbarmherzig schlägt Spanien die Aufstände und Unabhängigkeitsbestrebungen nieder. In dem Maße, wie die Gräuel zunehmen, öffnet Barbara ihr Haus, um dem überall lastenden Druck ein Ventil zu verschaffen. So heißt es in der sprachschöpferischen Kontrastierung Böckls:

> Autodafés und Orgasmen [...], erregt glühende Haut und geröstete Menschenschwarte, herausgeputzte Galane und vertierte Marodeure [...]; Hügel um Hügel draußen im Land von Mordgerüsten überkrönt, Venushügel leidenschaftlich beackert – es war ein schier wahnwitziger Widerspruch. [...] Die Bestialität Albas und das Treiben im Freudenhaus bedingten einander.

Erstaunlicherweise lassen Philipp II., Juan de Austria und der Herzog von Alba die Barbara des Romans gewähren, bis der Sieger von Lepanto zum Statthalter der Niederlande ernannt wird. Nach der für die Regensburgerin traumatisch verlaufenden Begegnung mit ihrem berühmten Sohn geht es dann sehr schnell. Nur gut 20 Seiten braucht der weiterhin dominante Erzähler, um die letzten 20 Jahre in Spanien abzuhandeln, wo die Gürtlerstochter endlich ihren Frieden findet.

Sie schien, berichtet er, „in den metaphysischen Geist der grandiosen spanischen Landschaft eindringen zu wollen; instinktiv suchte sie die allertiefste – heidnische – Wurzel des Daseins.“ Deshalb, führt er weiter aus, „fiel die Entscheidung: Barbara Blomberg stellte die Niederlande zugunsten des Atavischen hintan“ und lässt sich an der Atlantiküste nieder. Eine späte, allerdings überaus partielle und mit Sicherheit so in jener Zeit unmögliche Versöhnung mit dem zuvor dämonisierten Spanien.

Ein Roman, auch ein historischer Roman, darf als Rahmen für die eigene fiktionale Welt im Prinzip alles. Er darf Daten und Fakten modifizieren, Konflikte und Personenkonstellationen erfinden, geschichtlich verbürgte Figuren nach freiem Willen umgestalten, überlieferte Geschichte(n) in eine bestimmte Richtung interpretieren, ja er darf sich auch in ein mehr oder weniger deutliches Pamphlet für eine als gerecht empfundene Sache verwandeln und zum Träger einer Ideologie werden. Ob dieses letztere Verfahren, dem sich Manfred Böckls Text über Barbara Blomberg annähert, dann allerdings auch noch weitergehenden literarisch-ästhetischen Ansprüchen genügt und dabei der zum Thema erhobenen historischen Persönlichkeit gerecht wird, das steht auf einem ganz anderen Blatt.

La pasión última de Carlos V. Bárbara Blomberg, la nostalgia de la amante

Folgte Manfred Böckl mit Hilfe seines außenstehenden Erzählers weithin der Chronologie der Ereignisse im Leben von Barbara Blomberg, so wählt María Teresa Álvarez mit ihrem Buch von 1999 einen sehr viel komplexeren Aufbau. Die spanische Autorin von historischen Romanen fährt nämlich eine narrative Doppelstrategie, indem sie die Geschichte der Regensburgerin in die Lebenserinnerungen ihrer Enkelin María Ana de Austria einschiebt. Als Ergebnis bekommen wir Leser in gewisser Weise eine Gesamtschau über den Umgang der frühen spanischen Habsburger mit ihren Geliebten und unehelichen Kindern geboten – zumindest über den mit den offiziell anerkannten Seitensprüngen.

Dass die in ihrem politischen Handeln dem katholischen Glauben so treu ergebenen Herrscher und Feldherren Karl V., Juan de Austria und Philipp II. die Lehren der Kirche in Bezug auf die Sexualmoral recht lax auslegten, ist weithin bekannt und zudem nicht außergewöhnlich. Mehrere der aus den vorehelichen bzw. nachehelichen Affären geborenen Kinder und Kindeskinder machten erstaunliche Karrieren: Karls älteste Tochter Margarethe von Parma wurde Statthalterin der Niederlande, ihr Sohn Alessandro Farnese ein bedeutender Feldherr; Juan de Austria ging als Sieger von Lepanto in die Geschichtsbücher ein, und seine älteste Tochter Ana de Austria erlangte als Äbtissin des Klosters Las Huelgas eine der höchsten geistlichen Positionen, die eine Frau zu ihrer Zeit einnehmen konnte.

Ein größerer Gegensatz als der zwischen der in Spanien als unsolide und aufmüpfige Lebefrau geltenden Geliebten des Kaisers und der ehrwürdigen Mutter Oberin, welche die traditionsreiche Zisterzienserinnenabtei bei Burgos zu neuem Glanz und Ansehen führte, ist kaum vorstellbar. Genau diesen Kontrast von Großmutter und Enkelin auszuloten und letztlich dann einzuebnen, tritt das Buch von Álvarez an, indem es die Innensichten der beiden Frauen miteinander verwebt, die, jede auf ihre Weise, zum Spielball der Staatsräson wurden.

Ohne ihre Eltern jemals kennenzulernen, wird die kleine Ana nach ihrer Geburt 1568 von Magdalena de Ulloa aufgezogen, die sich 1555 schon um ihren Vater Juan de Austria gekümmert hatte und die 1577 auch Bárbara Blomberg bei ihrer Ankunft in Spanien in Empfang nahm. Mit sechs Jahren kommt die zukünftige Äbtissin in ein Kloster und erfährt dort erst mit 14 Jahren von ihrer wahren Identität als Verwandte des Königshauses. Obwohl sie sich nicht zur Ordensfrau berufen fühlt, muss sie den Befehlen Philipps gehorchen und die ewige Profess ablegen, genießt aber im Gegenzug gewisse Privilegien aufgrund ihrer Herkunft.

Im Jahr 1595 wird Ana in die trübe Affäre um den Konditor von Madrigal – den mutmaßlich wieder aufgetauchten König Sebastian von Portugal – verwickelt und unter der Anklage des Hochverrats zu verschärfter Klosterhaft in Ávila verurteilt. Nach dem Tod ihres Onkels Philipp II. begnadigt sie sein Nachfolger Philipp III. und schickt sie zurück in ihr Heimatkloster in

Madrigal. Zum ersten Mal in ihrem Leben bekommt sie dort im Jahr 1603 Besuch von einer Verwandten, nämlich von ihrer Cousine Bárbara Pyramo (Kegel), die ihr ein Päckchen mit Briefen der inzwischen verstorbenen gemeinsamen Großmutter Bárbara Blomberg überbringt. 1611 wird Ana schließlich zur Äbtissin von Las Huelgas ernannt, wo sie 1629 stirbt.

Der Roman ist als eine Art Tagebuch von Ana aufgebaut, das allerdings nur drei lange Einträge von jeweils einem Tag der Jahre 1617, 1621 und 1629 enthält. In jedem dieser Kapitel verbindet die Äbtissin aktuelle Ereignisse des Klosters mit Erinnerungen an ihr eigenes Leben. Dazu liest sie wieder und wieder die natürlich fiktionalen Briefe, die Bárbara Blomberg vor ihrem Tod, quasi als Lebensbeichte, für ihre Enkelin verfasst hat. Da in den Text zudem eine ganze Reihe von weiteren authentischen und erfundenen Texten – Briefe, Testamente, Lieder, Teile einer Biographie über Juan de Austria etc. – eingefügt sind, vermischen sich Fiktion und historische Dokumentation in diesem Roman zu einer unauflöslichen Einheit.

Dies gilt umso mehr, als die Autorin in ihrem Aufbau eine saubere chronologische Ordnung vermeidet. Ihre Ich-Erzählerin Ana und die in den Briefen als zweite Erzählerin eingesetzte Bárbara folgen beständig ihren freien Assoziationen. Allein so etwas wie eine thematische Konzentration lässt sich in den drei Blöcken ausmachen:

Zunächst erfolgt die Bestimmung der Rollen, die der Enkelin und der Großmutter aufgrund ihrer Verwandtschaft mit den Habsburgern zugewiesen wurden. Dann werden die beiden Liebesbeziehungen Anas ausgeleuchtet, von denen die eine scheiterte, weil sie für ein politisches Komplott missbraucht wurde, und die andere zu spät kam, weil sie sich in ihrer Position als Äbtissin schon eingerichtet hatte. Und schließlich blickt der Roman mit den Erinnerungen der Großmutter auf die Tage in Regensburg zurück, als mit der Beziehung zwischen Bárbara und Karl alles begann.

Der bereits angesprochene Kontrast zwischen der nach außen hin makellosen und jungfräulichen Tochter von Juan de Austria und seiner für spanische Verhältnisse ruchlosen Mutter strukturiert über ein Vierteljahrhundert hinweg das Fühlen und Denken von Ana. „Soy mala – ich bin böse“, sagt die Klosterfrau zu sich selbst, als sie einmal mehr versucht, die Briefe der Großmutter zu bewerten. Böse, weil sie es Bárbara gönnt, wie sie selbst in die Hände der gestrengen Magdalena de Ulloa gefallen zu sein; weil sie kein Bedauern empfindet, dass auch die Großmutter das harte Los der Klosterhaft ertragen musste; weil sie es Bárbara nicht verzeihen kann, dass sie ihr niemals einen Besuch abgestattet hat.

Die Regensburgerin ihrerseits macht gar kein Hehl daraus, dass sie gegen alle Konventionen und Erwartungen ihr Leben so gelebt hat, wie sie es für das beste hielt, ja dass sie Ana sogar in dem Augenblick – bei der Affäre um den Zuckerbäcker – verraten hat, wo die Nonne ihres Beistandes am meisten bedurft hätte. „He sido y soy muy egoísta – ich war und bin egoistisch", schreibt sie lakonisch, statt zu versuchen, sich zu rechtfertigen.

Ihre Lebensbeichte in Form der Briefe an die Enkelin ist selbst dort aufrichtig, wo sie die Schmerzgrenze für beide erreicht. Dies gilt insbesondere für das Thema der Sexualität, wo sie, die Ältere, sich nicht schämt zu gestehen, dass sie unablässig danach gestrebt hat, ihre Bedürfnisse und Sehnsüchte auszuleben, während Ana, die Jüngere, die stets von einem wohlgeordneten Familienleben geträumt hat, niemals die Gelegenheit dazu bekam. Unter der Hand, nach vielen, vielen Lektüren der Briefe im Laufe der Jahre, beginnt die Äbtissin jedoch langsam zu verstehen, dass ihr Hass auf die Mutter ihres Vaters und ihr Neid auf die Freiheiten, die diese sich erkämpft hat, im Grunde immer schon von einer uneingestandenen Bewunderung begleitet waren.

Gerade deshalb wird der Kontrast, ja der Konflikt im zeitversetzten Streitgespräch zwischen beiden am Ende nicht vollständig aufgehoben. In ihrem letzten Brief geht Bárbara endlich auf die Motivation ihrer Schreiben ein. Sie wollte wenigstens einer Person sagen, dass sie ihren Sohn, Juan de Austria, geliebt hat. Und gleichzeitig bittet sie Ana doppelt um Verzeihung. Dafür, dass sie nicht fähig war, auch sie, ihre Enkelin zu lieben, und dafür, dass sie sie dennoch zur Komplizin ihrer innersten Gedanken und Erinnerungen gemacht hat.

Genau das jedoch glaubt die Äbtissin nicht. Wozu hätte die Großmutter ihr Verständnis und ihre Nachsicht auch gebraucht. Vielmehr vermutet sie, dass der wahre Grund für die Briefe auf einer ganz anderen Ebene liegen müsse. Sie unterstellt Bárbara, sie zur Mitwisserin ihrer Lebensgeschichte gemacht zu haben, damit der Name Blomberg für immer mit dem von Kaiser Karl verbunden bliebe.

Aber dennoch, führt Ana ihre Gedanken weiter, habe sie etwas gelernt, nämlich die Haltung ihrer Großmutter dem Leben gegenüber zu verstehen, auch wenn sie sie nicht gutheißen könne. Zudem hatte sie ihren letzten Brief mit einem Rat abgeschlossen, den die Äbtissin nun zumindest nicht mehr kategorisch von sich weist: „ten presente, Ana, que siempre se puede rectificar – sei dir bewusst, Ana, dass man immer etwas ändern kann". Ob die Äbtissin dies tatsächlich beherzigt, lässt der Roman offen.

Wir erfahren, dass sie ihre wenigen Dinge ordnet und sich hinlegt, um Kraft für den nächsten Tag zu schöpfen. Dann folgt nur noch eine kursiv gesetzte, kurze Mitteilung, dass nach der Überlieferung des Klosters an eben diesem nächsten Tag, dem 27. November 1629, doña Ana de Austria verstorben sei. Ihr Grabmal sei jedoch leer, ihre Überreste seien nie aufgefunden worden.

Für die Leser, die gerne glauben möchten, dass die Äbtissin der Aufforderung ihrer Großmutter gemäß mit 61 Jahren endlich ein selbstbestimmtes Leben in Angriff nahm, hatte der Roman auf den Seiten zuvor ausreichend Spuren gelegt, um ihr mutmaßliches Reiseziel zu identifizieren. In Regensburg wurde Barbara Blomberg geboren, dort zeugte ihre Großmutter mit Karl V. ihren Vater, dorthin zog es Anas Cousine Bárbara Kegel, die ihr 1611 einen begeisterten Brief aus der Freien Reichsstadt schrieb, und dorthin schickte sie selbst Piero Marchesi, den zweiten verhinderten Geliebten ihres Lebens, der ihr, der Ehrwürdigen Mutter eines Zisterzienserinnenklosters, später ausdrücklich empfahl, die Schönheiten der Stadt mit eigenen Augen zu bewundern.

Wir dürfen also getrost annehmen, dass die Autorin Álvarez ihre Protagonistin Ana de Austria in jener Nacht Kraft für den langen Weg von Burgos nach Bayern schöpfen ließ, um so die Geschichte der Großmutter Bárbara und ihrer Enkelin zumindest fiktional abzurunden.

Fazit

La pasión última de Carlos V und *Die Geliebte des Kaisers* repräsentieren zwei literarische Annäherungen an das Leben der Barbara Blomberg, wie sie unterschiedlicher kaum sein können, ob nun in Bezug auf die Gesamtkonstruktion oder im Hinblick auf die Erzählerstimmen. Das einzig Gemeinsame an beiden Romanen ist vielleicht, dass sie auf ihren jeweils letzten Seiten das sie gerade Unterscheidende mit verblüffend ähnlichen Formulierungen thematisieren.

Vom „Widerstreit zwischen Hellem und Dunklem" spricht der Erzähler Manfred Böckls, als Barbara Blomberg am Horizont die Große Armada vorbeisegeln sieht. Diese Dichotomie zwischen Gut und Böse, die die Regensburger Geliebte Karls V. beinahe zerrieben hat, kann er problemlos bestimmten Gruppen und Ideologien zuordnen. Ganz anders die Bárbara Blomberg der Spanierin María Teresa Álvarez. Sie schreibt an ihre Enkelin: „En la vida no todo es blanco o negro, existen los matices – im Leben gibt es nicht nur weiß und schwarz, es existieren auch die Zwischentöne".

Genau diese Grauzonen sind es wohl auch, die die Biographien von starken und eigensinnigen Frauen aus der Geschichte, seien sie nun als Heilige, Herrscherinnen oder Huren bekannt, so interessant für immer neue literarische Verarbeitungen machen.

Auswahlbibliographie

Álvarez, María Teresa. *La pasión última de Carlos V. Bárbara Blomberg, la nostalgia de la amante*. Madrid: Martínez Roca, 2012 (1. Aufl. 1999).

Bauer, Angeline. *Der Maler und das Mädchen*. Berlin: Aufbau-Verlag, 2009.

Böckl, Manfred. *Die Geliebte des Kaisers*. Berlin: Aufbau-Verlag, 2003 (Neuauflage unter dem Titel *Die Kaiserhure*, Regenstauf: Südost-Verlag, 2015).

Carlino, Linda. *A Matter of Pride. Charles V Holy Roman Emperor*. Durham: Veritas, 2008.

Di Natale, Silvia. *La ragazza di Ratisbona*. Mailand: Piemme, 2009.

Panzer, Marita A. *Barbara Blomberg (1527-1597). Bürgerstochter und Kaisergeliebte*. Regensburg: Pustet, 1995.

Serradilla Muñoz, José. *Memorias de Bárbara Blomberg. El último amor del Emperador Carlos V*. San Sebastián: Hiria, 2011.

Bayern und Spanien im Dreißigjährigen Krieg: das Tagebuch des Abtes von Andechs und die seltsame Kampfschrift eines spanischen Gesandten

Ein Jahrhundert nach den Ereignissen, die Spanien und Bayern in der Herrschaftszeit Karls V. einander angenähert hatten – es sei nur an die Verbannung Garcilasos auf die Donauinsel 1532 und an die Liaison des Kaisers mit Barbara Blomberg 1546 erinnert –, verdichteten sich während des Dreißigjährigen Krieges neuerlich die Beziehungen, insbesondere in den Jahren von 1633 bis 1635.

In völlig unterschiedlicher Art und Weise geben davon zwei Dokumente Zeugnis. Auf der einen Seite steht das ergreifende Tagebuch von Maurus Friesenegger, späterer Abt des Klosters Andechs, der aus seiner engagierten und mitleidenden Sicht des Ordensmannes die Kriegswirren und die Bedrückung durch die Soldateska als Zeit der Verwüstung, des Hungers und des Todes vor allem der einfachen Menschen in den Dörfern rund um den Heiligen Berg schildert.

Auf der anderen Seite haben wir ein ganz merkwürdiges, 1635 in München verfasstes und in Madrid in Druck gegebenes Büchlein. Darin schlüpft der Autor, Diego de Saavedra y Fajardo, spanischer Gesandter am Hof des bayerischen Kurfürsten Maximilian, in die Rolle eines französischen Edelmanns, um aus dieser Perspektive mit einem wütenden Denkbrief an König Ludwig XIII. gegen die französische Kriegserklärung an Spanien zu protestieren.

Um diese beiden Texte besser einordnen zu können, sollen hier zunächst kurz die bayerisch-spanischen Beziehungen seit

Karl V. zusammengefasst und anschließend die Kriegsziele von Bayern und von Spanien skizziert werden.

Bayern und Spanien bis zum Beginn des Dreißigjährigen Krieges

Natürlich gab es auch nach der Mitte des 16. Jahrhunderts beständige Kontakte zwischen dem vergleichsweise kleinen Herzogtum Bayern und der Weltmacht Spanien. Sie verdankten sich, wie könnte es in dieser Epoche religiöser Spaltungen und Spannungen anders sein, vorwiegend dem gemeinsam vorangetriebenen Projekt, den Katholizismus im Reich und in Europa zu stärken. Ohne Anspruch auf Vollständigkeit seien hier nur einige wenige dieser Kontakte aufgezählt.

Seit seiner Regierungsübernahme 1556 versuchte der spanische König Philipp II. ein enges Netzwerk mit den Fürsten des Reichs aufzubauen, und dabei entwickelten sich, wie Friedrich Edelmayer minutiös nachweist, die Herzöge von Bayern zu einem zentralen Knotenpunkt dieses durch Korrespondenzen, Patenschaften und Geschenke stetig gepflegten Netzes.

Erst vor dem Hintergrund dieses jahrzehntelangen Zusammenwirkens wird die rückhaltlose Unterstützung Spaniens für die bayerischen Ambitionen auf den Kölner Erzbischofsstuhl im sogenannten Kölnischen Krieg verständlich, nachdem der amtierende Erzbischof Gebhard Truchsess zum Protestantismus übergetreten und vom Papst exkommuniziert worden war. Beinahe 200 Jahre, von 1583 bis 1761, sollte das Erzbistum Köln und die damit verbundene Kurwürde danach in den Händen der bayerischen, also katholischen Linie der Wittelsbacher verbleiben.

Die Universität Ingolstadt etablierte sich seit Mitte des 16. Jahrhunderts als ein weiteres Zentrum für spanisch-bayerische Kontakte. Dies allerdings eher indirekt, da die Beziehungen in diesem Fall über die Zentrale des Jesuitenordens in Rom liefen. Herzog Wilhelm IV. hatte schon 1548 die Entsendung von Angehörigen des neuen Ordens zur Reform der daniederliegenden Theologischen Fakultät erbeten, und Ignatius von Loyola höchstpersönlich hatte beschlossen, drei seiner besten Leute zu schicken. Unter ihnen war auch der Spanier Alfonso Salmerón, ein Gefährte des Ignatius aus dessen Pariser Studentenzeit.

Eine wirkliche Reform der Universität verzögerte sich allerdings, so dass Salmerón bald wieder abberufen wurde. Doch die Jesuiten blieben in Bayern, und mit ihnen kamen im Laufe der Jahre immer wieder spanische Professoren nach Ingolstadt. Einer von ihnen, der Kastilier Gregor von Valencia, der dort von 1575 bis 1592 Dogmatik und Kontroverstheologie lehrte, erlangte dabei erheblichen Einfluss auf die bayerische Politik, denn er wurde theologischer Berater von Herzog Wilhelm V. und Beichtvater von dessen Sohn Maximilian, dem späteren Kurfürsten.

Einfluss ganz anderer Art gewann der gebürtige Niederländer Aegidius Albertinus, Sekretär und Bibliothekar am bayerischen Hof. Aus Spanien kommend, wo er lange gelebt hatte, war er mit der spanischen Kultur bestens vertraut, so dass er im Kontext der Gegenreformation eine ganze Reihe von spanischen Werken ins Deutsche übersetzte. Von besonderer Bedeutung war dabei die recht freie Übertragung von Mateo Alemáns umfangreichem Pícaroroman *Guzmán de Alfarache*, die 1615 in München unter dem Titel *Der Landtstörtzer Gusman von Alfarche oder Picaro genannt* erschien. Sie prägte ganz entscheidend die Entwicklung des deutschen Schelmenromans bis hin zum *Simplicissimus* Grimmelshausens (1668).

Nur wenige Jahre später, bereits im Dreißigjährigen Krieg, war es wieder ein spanischer Ordensmann, der sich in die bayerischen Geschichtsbücher einschrieb: der Karmelit Dominikus a Jesu Maria. Der Legende nach soll er als Feldkaplan Herzog Maximilians vor der Schlacht am Weißen Berg am 8. November 1620 tausende von Marienbildern an die Soldaten verteilt haben. Gesichert ist (vgl. Dieter Albrecht), dass er im Kriegsrat in den Streit zwischen den Kaiserlichen und der Katholischen Liga unter Führung Bayerns eingriff und mit seiner Intervention die Entscheidung zum Angriff durchsetzte.

Eigentlich wäre mit dem Sieg der katholischen Seite im Böhmischen Krieg der Weg zu einem schnellen Frieden bereitet gewesen, doch letztlich sollte der Dreißigjährige Krieg mit der Schlacht am Weißen Berg erst richtig beginnen.

Der Dreißigjährige Krieg aus bayerischer und spanischer Sicht

Die Frage, was der Dreißigjährige Krieg aus der Rückschau war: ein Religionskrieg, ein Bürgerkrieg auf dem Boden des Heiligen Römischen Reiches Deutscher Nation, ein gesamteuropäischer Konflikt um die Hegemonie auf dem Kontinent oder vor allem eine grenzüberschreitende, menschliche und politische Tragödie, kann und soll hier natürlich nicht beantwortet werden. Wir beschränken uns lediglich auf die Rolle von Bayern und der Weltmacht Spanien mit Blick auf die Jahre 1633 bis 1635, die uns besonders interessieren.

Aus der Sicht Bayerns dauerte der Dreißigjährige Krieg vom Kriegseintritt Herzog Maximilians im Münchner Vertrag 1619 bis zu den Verwüstungen der letzten Kriegsjahre kurz vor dem Westfälischen Frieden 1648 tatsächlich annähernd drei Jahrzehnte. Das Engagement des katholischen Wittelsbachers Maximilian an der Seite des Habsburger Kaisers Ferdinand II. gegen Böhmen und damit gegen den pfälzisch-protestantischen Wittelsbacher Friedrich V., den Winterkönig, verdankt sich dabei maßgeblich der spanischen Vermittlung.

Bei den Münchner Verhandlungen im Vorfeld der Schlacht am Weißen Berg kamen bereits die beiden Elemente zur Sprache, die zu den zentralen bayerischen Kriegszielen bis 1648 werden sollten: die Annexion von pfälzischen Territorien und die Übertragung der pfälzischen Kur an die bayerische Linie. Tatsächlich ging Bayern dank des Erwerbs der Kurfürstenwürde und der Einverleibung der Oberpfalz letztendlich gestärkt aus dem Krieg hervor. Der Preis dafür waren allerdings für das Land und die Bevölkerung katastrophale Zerstörungen.

Aus der Sicht Spaniens hingegen ist das militärische Engagement in diesem verheerenden mitteleuropäischen Konflikt nur ein Mosaikstein in einem beinahe ein Jahrhundert währenden, sich vielfach verstrickenden, hochkomplexen und letztlich erfolglosen Kampf um die Vorherrschaft in Europa. Bereits 1568 brach in den Spanischen Niederlanden der Achtzigjährige Unabhängigkeitskampf der nördlichen, protestantischen Provinzen aus, der nach einem zwischenzeitlichen Waffenstillstand in den Dreißigjährigen Krieg einmünden und zusammen mit diesem erst 1648 im Westfälischen Frieden mit der Anerkennung der Generalstaaten sein Ende finden sollte.

Inmitten des Dreißigjährigen Krieges nun, nach der Schlacht bei Nördlingen 1634 und dem daraufhin mit den meisten protestantischen Ständen des Reichs geschlossenen Frieden von Prag, griff Frankreich 1635 an der Seite Schwedens und der protestantischen Niederlande in den Konflikt ein. Allerdings nicht in erster Linie gegen den Kaiser, sondern zuallererst mit einer Kriegserklärung an Spanien und die weltumspannende spanische Universalmonarchie.

Damit begann der letzte Teil des Dreißigjährigen Krieges, der aus der Sicht des Reichs Schwedisch-Französischer Krieg (1635-1648) genannt wird. Aus spanischer Perspektive gehört er allerdings zu dem sich bis 1659 hinziehenden Spanisch-Französischen Krieg um die Hegemonie in Europa. Als Folge davon musste Spanien im sogenannten Pyrenäenfrieden von 1659 unter anderem die Gebiete nördlich des Pyrenäenhauptkamms, vor allem das Roussillon, an Frankreich abtreten und verlor auf diese Weise einen wichtigen Brückenkopf nach Europa.

Damit nicht genug. Neben dem Engagement im Reich, in den Niederlanden und gegen Frankreich kämpfte Spanien in dieser Zeit noch an mehreren anderen Fronten: Von 1640 bis 1652 kam es zum Aufstand in Katalonien; ebenfalls 1640 erhob sich Portugal und löste sich aus der 1580 unter Philipp II. geschaffenen Verbindung mit Spanien; 1647 und 1648 versuchte Neapel erfolglos, die spanische Herrschaft abzuschütteln; und schließlich unterstützte auch noch Oliver Cromwell im Englisch-Spanischen Krieg (1655-1660) Spaniens Kriegsgegner Frankreich.

Das Ergebnis: Nach beinahe einhundert Jahren fast ununterbrochener Kriegsführung hatte Spanien in der zweiten Hälfte des 17. Jahrhunderts seine Position als Hegemonialmacht in Europa verloren. Unter Ludwig XIV. schickte sich Frankreich an, dieses Erbe zu übernehmen.

Doch kehren wir zurück zur Schlacht am Weißen Berg im November 1620. Mit der Absetzung des Winterkönigs, der 1623 erfolgten Übertragung der pfälzischen Kurwürde nach Bayern sowie der Besetzung der Oberpfalz waren die Kriegsziele Maximilians praktisch schon zu diesem frühen Zeitpunkt erfüllt.

Aber 1621 lief der zwölfjährige Waffenstillstand im Achtzigjährigen Krieg aus, und Spanien wollte nun die protestantischen Provinzen der Niederlande in die Knie zwingen.

In diesem Zusammenhang nahm König Philipp IV. Kontakte nach England auf. Der englische König jedoch, Schwiegervater des Winterkönigs Friedrich V. von der Pfalz, forderte als Gegenleistung für seine Unterstützung die Wiedereinsetzung Friedrichs als Pfalzgraf und Kurfürst.

Maximilian wandte sich daraufhin, von den Habsburgern enttäuscht und um Eigenständigkeit ringend, dem spanischen Erzfeind Frankreich unter Richelieu zu. Obwohl die englisch-spanische Annäherung schließlich scheiterte, war die bayerisch-spanische Beziehung ab diesem Zeitpunkt von tiefem gegenseitigen Misstrauen beherrscht. Dies führte so weit, dass Maximilian 1631 sogar den Vertrag von Fontainebleau abschloss, um sich der französischen Unterstützung für seine Kurwürde zu versichern.

Das Entsetzen Spaniens über diesen Schritt währte allerdings nicht lange, denn die Kriege, die bislang vor allem in Norddeutschland, den Niederlanden und Oberitalien ausgetragen worden waren, rückten mit dem Kriegseintritt Gustav Adolfs nach Süddeutschland vor. Frankreich verweigerte die zugesagte Hilfe, so dass sich Maximilian angesichts der Schweden, die Bayern 1632 besetzten und verwüsteten, wieder an Spanien wenden musste. Die Spanier ihrerseits brauchten Bayern, um den eigenen Nachschubweg von ihrem zentralen Stützpunkt Mailand aus über das südwestliche Reichsgebiet mit spanischen Interessen und Besitzungen (Lothringen, Elsass, Trier, aber auch das Veltlin und die Franche-Comté) nach Luxemburg und in die südlichen Niederlande zu schützen.

Inmitten der Kriegsgräuel der Jahre 1632 bis 1634 in Bayern und Schwaben, die mit dem Tod von Tilly, Gustav Adolf und Wallenstein zusammenfielen, kam daher eine neue bayerisch-spanische Allianz zustande. 1633 führte der spanische Statthalter von Mailand, Herzog Feria, Truppen aus Italien zur Unterstützung der kaiserlichen und bayerischen Armee über die Alpen. Im Jahr darauf folgte ein von Kardinalinfant Fernando, dem Bruder König Philipps IV., kommandiertes Heer, das in der siegreichen Schlacht gegen die Schweden und die deutschen Protestanten im September 1534 vor Nördlingen mitkämpfte. Damit schuf die neue bayerisch-spanische Allianz die Voraussetzung für den Prager Frieden von 1635 und überdauerte auch die anschließend erfolgte Kriegserklärung Frankreichs.

Erst als Jahre später, trotz der anfänglichen militärischen Erfolge gegen Schweden und Frankreich, die Schwäche Spaniens offenbar wurde, insbesondere mit den bereits erwähnten Problemen auf der Iberischen Halbinsel (Loslösung Portugals, Aufstand in Katalonien), rückte Maximilian wieder von Philipp IV. ab und strebte in Verhandlungen mit Frankreich einen Separatfrieden an, um seine eigenen Kriegsziele, die Kur und die Oberpfalz, retten zu können.

Das Tagebuch des Maurus Friesenegger

Der Bäckerssohn Maurus Friesenegger (1590-1655) aus Dießen am Ammersee ging bei den Jesuiten in München in die Schule und trat dann als junger Novize in das Benediktinerkloster Heiligenberg-Andechs ein. 1627 wurde er dort Pfarrvikar für das Klosterdorf Erling sowie Subprior, später Prior, bevor er 1640 zum Abt gewählt wurde.

Sein zunächst auf Latein verfasstes und später von ihm selbst gekürzt ins Deutsche übersetze *Tagebuch von Erling, und Heiligenberg vom Jahre 1627 bis 1648 inc.* gilt als eine der eindrucksvollsten Aufzeichnungen aus dem Dreißigjährigen Krieg, die uns erhalten geblieben sind. Auf knapp 100 heutigen Buchseiten legt Friesenegger darin beredtes Zeugnis von den Gräueln ab, die die einfachen Leute damals ertragen mussten. Es zeigt aber auch, dass selbst eine so etablierte und angesehene Institution wie Kloster Andechs nicht vor Verwüstungen und Plünderungen verschont blieb, und zwar unabhängig davon, ob die raubenden und brandschatzenden Soldaten den feindlichen, protestantischen oder den eigenen, katholischen Truppen angehörten.

Natürlich handelt es sich bei diesem Tage- oder Jahrbuch nicht um eine Autobiographie im eigentlichen Sinn, denn über die Person des Verfassers erfahren wir praktisch nichts. Erst ab seiner Wahl zum Abt im Jahr 1640 verwendet Friesenegger bisweilen das Personalpronomen „ich“. Ansonsten greift er, wenn er sich in seinen Bericht einschließt, vor allem auf das kollektive „wir“ oder das noch neutralere „man“ zurück. Auf diese Weise gibt der Text nicht wirklich zu erkennen, welche Ereignisse der Andechser Mönch aus eigener Anschauung erlebt hat und welche ihm berichtet wurden.

Die Eintragungen zu den ersten Jahren sind dem Zweck entsprechend, eine Chronik des Klosters und seiner Besitzungen zu verfassen, noch sehr kurz gehalten: für die ersten fünf Jahre gerade einmal fünf Seiten mit Notizen zum Wetter, zur Ernte, zu einer ersten Pestepidemie, zu Tierseuchen, zu Gebeten für den Frieden und wenig mehr.

Gegen Ende 1631 und im Frühjahr 1632 häufen sich dann die Nachrichten über den herannahenden Krieg. Die Reliquien des Klosters werden in Sicherheit gebracht, die Patres verlassen mehrheitlich den Heiligen Berg, die Dorfbewohner wagen es nicht mehr, in ihren Häusern zu übernachten und flüchten in die Wälder. Im Nordwesten werden Augsburg und Landsberg von den Schweden eingenommen, im Nordosten „hat der Feind schon wirklich Regensburg, Landshut, Moosburg, Freising besetzt, und aller Orten mit unerschwinglichen Schätzungen, Verwüsten, Brennen, und Morden übel gehaust.“

Mitte Mai fällt München. Überall rings um den Berg sind Feuer zu sehen. Am 18. Mai schließlich kommen die ersten Schweden nach Andechs. Drei Wochen bleiben und marodieren sie: „Übrigens war im ganzen Kloster eine abscheuliche Verwüstung; keine ganze Tür, kein Schloß, kein Kasten, kein Schrank, kein Fenster, das nicht zerbrochen war.“ Fünf Mann seien zehn Tage beschäftigt gewesen, so Friesenegger, den „größten Unrat“ wegzuräumen. Die Kirche, obwohl als Pferdestall verwendet und teilweise geplündert, überstand, „wunderbarlich“, den Durchzug der „Gottlosen“. Was jedoch irgendwie von Wert und nicht niet- und nagelfest war, wurde geraubt, sei es von den Schweden selbst, sei es von Einheimischen, die die Gelegenheit nutzten und sich im unbewachten Kloster bedienten.

Viel schlimmer als das Kloster traf es allerdings das benachbarte Erling. Die Hälfte der Häuser und Teile der zwei Kirchen waren abgebrannt, und zusätzlich hatten die Plünderungen den Bewohnern die Lebensgrundlage entzogen: „Kein Wagen, kein

Pflug im ganzen Dorf. Von 140 Pferden waren einzige 3, von 400 Stück Hornvieh nur mehr 4 übrig. Schaf, Schwein, und das ganze Geflügel war ganz, und gar verloren. Und nun stand die Heu- und Feldarbeit bevor." Wer sein Eigentum versteckt hatte und es nicht herausgeben wollte, wurde gefoltert und ermordet, die Frauen vergewaltigt.

Bis November lag die ganze Gegend in Furcht und Angst. Das nahe Landsberg wurde dreimal erobert, mit all den Konsequenzen, die das für die Menschen in diesem erbarmungslosen Krieg nach sich zog. Dann gab es mit dem Tod Gustav Adolfs in der Schlacht bei Lützen einen kleinen Hoffnungsschimmer auf Frieden, doch der verglomm schnell wieder, denn: „es kömmt nichts Besseres nach", kommentiert Friesenegger fast schon defätistisch.

Vor allem kamen nun die Eigenen, die gegen die Schweden in Landsberg und im Allgäu zogen. Bayerische Truppen und Kroaten der kaiserlichen Armee wurden in den Dörfern einquartiert und nahmen sich mit Gewalt, was sie wollten, wobei das Kloster dank einer Schutzwache noch glimpflich davonkam. Über ein halbes Jahr dauerten die Scharmützel am Lech, mit immer wieder wechselndem Kriegsglück für beide Seiten.

Doch der Andechser Chronist interessiert sich nicht wirklich für die politische und militärische Großwetterlage. Penibel schreibt er vor allem die Folgen für die Landbevölkerung auf: Welches Dorf niedergebrannt wurde, wo wieviele Pferde gestohlen wurden, dass das Saatgut verloren ging, dass kaum noch Tiere für die Bestellung des Landes übrig waren, dass zu allem Übel auch Trockenheit herrschte. Angesichts des Entsetzlichen, das ihnen gerade widerfuhr, dachte der künftige Abt bereits an das, was ihnen bevorstand: „Wehe für die Zukunft! Viele Äcker lagen schon öde, die Ernte war eben nicht die beste, und das künftige Feld konnte man nicht anbauen aus Abgang der Pferde. Welch bittere Aussicht für den äußersten Hunger!"

Mit dem Hin und Her des Krieges und der Truppen verschwimmen bei Friesenegger, und wohl auch in der Realität, sukzessive die Grenzen zwischen den Kriegsparteien. In den Wirren der Durchzüge, der Plünderungen und des Brandschatzens spielt es kaum eine Rolle, wer raubt und mordet.

Bezeichnete er die Schweden zu Beginn noch als Gottlose und die Augsburger als Ketzer, so lässt er in den Aufzeichnungen des ersten Halbjahrs 1633 solche Bezeichnungen schon weg. Da ist nur noch die Rede von den Schweden, den Kroaten, den Unseren und den Freibeutern, die auf der einen wie auf der anderen Seite stehen können, so wie sich ja tatsächlich die Soldaten, ungeachtet ihrer Religion, auf der einen wie auf der anderen Seite verdingten. Für die betroffenen Dörfer jedenfalls war es einerlei, wer sie ausplünderte.

Besonders deutlich wird dies im September 1633, als sich die Truppen der Katholischen Liga mit der spanischen Armee von Herzog Feria – die vor allem aus neapolitanischen und Mailänder Söldnern bestand – in Oberschwaben vereinte. Statt zu hoffen, dass dies der eigenen, katholischen Seite nun zum Sieg über die Protestanten verhelfen könnte, schreibt der Benediktiner: „Und das verursachte uns wieder die größte Furcht, um endlich alles zu verlieren, wie wir aus der bisherigen Erfahrnis leicht mutmaßen konnten.“ Er sollte Recht behalten.

Während die bayerisch-ligistischen, die kaiserlichen und die spanischen Truppen am Bodensee kämpften, fielen Augsburger und Schweden wieder in Bayern ein. Doch die schwerste Zeit für Kloster Andechs und Erling kam mit dem Rückmarsch der katholischen Armeen in die Winterquartiere in Bayern.

Kurz vor Weihnachten 1633 zogen in das nur 500 Einwohner zählende Dorf, das sich von den Schwedenüberfällen noch nicht erholt hatte und selbst nicht wusste, wie es über den Winter kommen sollte, 1.500 Mann der spanischen Nachhut ein. Etwa 1.000 Bewohner der ganzen Umgebung, wohl vor allem Untertanen des Klosters, lebten die nächsten Wochen zusammengezwängt in den Gebäuden der Abtei, so „daß oft ein, und zweihundert über einander kauerten, ohne sitzen, viel weniger liegen zu können. Man stelle sich das Elend, das Schreien der Kinder, das Jammern der Eltern, den Hunger, den Gestank vor.“

Doch den spanischen Truppen ging es nicht viel besser. Zwar zertrümmerten und demontierten sie für ihre Lagerfeuer systematisch die Häuser der Dörfler, zwar schlugen sie die Bauern, bis sie ihnen alles irgendwie Essbare ausgehändigt hatten, aber dennoch scheint der Autor der Chronik ein wenig Mitleid mit ihnen gehabt zu haben. Anlässlich der Musterung des „welsch-spanischen Regiments“ Ende Dezember 1633 schreibt er: „Mehrere, nur halb volle Kompanien, schwarze und gelbe Gesichter, ausgemergelte Körper, halb bedeckte, oder mit Lumpen umhängte, oder in geraubte Weibskleider einmaskierte Figuren, eben so wie Hunger und Not aussieht.“

Auch bei anderer Gelegenheit scheint der Autor des Tagebuchs die Grenzen zwischen den bewaffneten Bedrückern, mehrheitlich italienische Söldner, und den wehrlosen, ausgezehrten Bewohnern des Dorfs beinahe einzuziehen: „Man sah jetzt schon Bauern und Soldaten, nur halb bekleidet, vom Elend abgebleicht, vom Hunger ausgemergelt, mit bloßen Füßen bei der größten Kälte herumgehen.“

Doch gleich darauf differenziert er: „Die Soldaten aßen Hunde, und Katzen, und gestohlenes Fleisch, und die Bauern hatten oft mehrere Tage keinen Brocken Brot!“ Dieses Beispiel von den Soldaten, die noch Fleisch bekamen, auch wenn es Katzenfleisch war, und den vollständig darbenden Bauern zeigt nun, dass letztlich seine Sympathien bei den leidenden Untertanen des Klosters liegen, denen die Spanier nicht nur den letzten Schluck Milch, sondern auch noch das unter den Kirchdächern versteckte Saatgut für das nächste Jahr nahmen.

Vier Wochen dauerte die Einquartierung. Alles Holz, selbst die Stütz- und Dachbalken der Häuser, war verbrannt, alle Lebensmittel aufgezehrt, und das Ende Januar, mitten im Winter: „Die Übel haben mit unseren Quartierern uns nicht verlassen, ja haben sich nur abgeändert. Denn anstatt derselben treten jetzt Hunger, Krankheit, und Tod ein“, lautet daher das Fazit Frieseneggers. Auch damit sollte er Recht behalten. Dreißig tote Dorfbewohner im Januar und noch einmal vierzig im Februar sprechen eine deutliche Sprache.

Der Krieg aber hörte nicht auf. Ständige Scharmützel und Übergriffe von beiden Seiten am nahen Lech ließen die Hoffnung auf einen geregelten Neuanfang schnell wieder sinken. Im Juli 1634 mussten die Mönche zeitweise nach München fliehen. Und zu allem Überfluss marodierten nun versprengte spanisch-burgundische Truppenteile in der Gegend, ja sie stürmten sogar das Kloster und verwüsteten alles, wobei sie noch nicht einmal vor der Kirche und der Reliquienkammer Halt machten. „Und so erging es der ganzen Gegend, die lange

Zeit unter der mehr als feindlichen Contribution der Welschen, Spanier und Burgunder stund; der besonderen Gewalttätigkeiten, Tyranneien, und Schandtaten an Leben, Gut, und Ehre zu geschweigen."

„Das taten uns Freunde, unsere Hilfs-Truppen!", ruft Friesenegger angesichts dessen verzweifelt in seinem Tagebuch aus. „Und was hätte der Feind anders tun können, als vielleicht besser sein!"

Im Spätsommer 1634, mit der Ankunft der frischen spanischen Regimenter aus Mailand und dem Abzug der gesamten katholischen Streitmacht Richtung Donauwörth und Nördlingen, scheint der Spuk zunächst vorbei. Aus München kommt sogar der Befehl, alle Schäden und Aufwendungen der Einquartierungen aufzulisten, was Friesenegger auch gewissenhaft tut, denn der spanische König wolle dafür aufkommen, hieß es.

Doch nun überziehen die nächsten Plagen das Land: die Mäuse, die sich aus Mangel an Katzen ungestört ausbreiten können und die nächsten Jahre über ganze Ernten auffressen. Noch schlimmer allerdings schlägt die Pest zu, die zwar das Kloster selbst verschont, aber dafür Erling umso härter trifft. 200 Tote zählt Friesenegger allein im Jahr 1634, so dass insgesamt in diesen Kriegsjahren die Einwohnerzahl des Dorfs von vorher 500 auf 190 zurückging. Erst das Jahr 1635 brachte eine leichte Erholung von den immerwährenden Katastrophen.

Fragt man nun nach dem Besonderen, das die bayerisch-spanische Begegnung im Tagebuch des Maurus Friesenegger ausmacht, so könnte man versucht sein, aus seinen Kommentaren über die Einquartierung der spanisch-italienischen und das Marodieren der spanisch-burgundischen Truppen eine besondere Grausamkeit auf der einen Seite und eine gewisse Aversion des Autors gegen die Spanier auf der anderen Seite herauszulesen. Betrachtet man diese Stellen jedoch im Gesamtkontext des Tagebuchs, dann relativiert sich dieser Eindruck.

Um nur ein Gegenbeispiel anzuführen. Im Jahr 1646, als der Krieg wieder nach Bayern und Andechs kommt, da sind es die Österreicher, denen der Abt eine außerordentliche Grausamkeit zuschreibt: „Also machten sie auch bei uns wahr, was man allgemein sagte, daß die kaiserlichen bei diesem Einfall um vieles ärger waren, als die Schweden selbst.“ Wie grausam sie vorgingen, konkretisiert er kurz darauf:

> Sie raubten, plünderten, und marterten ohne zu denken, daß sie Menschen sind, und mit Menschen umgehen. Ohne Unterschied des Alters, und des Geschlechtes banden sie die Menschen, entblößten sie ganz, und schändeten die einen zu Tode, und die anderen jagten sie bei sehr kalter Herbstzeit ganz nackend von sich. Solche Bestien machet der anhaltende Krieg aus den Menschen!

Was Friesenegger anklagt, sind also nicht die Taten bestimmter Gruppen, seien diese Protestanten oder Katholiken, verbündete Kroaten, Österreicher, Spanier oder die feindlichen Augsburger, Schweden, Franzosen. Angesichts der unmenschlichen Behandlung der wehrlosen Bauern durch die Soldateska verschwinden diese Gegensätze in seinen Aufzeichnungen zunehmend.

Das Ungeheuerliche, das Menschen anderen Menschen in diesem Krieg angetan haben, liegt für ihn nicht in der Religion oder der Zugehörigkeit zu einer bestimmten Kultur oder Nation begründet, sondern im Krieg selbst. Spanien und seine italienischen oder burgundischen Söldner reihten sich daher aus der Sicht des späteren Abtes von Andechs in den Jahren 1633 und 1634 nahtlos in die allgemeine Barbarei des Krieges ein.

Die Kampfschrift des spanischen Botschafters Diego de Saavedra y Fajardo

Der Diplomat und Schriftsteller Diego de Saavedra kam 1633 als erster spanischer Botschafter am Kurbayerischen Hof nach München. Bis 1642 sollte er dort sowie als Sondergesandter in der Schweiz, in der Franche-Comté, beim Kurfürstentag 1636/37 in Regensburg sowie auf dem Reichstag 1640/41 ebenfalls in Regensburg die Interessen Spaniens in dieser entscheidenden Phase des Dreißigjährigen Krieges vertreten. Nach einer Tätigkeit in Spanien kehrte er 1644 kurzzeitig zu den Friedensverhandlungen in Münster nach Deutschland zurück, starb aber 1646, noch vor dem Abschluss des Westfälischen Friedens, in Madrid.

Sein Hauptwerk, *Idea de un príncipe político christiano representada en cien empresas* (*Idee eines politisch-christlichen*

Fürsten, vorgestellt in 100 Emblemen), das bis ins 20. Jahrhundert hinein zahlreiche Neuauflagen erlebte, erschien erstmals 1640 in München. Die kleine, polemische Kampfschrift *Respuesta al manifiesto de Francia* (*Antwort auf das französische Manifest*, Madrid 1635), die uns hier interessiert, konnte er jedoch nicht in der bayerischen Hauptstadt drucken lassen. Von ihrer Konzeption her musste sie unbedingt anonym bleiben, so dass der Autor alle Spuren, die zu ihm hätten führen können, verwischte. Die Zuschreibung zu Saavedra als Verfasser erfolgte daher erst im Zug der Erforschung seines Werks in den letzten Jahrzehnten.

Von der Form her gibt sich das gut dreißigseitige Opuskulum als die Übersetzung einer Denkschrift aus, die ein französischer Adeliger angesichts der Kriegserklärung Frankreichs 1635 an den Allerchristlichsten König, also an Ludwig XIII. gerichtet haben soll. Welchen Zweck Saavedra damit verfolgte, bleibt unklar, da sein möglicherweise angestrebtes Ziel, in Frankreich selbst Widerstand gegen den offiziellen Kriegseintritt hervorzurufen, durch die spanische Fassung kaum zu verwirklichen war. Allerdings gehört das Büchlein in Spanien zu einer ganzen Reihe von Stellungnahmen gewichtiger Autoren, die versuchten, die in der französischen Kriegserklärung aufgeführten Gründe zu widerlegen.

Die Argumentationsstruktur der Schrift ist auf den ersten Blick denkbar einfach und wird bereits in den einleitenden Zeilen dargelegt: Als treuer Untertan aus dem Heer der unterdrückten Vasallen habe er, der angeblich französische Verfasser, sich ein Herz gefasst, seinem König die Augen zu öffnen über das ungerechte, tyrannische, wahnsinnige („locura“) Handeln von Ludwigs rechter Hand, Kardinal Richelieu. Er müsse dies anonym tun, da er wegen dieser Meinungsäußerung um sein Leben fürchte.

All das, was die inneren Angelegenheiten Frankreichs angeht, kann Saavedra mit der Konstruktion des vorgeschobenen Autors leicht abdecken. Sehr viel schwieriger wird es jedoch bei den außenpolitischen Themen. Um den Schein der französischen Urheberschaft der *Respuesta* zu wahren, darf Saavedra natürlich die Rechtfertigung des Kriegsgegners Spanien und die Widerlegung der Positionen Frankreichs nicht übertreiben. Und in der Tat wechseln sich dann eine fast schon grobschlächtige Schwarz-Weiß-Malerei mit Passagen ab, in denen der Diplomat elegant die gefährlichen Klippen umschifft, indem er sogar leise Kritik an seinem eigenen Land einfließen lässt.

Ohne Grautöne kommt der Text dort aus, wo er versucht, einen Keil zwischen Richelieu und Ludwig XIII. zu schlagen. Der Kardinal habe, sagt die Stimme des treuen Vasallen, Frankreich bereits in der Vergangenheit immer wieder in kostspielige kriegerische Abenteuer geführt und wolle nun das Land mit dem Krieg gegen Spanien und das Reich noch weiter ausbluten lassen.

Richelieu allein sei verantwortlich für den Unfrieden und die Aufstände innerhalb der Königsfamilie. Er sei es auch gewesen, der dem Adel und den Provinzen ihre alten Rechte entrissen habe und sie mit immer neuen, ungerechten Steuern bedrücke. Er, „un sacerdote apostatado – ein abgefallener Priester“, habe es unterlassen, den ketzerischen Hugenotten Einhalt zu gebieten. Ja er verbünde sich sogar mit der antikatholischen Front der Holländer und Schweden.

Richelieus durchtriebenen, perfiden, meineidigen, korrupten, barbarischen, gottlosen, abscheulichen, schrecklichen Machenschaften sei es zu verdanken, dass das Volk in Unterdrückung und Unfreiheit verharren müsse. „Si Vuestra Majestad no despierta esta vez, tenga por destruida su corona, y perdidos los franceses“: „Wach endlich auf“ – könnten wir sehr frei übersetzen –, „sonst verlierst du die Krone und führst Frankreich in den Untergang!“

Dass Saavedra mit den Schmähungen und Beschimpfungen seines französischen Strohmanns den König mehr oder weniger als einen Trottel, zumindest aber als willfährige Marionette Richelieus darstellt, ist sicherlich beabsichtig. Diese unterschwellige Argumentationslinie geht sogar noch weiter. Frankreich insgesamt erscheint ja in der Darstellung des angeblich so treuen Untertanen Ludwigs XIII. als in sich gespaltenes, verarmtes, kraft- und saftloses Land: „el estado pobre y sin jugo“. Spanien, das wäre die Konsequenz aus dieser Diagnose, könnte daher den ihm aufgezwungenen Krieg leicht gewinnen.

Allerdings wissen wir aus der nur gut ein Jahr später, anlässlich der Königswahl beim Kurfürstentag in Regensburg verfassten Schrift *Discurso sobre el estado presente de Europa* (1637), dass Saavedra die Gefahr des spanischen Vielfrontenkriegs im Reich sehr wohl sah. Dort weist er besorgt auf die Konflikte in den Niederlanden, in Italien und „contra un cuerpo unido en sí mismo como es Francia – gegen einen in sich geschlossenen Körper wie es Frankreich ist" hin. Der ausgeblutete, im Inneren zerstrittene Gegner ist also literarische Propaganda; das starke, geeinte Frankreich dagegen Resultat der genauen politischen Analyse des Diplomaten.

Betrachten wir nun die Aussagen des angeblichen französischen Edelmanns zu den Vorgängen außerhalb der Grenzen seines Landes. Da sich Saavedra zu unserem Bedauern als gewissenhafter Botschafter erweist und sich in diesem in München verfassten Büchlein einer Stellungnahme zu bayerischen Angelegenheiten enthält, müssen wir mit seiner indirekten Einschätzung Spaniens vorlieb nehmen.

Wie bereits gesagt: Um glaubwürdig zu bleiben, kann er natürlich dem Franzosen kein allzu offenes Lob seines Heimatlandes in den Mund legen. Deshalb wägt er in den Spanien betreffenden Passagen sehr sorgfältig ab. Er prüft die Pros und die Kontras, führt völkerrechtliche Argumente an, um zum Beispiel die spanische Intervention im Erzbistum Trier zu rechtfertigen, und rekurriert immer wieder auf Autoritäten, wenn er Kritik an seinem eigenen Land übt.

Der durchaus komplizierte Argumentationsgang läuft dabei folgendermaßen: Spanien und Frankreich hätten, in dieser indirekt geäußerten Einschätzung Saavedras, etwa die gleiche Stärke. Bei Spanien kämen aber die Besitzungen in Italien, in Amerika und anderen Gegenden der Welt hinzu. Dies bedeute jedoch keineswegs automatisch ein größeres militärisches Gewicht. Es könne ganz im Gegenteil sogar eine Schwächung bedeuten, wenn die entfernten Glieder nichts zur Gemeinschaft beitrügen, ja sogar verhinderten, dass das Mutterland selber kultiviert, besiedelt und gut regiert würde.

Die Bestandsaufnahme, für die sich der Botschafter Philipps IV. in Bayern auf einen italienischen Autor stützt, diagnostiziert nun genau dies: Spanien müsse immer wieder so viele Soldaten in die Kolonien entsenden, dass daheim die Bauern zur Bestellung der Äcker fehlten. Gleichzeitig müsse für die Kriege so viel Geld nach Deutschland, Italien und Flandern gepumpt werden, dass innerhalb der eigenen Grenzen Not herrsche und die Wirtschaft nicht auf die Beine komme.

Wenn, und damit lässt Saavedra seinen vorgeschobenen französischen Adeligen den Kreis schließen, Frankreich jetzt allen zu Spanien gehörigen Territorien den Krieg erkläre, dann hätte dies nur zur Folge, dass jedes einzelne Gebiet sich bedroht fühle. Es könnte daher sein, dass sich alle spanischen Besitzungen zusammenschließen, um gemeinsam mit dem Mutterland zu kämpfen.

Sehr viel sinnvoller wäre es, lautet daher die Empfehlung an Ludwig XIII., diese erzwungene Solidarität nicht zu provozieren. Spanien würde sich dann in der Friedenszeit auf den Lorbeeren ausruhen und verweichlichen. Die Kampfesbereitschaft würde verflachen und das Reich sozusagen von innen her zerfallen, weil es bereits zu groß sei, um wirklich gut regiert zu werden: „Ein langer Stab bricht leichter als ein kurzer von gleicher Stärke. Und die großen Körper versinken leichter aufgrund ihres eigenen Gewichts“.

Dies waren nicht einfach nur so dahergesagte Pseudoargumente, die Saavedra für die besondere Autorenkonstruktion in seiner *Respuesta* an den französischen König erfunden hat. Sie bestimmten sein politisches Denken insgesamt. Davon geben auch seine beiden anderen in Bayern verfassten Werke von 1637 und 1640 Zeugnis. In ihnen verleiht er zwar seiner unbedingten Treue zum spanischen König Ausdruck, den er als Vorbild an Klugheit und Gerechtigkeit sieht. Aber gleichzeitig warnt er immer wieder vor den Gefahren, die das spanische Weltreich aufgrund seiner Größe und angesichts der Vielfrontenkriege zu bestehen hatte.

Fazit

Fassen wir zusammen: Zwei völlig unterschiedliche Perspektiven bieten uns die Texte über die bayerisch-spanischen Begegnungen inmitten des Dreißigjährigen Krieges.

Der Diplomat Diego de Saavedra erlebte die für Bayern verheerenden Jahre 1633 bis 1635 in der Nähe des Hofs. Obwohl auch er die katastrophale Lage der Bevölkerung sehen musste, blendet er dies, wenig erstaunlich angesichts seiner Aufgaben und den Zeitumständen, in seinen rhetorisch ausgefeilten Überlegungen weithin aus. Den Krieg zu vermeiden ist ihm zwar einer der obersten Grundsätze für einen guten Herrscher, doch dies bleibt Theorie. In seiner Praxis als spanischer Gesandter und politischer Denker sind allein diejenigen Folgen des Krieges entscheidend, die Auswirkungen auf die Erhaltung der Macht Spaniens und der Durchsetzung der spanischen Kriegsziele haben. Wenn andere Mittel dafür taugen, dann sind sie ihm hochwillkommen; wenn nicht, dann muss der Krieg eben weitergehen.

Wenig erstaunlich ist, dass der Priester und spätere Abt von Andechs, der ja aus einfachen Verhältnissen stammt, einen ganz anderen Blickwinkel hat und eine ganz andere Sprache benutzt. Auch wenn bei Friesenegger die privilegierte Stellung der Mönche immer wieder durchschimmert, so nehmen in seinem Tagebuch doch allein schon vom Textumfang die Passagen einen zentralen Raum ein, in denen er vom Hunger der Bauern, von den Zerstörungen, von den Misshandlungen, der Folter, den Vergewaltigungen, dem Sterben der einfachen Leute berichtet. Für ihn hat der Krieg nur zwei Folgen für die Menschen: Die einen leiden, die anderen geben ihre Menschlichkeit auf und werden zu Bestien.

Humanität bzw. Enthumanisierung auf der einen, politische Strategie auf der anderen Seite, davon geben unsere beiden Texte Zeugnis. Und angesichts dieser übergreifenden Begriffe wundert es nicht, dass das spezifisch Spanische und Bayerische dieser Begegnung bei Friesenegger und bei Saavedra kaum eine Rolle gespielt hat.

Auswahlbibliographie

Albrecht, Dieter. *Maximilian I. von Bayern 1573-1651*. München: Oldenbourg, 1998.

Boadas, Sónia (Hrsg.). *Literatura en la Guerra de Treinta Años*. Vigo: Academia del Hispanismo, 2012.

Cordie, Ansgar M. *Raum und Zeit des Vaganten. Formen der Weltaneignung im deutschen Schelmenroman des 17. Jahrhunderts*. Berlin: de Gruyter, 2001.

Duchhardt, Heinz (Hrsg.). *Der Pyrenäenfriede 1659*. Göttingen: Vandenhoeck & Ruprecht, 2010.

Edelmayer, Friedrich. *Söldner und Pensionäre. Das Netzwerk Philipps II. im Heiligen Römischen Reich*. München: Oldenbourg, 2002.

Fraga Iribarne, Manuel. *Don Diego de Saavedra y Fajardo y la diplomacia de su época*. Madrid: Arges, 1956.

Friesenegger, Maurus. *Tagebuch aus dem 30jährigen Krieg*. München: Allitera, 2007.

Lanzinner, Maximilian. „Spanien. Bayern an der Seite einer Weltmacht im Dreißigjährigen Krieg", in: Alois Schmid und Katharina Weigand (Hrsg.). *Bayern mitten in Europa*. München: Beck, 2005, 152-167.

Martín Gómez, Pablo. *El ejército español en la Guerra de los Treinta Años*. Madrid: Almena, 2006.

Saavedra y Fajardo, Diego de. *Idea de un príncipe político christiano*. München: Nikolaus Heinrich, 1640.

Saavedra y Fajardo, Diego de. *Rariora et minora*. Murcia: Tres Fronteras, 2008.

Schmitt, Peer. *Spanische Universalmonarchie oder „teutsche Libertet". Das spanische Imperium in der Propaganda des Dreißigjährigen Krieges*. Stuttgart: Steiner, 2005.

Eine kurze und tragische Episode:
Prinz Joseph Ferdinand von Bayern, designierter König Spaniens

Die traurige Geschichte des kleinen bayerischen Prinzen Joseph Ferdinand (1692-1699) ist eine Geschichte politischer Ambitionen und Großmachtträume der Wittelsbacher; genauer gesagt der Ambitionen seines Vaters, des Kurfürsten Max II. Emanuel, der Bayern von einem politisch, militärisch und wirtschaftlich eher bescheidenen Herzogtum in die Riege der europäischen Großmächte führen wollte.

Das Schicksal von Joseph Ferdinand ist aber auch eine Geschichte von verfehlter Familienpolitik, die bis hin zur Inzucht reichte. Die spanischen und österreichischen Habsburger trachteten nämlich danach, die königlichen und kaiserlichen Prinzessinnen möglichst strategisch zu verheiraten. Während dabei die innerhabsburgischen Familienbindungen die Macht der eigenen Dynastie erhalten sollten, hatten die Hochzeiten der spanischen Infantinnen mit den französischen Bourbonen das Ziel, die Chancen auf ein friedliches Nebeneinander zu vergrößern. Doch verhinderte diese Politik im 17. Jahrhundert kaum jemals eine kriegerische Auseinandersetzung, sondern führte geradewegs in den Spanischen Erbfolgekrieg (1701-1714).

Letztendlich drehte sich alles um den Erhalt, die Zerstückelung, den Verlust oder den Erwerb des Spanischen Weltreichs. Denn trotz des Machtverlustes im 17. Jahrhundert handelte es sich immer noch um ein Weltreich mit der Herrschaft über Kastilien, Aragón und Navarra, die Spanischen Niederlande, Luxemburg, Mailand, Sardinien, Neapel, Sizilien, Südamerika außer Brasilien, Mittelamerika und große Gebiete im südwestlichen Nordamerika, die spanischen Inseln in der Karibik einschließlich Florida sowie die Philippinen und einige Inselgruppen im Pazifik.

Grundlage für die folgende Zusammenfassung der Ereignisse ist insbesondere Reginald de Schryvers maßgebliche Studie, aber auch Prinz Adalbert von Bayern hatte entscheidenden Anteil an der Erforschung dieser Episode der spanisch-bayerischen Geschichte mit seiner Quellenedition zum Ende der Habsburger in Spanien.

Die spanische Erbfolge

Es kam, wie es kommen musste. Ende des 17. Jahrhunderts wurde die habsburgische Politik der Nichten- und Cousinenhochzeiten dem spanischen Königshaus zum Verhängnis. Hier zunächst als Überblick der Versuch einer gerafften Darstellung der äußerst komplizierten Verwandtschaftsverhältnisse. Beginnen wir mit den österreichischen Prinzessinnen, die nach Madrid geschickt wurden:
1570 heiratete Philipp II. (1527-1598), Sohn Karls V. und Neffe Kaiser Ferdinands I., in vierter Ehe seine Nichte Anna von Österreich. Aus dieser Ehe ging der Thronfolger Philipp III. (1578-1621) hervor. Dieser nahm die österreichische Erzherzogstochter Margarete zur Frau, die natürlich väterlicherseits mit ihm verwandt war. Aber auch ihre bayerische Mutter kam als Enkelin von Kaiser Ferdinand aus der österreichischen Habsburgerlinie. Der aus dieser Ehe geborene Philipp IV. (1605-1665) heiratete in reifem Mannesalter in zweiter Ehe wiederum eine österreichische Habsburgerin, die 15-jährige Maria Anna, die väterlicherseits seine Nichte, mütterlicherseits seine Großcousine war. Von den fünf Kindern dieser Verbindung überlebten nur zwei: Margarita Teresa (1651-1673) sowie der chronisch kranke Thronfolger Karl II. (1661-1700), der am Ende der vielen Generationen der spanisch-österreichischen Inzuchtpolitik der Habsburger stand.

Um die Angelegenheit allerdings noch komplizierter zu machen, überlebte von den acht Kindern aus der ersten Ehe Philipps IV. mit einer Tochter des französischen Königs Heinrich IV. eine weitere Tochter, nämlich Maria Theresia (1638-1683).

Sie entstammt der anderen Richtung der habsburgischen Heiratspolitik, derjenigen, die spanische Infantinnen von Madrid aus nach Wien und nach Paris verschacherte. Zunächst wurden, während des Dreißigjährigen Krieges, zwei Töchter von Philipp III. auserkoren, Kaiser Ferdinand III. bzw. König Ludwig XIII. zu ehelichen. In der nächsten Generation folgten dann die beiden Töchter Philipps IV. ihren Tanten als Gattinnen von Kaiser Leopold I. und Ludwig XIV. nach.

Um es kurz zu sagen: Die Verbindungen Habsburg-Habsburg sollten die beiden Häuser der Dynastie eng aneinander binden und die Weltmacht Spanien durch den Einfluss und das Prestige der deutsch-österreichischen Kaiser in Europa stützen. Dies führte allerdings letzten Endes zu einem kränklichen und zeugungsunfähigen Thronfolger.

Die als Friedenssicherung gedachten Verbindungen mit den französischen Bourbonen wiederum erfüllten angesichts der Furcht der Franzosen vor der Habsburger Hegemonie ihren Zweck noch nicht einmal im Ansatz. Das gesamte 17. Jahrhundert hinweg folgte ein Krieg zwischen Spanien und Frankreich auf den anderen.

Als König Philipp IV. 1665 starb, hinterließ er, wie gesagt, drei Kinder. Die älteste Tochter, Maria Theresia, aus der Verbindung mit der französischen Bourbonin Elisabeth, hatte vor der Ehe mit ihrem Cousin Ludwig XIV. auf den spanischen Thron verzichten müssen. Philipp schloss sie daher in seinem Testament explizit von der Erbfolge aus.

Die zweitälteste Tochter, Margarete Teresa, aus der Ehe Philipps mit seiner österreichischen Nichte, heiratete 1666 ihren Cousin Kaiser Leopold I. Sie stand aus spanischer Sicht an zweiter Stelle der Erbfolge.

Direkter Thronfolger war allerdings ihr erst vierjähriger und gesundheitlich überaus angeschlagener Bruder, der als Karl II. die Nachfolge Philipps IV. antrat. Alle Hoffnungen der Spanier, das Reich ungeteilt erhalten und an die nächste Generation weitergeben zu können, ruhten also auf Karl, während ganz Europa bereits Pläne schmiedete, das riesige spanische Erbe bei seinem mutmaßlich frühen Tod aufzuteilen.

Doch wider alle Erwartungen erlebte der gebrechliche junge König seine Volljährigkeit und überlebte sogar seine Schwestern. Es gelang ihm allerdings nicht, mit seinen beiden Frauen, zunächst einer Bourbonin, dann einer Wittelsbacherin aus der Pfälzer Linie, einen Thronfolger oder eine Thronfolgerin zu zeugen. Im November 1700 starb er. Im Jahr darauf brach der Krieg aus.

Der kleine bayerische Prinz Joseph Ferdinand, Enkel Margarete Teresas und Urenkel Philipps IV., hätte möglicherweise als Kompromisskandidat der europäischen Mächte den Waffengang um das spanische Erbe verhindern können. Doch er war knapp zwei Jahre vor seinem Großonkel Karl II. im Februar 1699 im Alter von nur sechs Jahren gestorben.

Die Ambitionen von Kurfürst Max Emanuel von Bayern

Als Max Emanuel 1679 siebzehnjährig Kurfürst von Bayern wurde, hatte er zwei Vorgänger in diesem Amt, deren politisches Wirken unterschiedlicher nicht hätte ausfallen können. Maximilian I. führte dreißig Jahre lang Krieg, um mit unbeschreiblichen Opfern seiner Untertanen die Oberpfalz und die Kurfürstenwürde zu erwerben. Sein Sohn Ferdinand Maria arbeitete anschließend fast dreißig Jahre lang auf die Konsolidierung und den Frieden hin, vor allem durch den Ausgleich mit den beiden Großmächten Österreich und Frankreich.

Statt nun friedliebend, sparsam, bescheiden, gottgefällig und in ehelicher Treue die zögerlich-ausgleichende Politik von Ferdinand Maria weiterzuführen, entpuppte sich der neue bayerische Herrscher als das genaue Gegenteil seines Vaters. Politisch ambitioniert, verschwenderisch und ständig auf der Suche nach neuen Mätressen vernachlässigte Max Emanuel die alltägliche Regierungs- und Verwaltungstätigkeit. Er warf sich als großer Feldherr persönlich in die Schlachten und versuchte auf diplomatischem Parkett Einfluss zu gewinnen, um, wenn möglich, eine Königskrone für sich und die bayerisch-wittelsbachische Dynastie herauszuschlagen.

Schon bald nach seinem Regierungsantritt legte er die künftige außenpolitische Strategie fest. Angesichts der aggressiven Expansionsbestrebungen Ludwigs XIV. und der Belagerung Wiens durch die Osmanen 1683 ergriff er für die Habsburger Partei. Mehrere Jahre lang kämpfte er erfolgreich in den Türkenkriegen und erwarb sich dabei das Vertrauen des Kaisers und natürlich auch der spanischen Krone.

Hier kommt nun die spanische Thronfolge ins Spiel. Denn in den Pausen zwischen den Kriegszügen hielt Max Emanuel Brautschau. Die erste Kandidatin, die er sich ausgesucht hatte, die schöne Eleonore von Sachsen-Eisenach, durfte er aber nicht heiraten, denn deren Vater verbot ihre Konversion zum Katholizismus. Und eine Protestantin am bayerischen Hof, das war unvorstellbar.

Was lag also näher, als die bayerisch-österreichischen Annäherungen durch eine entsprechende, vom jungen Kurfürsten wahrlich nicht aus Liebe, sondern pflichtschuldig angestrebte Hochzeit zu besiegeln. Kaiser Leopold hatte nur eine Tochter im heiratsfähigen Alter: die 1669 aus seiner ersten Ehe mit der spanischen Infantin Margarita Teresa geborene, knapp fünfzehnjährige Maria Antonia. Ihre Mutter, die in der spanischen Erbfolge direkt hinter ihrem jüngeren Bruder Karl stand, war bereits zehn Jahre zuvor gestorben. Gemäß den spanischen Traditionen und in Fortführung des Testaments von Philipp IV. wäre Maria Antonia das gesamte und ungeteilte spanische Erbe zugefallen, wenn Karl II. kinderlos bleiben würde.

Dieses Unterpfand für seine eigenen Ansprüche auf den Madrider Thron wollte Kaiser Leopold natürlich nicht so einfach hergeben, zumal er selbst im besagten Testament Philipps IV. an dritter Stelle stand. Dank der innerhabsburgischen Heiratspolitik konnte er als Sohn der Schwester Philipps IV. und damit als Enkel Philipps III. einen ausreichend nahen Verwandtschaftsgrad ins Feld führen.

Erst nach langen Verhandlungen kam daher 1685 die Ehe zwischen Kurfürst Max Emanuel und der Kaisertochter, Infantin Maria Antonia zustande, und zwar unter zwei Bedingungen: Leopolds Tochter musste in einem schriftlichen Zusatzabkommen zum Ehevertrag auf das spanische Erbe verzichten. Im Gegenzug sicherte der Kaiser ihr zu, in Madrid für eine Abtrennung der südlichen Niederlande zu ihren Gunsten hinzuwirken und seinen bayerischen Schwiegersohn für die Statthalterschaft vorzuschlagen.

Dies war ein gewagtes Versprechen, da Leopold nur beschränkt Einfluss auf Spanien hatte. Andererseits aber hatte

Max Emanuel zu diesem Zeitpunkt wohl noch wenig Interesse an einer Statthalterschaft im fernen Brüssel. Der spanische Staatsrat wiederum ließ sich von den Verhandlungen in Wien nicht beeindrucken. Für Madrid waren die Klauseln des bayerisch-österreichischen Ehevertrags auf jeden Fall nichtig, da sie innerspanische Angelegenheiten betrafen. Daher wurde dort weder der Thronverzicht Maria Antonias angenommen, noch ließ man über eine Abtretung der Niederlande mit sich reden.

In den Jahren nach der Trauung nahm Max Emanuel den Krieg gegen die Türken wieder auf und vergnügte sich weiter mit seinen Mätressen. Seine ungeliebte Frau in München besuchte er hingegen selten.

1688 begann sich allerdings die Lage zu ändern. Der bayerische Kurfürst eroberte für den Kaiser Belgrad und verbesserte damit seine Position im Mächtegefüge Europas nachhaltig. Gleichzeitig griff Ludwig XIV. die Pfalz an, was in der Folge zu einer großen antifranzösischen Allianz im Pfälzischen Erbfolgekrieg (1688-1697) führte. Neben dem Kaiser und Spanien schlossen sich diesem Bündnis unter anderem auch die Vereinigten Niederlande, England und Bayern an.

Kurz darauf erreichte der Krieg die Spanischen Niederlande. Das wirtschaftlich chronisch klamme, zudem politisch und militärisch bereits geschwächte Spanien suchte Helfer. So kam es, dass Max Emanuel Ende 1691 tatsächlich zum Statthalter in Brüssel ernannt wurde, und zwar weniger durch die Intervention des Kaisers, als dank seiner eigenen Kriegserfolge und der Fürsprache Englands.

Karl II. hatte in Madrid nach dem Tod seiner ersten Frau wieder geheiratet, doch kaum jemand glaubte noch, dass er einen Thronfolger würde zeugen können. Max Emanuels Frau Maria Antonia kam daher für das spanische Erbe immer größere Bedeutung zu. Sie hatte inzwischen zwei Kinder zur Welt gebracht, die jedoch kurz nach der Geburt gestorben waren.

Als der bayerische Kurfürst im Frühjahr 1692 aufbrach, um die nächsten fünf Jahre an der Seite von Wilhelm III. von Oranien, Statthalter der protestantischen Niederlande und König von England, die Truppen Ludwigs XIV. in Schach zu halten, ließ er sie schwanger in München zurück. Eigenmächtig verließ sie die Hauptstadt und brachte ihren Sohn Joseph Ferdinand im Oktober in Wien zur Welt.

Zwei Monate später starb sie an den Folgen der Geburt. In ihrem Testament verzichtete sie erneut für sich und nun auch für ihren Sohn auf die spanische Sukzession. Ob sie dies aus Abneigung gegen ihren ungeliebten Mann tat oder auf Drängen ihres Vaters, Kaiser Leopolds, ist unerheblich. Dieser hatte inzwischen zwei Söhne, von denen er den zweiten, Karl, für den Thron in Madrid vorsah und daher die Erklärung seiner Tochter brauchte.

Für Spanien und für Max Emanuel hatte das Testament Maria Antonias jedenfalls keine bindende Wirkung. In Madrid wurde die Geburt des kleinen bayerischen Prinzen öffentlich gefeiert. Sein Vater beeilte sich, ihn im Frühjahr 1693 dem Einfluss Leopolds zu entziehen, indem er ihn vom Wiener Hof nach München bringen ließ. Er machte allerdings keinerlei Anstalten, sich selber um das Kind zu kümmern.

Fünf Jahre führte der Vater in den fernen Spanischen Niederlanden Krieg gegen Frankreich, während der Kurprinz in Bayern eine seiner Stellung angemessene Erziehung genoss. 1696 erkrankte Karl II. in Madrid, worauf in Diplomatenkreisen das Gerücht kursierte, er hätte ein geheimes Testament zugunsten Joseph Ferdinands aufgesetzt. Doch der König erholte sich wieder, so dass sowohl der Krieg als auch die Positionskämpfe der interessierten Parteien unvermindert weitergingen.

Auf der Grundlage der allgemeinen Friedensverträge des Jahres 1697, mit denen der Pfälzische Erbfolgekrieg beendet wurde, kam neue Bewegung in die Sukzessionsfrage. Im Januar 1698 erkrankte Joseph Ferdinand. Aus Angst, Kaiser Leopold könnte ihm nach dem Leben trachten, holte Max Emanuel ihn in die Niederlande, wo sich Vater und Sohn zum ersten Mal sahen. In Madrid gab der Gesundheitszustand Karls immer wieder zur Sorge Anlass, so dass seine Berater ihn drängten, seine Entscheidung bezüglich der Nachfolge auch öffentlich zu treffen, doch er wiegelte ab.

Währenddessen einigten sich im Oktober 1698 die vormaligen Kriegsgegner Ludwig XIV. für Frankreich und Wilhelm von Oranien für England und die nördlichen Niederlande auf einen Teilungsplan. Aus dem spanischen Weltreich sollte Österreich Mailand bekommen, Frankreich hingegen die Königreiche Sizilien und Neapel sowie Teile des Baskenlandes. Der ganze große Rest, einschließlich der Spanischen Niederlande, sollte an den kleinen Kurprinzen aus Bayern gehen; im Falle seines Todes nach dem Erbfall an Max Emanuel.

Kaiser Leopold wurde nicht konsultiert, da er weiterhin auf den Thronverzicht seiner Tochter Maria Antonia pochte und das gesamte spanische Erbe gemäß den Bestimmungen Philipps IV. für sich bzw. für seinen nachgeborenen Sohn Karl beanspruchte. Max Emanuel, der freundschaftlichen Umgang mit Wilhelm von Oranien pflegte, wusste wohl von Anfang an von dem französisch-englisch-holländischen Geheimvertrag; abgesehen davon, dass dieser sowieso nicht lange geheim blieb.

Nun war Madrid in Zugzwang. Nur einen Monat später, Mitte November 1698, fasste Karl II. tatsächlich sein Testament ab und übergab es versiegelt dem Kronrat. Über den zunächst ebenfalls geheimen Inhalt konnte es keine Zweifel geben. Der König setzte darin den jungen bayerischen Prinzen zum Universalerben über die ungeteilten Besitzungen Spaniens ein. An zweiter Stelle folgten Leopold und seine Nachkommen. Irgendwelche Rechte Ludwigs XIV. und seiner Nachkommen wurden mit Verweis auf die Erbverzichte der mit den Bourbonen verheirateten spanischen Infantinnen ausgeschlossen (Übersetzung des Testaments bei Gerhard Immler).

Max Emanuel glaubte sich am Ziel. Ende 1698 war die Königskrone der spanischen Weltmacht für einen Wittelsbacher aus der bayerischen Linie zum Greifen nahe.

Das Kartenhaus bricht zusammen

Was geworden wäre, wenn der kleine Joseph Ferdinand seinen Großonkel Karl II. überlebt hätte, ist selbstverständlich eine historisch unzulässige Frage. Ludwig XIV. jedenfalls legte sofort Protest gegen das noch gar nicht geöffnete Testament Karls ein und drohte mit Krieg, sollten die Bestimmungen des von ihm initiierten Teilungsvertrags nicht eingehalten werden.

Ob Max Emanuel als Regent für seinen Sohn die Macht besessen hätte, um des Friedens willen in Madrid einen Verlust von Teilen der spanischen Besitzungen durchzusetzen? Ob

Leopold sich mit Brosamen oder auch größeren Filetstücken des riesigen spanischen Reiches hätte abspeisen lassen? Ob Wilhelm von Oranien sich auf die Seite der Bayern geschlagen hätte? Ob die kriegsmüden europäischen Mächte irgendeinen Kompromiss gefunden hätten? All das ist reine Spekulation.

Fakt ist hingegen, dass die Nachricht von einem Testament Karls II. sich in Windeseile in Europa verbreitete. Doch während die Diplomaten noch die Folgen diskutierten, erkrankte der erst sechsjährige Joseph Ferdinand Mitte Januar 1699.

Nach zwei Wochen des Unwohlseins verschlechterte sich sein Zustand. Leichtes Fieber, Kopfschmerzen, Magen-Darm-Probleme, häufige Einläufe und ständiges Erbrechen schwächten den kleinen Prinzen immer mehr, bis er am 6. Februar starb, wohl an Herz-Kreislaufversagen als Folge vielfacher Infektionen, unangemessener Ernährung und der brachialen Behandlungsmethoden der Ärzte.

Max Emanuels Großmachttraum war nur drei Monate nach Karls Testament ausgeträumt. Zwar wurde er als Statthalter in den Spanischen Niederlanden belassen, aber als lediglich angeheirateter Verwandter des spanischen Königshauses konnte er sich keine Hoffnungen auf einen weitergehenden Machtzuwachs mehr machen.

Viel wichtiger als die Ambitionen des bayerischen Kurfürsten war für Europa aber nun die neue Lage bezüglich des spanischen Erbes. Ludwig XIV. und Wilhelm von Oranien vereinbarten einen neuen Teilungsplan, der sogar Leopolds Sohn Karl als spanischen König vorsah, allerdings zu Bedingungen, die der Kaiser nicht akzeptieren wollte. Von Madrid ganz zu schweigen, wo der Kronrat weiterhin auf eine ungeteilte Weitergabe der gesamten spanischen Besitzungen pochte.

In dieser Situation entschloss sich der wieder einmal todkranke Karl, ein neues, wieder geheimes und versiegeltes Testament zu machen. Im Prinzip gab es nur noch zwei Kandidaten, die a) als Nachkommen von Philipp IV. oder Philipp III. in direkter Linie den Kriterien der Nächstverwandtschaft entsprachen, die b) als militärisch starke Partner sicherstellen konnten, dass das spanische Reich ungeteilt blieb, und die c) eine direkte Personalunion mit einem der zwei Hegemonialmächte in Europa, Frankreich und Österreich, verhinderten.

Ludwig XIV. und Leopold I. bzw. einer ihrer erstgeborenen Söhne oder Enkel kamen also nicht in Frage. Als für Spanien akzeptable Kandidaten blieben daher nur der Österreicher Karl und der Franzose Philipp von Anjou übrig. Für den einen, den zweiten Sohn Leopolds und Urenkel Philipps III., sprach die Habsburger Familientradition. Der andere, nachgeborener Enkel von Ludwig XIV. und von König Karls II. ältester Schwester Maria Theresia, hatte die nähere Verwandtschaft aufzuweisen, auch wenn seine Thronbesteigung für Spanien einen Dynastiewechsel mit sich brächte.

In seinem Testament entschied sich Karl II. für den Bourbonen Philipp von Anjou und damit ganz konsequent für die in Spanien bereits vorher schon praktizierte Thronfolge über die Schwesternlinie – die ja auch den Erbansprüchen von Joseph Ferdinand zugrunde lag. Dafür nahm er in Kauf, den Thronverzicht seiner längst verstorbenen Schwester Maria Theresia widerrufen zu müssen.

Ludwig XIV. zögerte, ob er seinem Enkel erlauben sollte, das Erbe anzutreten. Einerseits wollte er ihn aus eigenen dynastischen Gründen noch nicht endgültig aus der französischen Thronfolge ausschließen, andererseits fürchtete er zurecht einen neuen Krieg. Der erste Punkt, die Verweigerung des Thronverzichts von Philipp und damit einhergehend die Gefahr, dass die Königreiche Frankreich und Spanien vielleicht doch einmal in eine Hand fallen könnten, führte dann tatsächlich in die Katastrophe.

England und die Niederlande erklärten aus diesem Grund den Krieg, nachdem Philipp von Anjou als Philipp V. 1701 zum König Spaniens und der mit der spanischen Monarchie verbundenen Reiche und Territorien gekrönt worden war. Für Österreich war es ohnehin unvorstellbar, dass die Bourbonen, die ein Jahrhundert lang Krieg gegen Spanien und die Habsburger geführt hatten, nun dank eines Testaments den größten Teil der Habsburgischen Besitzungen bekommen sollten.

Der Krieg begann 1701 und zog sich bis 1714 hin. Max Emanuel schlug sich als Statthalter der Spanischen Niederlande auf die Seite Spaniens und damit automatisch auf die Seite Frankreichs, gegen das er fünf Jahre gekämpft hatte. Um ein

Haar hätte er im Spanischen Erbfolgekrieg Bayern, das Stammland der Wittelsbacher, verloren.

Dies bremste allerdings keineswegs seine Ambitionen, für die Söhne aus seiner zweiten Ehe mit der polnischen Königstochter Therese Kunigunde diverse Fürstbischofssitze, Territorien, ja sogar die Kaiserkrone anzustreben. Aber diese Geschichten, so interessant sie auch sein mögen, haben schon nichts mehr mit den bayerisch-spanischen Beziehungen und dem traurigen Schicksal des kleinen Kurprinzen und designierten spanischen Königs Joseph Ferdinand zu tun.

Auswahlbibliographie

Bayern, Adalbert von und Gabriel Maura Gamazo. *Documentos inéditos referentes a las postrimerías de la Casa de Austria en España*. 2 Bände, Madrid: Real Academia de la Historia, 2004 [Erstveröffentlichung 1927 bis 1935 im *Boletín de la Real Academia de la Historia*].

Boruth, Peter. *Die Krankengeschichte des Kurprinzen Joseph Ferdinand von Bayern (1692–1699). Textedition mit Übersetzung*. Dissertation Technische Universität München, 1985.

Hüttl, Ludwig. *Max Emanuel. Der Blaue Kurfürst 1679-1726*. München: Süddeutscher Verlag, 1976.

Immler, Gerhard. „Europa im Schatten der spanischen Erbfolgefrage“, in: Generaldirektion der Staatlichen Archive Bayerns (Hrsg.). *Kinderleben im Konzert der Mächte. Kurprinz Joseph Ferdinand, Prinz von Asturien (1692-1699)*. München: Staatliche Archive Bayerns, 2012, 27-43.

Martínez López, Rocío. „Maximiliano Manuel de Baviera en el ocaso del reinado de Carlos II: de padre del posible heredero de la Monarquía Hispánica a príncipe elector atrapado entre dos fuegos“, in: Máximo García Fernández (Hrsg.). *Familia, cultura material y formas de poder en la España moderna*. Madrid: Fundación Española de Historia Moderna, 2016, 877-887.

Schryver, Reginald de. *Max II. Emanuel von Bayern und das spanische Erbe. Die europäischen Ambitionen des Hauses Wittelsbach 1665-1715*. Mainz: Philipp von Zabern, 1996.

Weinberger, Elisabeth. „Kurprinz Joseph Ferdinand, Fürst von Asturien (1692-1699)“, in: Generaldirektion der Staatlichen Archive Bayerns (Hrsg.). *Kinderleben im Konzert der Mächte. Kurprinz Joseph Ferdinand, Prinz von Asturien (1692-1699)*. München: Staatliche Archive Bayerns, 2012, 7-26.

Johann Kaspar von Thürriegel:
die deutschen Kolonien in Südspanien

Im Winter 1799/1800 überquerte Wilhelm von Humboldt auf seiner Spanienreise die zwischen Kastilien-La Mancha und Andalusien gelegene Sierra Morena. Dort, in der Nähe von Las Navas de Tolosa, hatten im Jahr 1212 die vereinten christlichen Heere die muslimischen Almohaden entscheidend geschlagen und auf diese Weise den Weg zur Eroberung von Südspanien (Córdoba, Sevilla, Cádiz) geöffnet. Als der spätere preußische Bildungsreformer durch das Gebirge zog, das er als „dürr steinigt, abentheuerlich in den Formen, und über alle Beschreibung öde" wahrnahm, erwähnte er in seinem spanischen Reisetagebuch dieses große Ereignis der Reconquista jedoch mit keinem Wort.

Viel wichtiger erschien ihm, was er auf den knapp 30 Kilometern zwischen der Passhöhe, dem Despeñaperros, und dem Tiefland des Guadalquivir beobachtete und fast mit Erstaunen beschrieb: „diese Gegend sieht dem übrigen Spanien nicht ähnlich. Man trifft fast alle Viertelstunden einzelne Colonistenhäuser an, manchmal ganze kleine Ortschaften; die Wege sind bepflanzt, das Land gut bebaut."

Die größte dieser Siedlungen war das Städtchen La Carolina, das sich durch „kleine noch neue Häuser [...] fast alle gleicher Höhe von zwei nicht großen Stockwerken" und durch „gerade, ziemlich breite und reinliche Gassen" auszeichnete, auch wenn er die „beiden Türmchen am Eingange von der grossen Madrider Strasse her" für „äußerst geschmacklos" hielt. Das Erstaunliche an diesen für Spanien gerade nicht typischen Gemeinwesen war, dass Humboldt „unter den Colonisten [...] viele Deutsche" fand.

Gut 8.000 Männer, Frauen und Kinder waren 30 Jahre zuvor in der Hoffnung auf eine bessere Zukunft in Spanien aus ihrer Heimat ausgewandert und hatten innerhalb von einer Generation den öden Landstrich so fruchtbar gemacht, dass dem preußischen Reisenden zuerst die mit Aloestauden umzäunten Gärten auffallen konnten.

Verantwortlich für die Anwerbung seiner Landsleute und ihre Übersiedlung nach Andalusien war nun ein Bayer, nämlich der Bauernsohn Johann Kaspar Thürriegel aus Gossersdorf im Bayerischen Wald, der irgendwann selbst seinem Nachnamen das „von“ voransetzte. Ganz unabhängig davon, ob man ihn in der kritischen Rückschau als genialen Organisator, als letztlich gescheiterten Abenteurer oder als Menschenhändler bezeichnen will, auf jeden Fall ist er der Protagonist der interessantesten Episode der bayerisch-spanischen Geschichte im 18. Jahrhundert.

Die wissenschaftlichen Forschungen zu Thürriegel und den Kolonisationsprojekten um La Carolina in der Sierra Morena sowie um die Stadt La Carlota in Andalusien, südwestlich von Córdoba, setzten zu Beginn des 20. Jahrhunderts mit den Arbeiten von Joseph Weiß ein. Tatkräftig unterstützt wurde er dabei von Prinzessin María de la Paz von Bayern, Infantin von Spanien, auf die wir noch zu sprechen kommen werden.

Enormen Aufschwung erlebte die Beschäftigung mit den deutschen Kolonien in den letzten Jahren: in Bayern durch die Aufsätze von Alois Schmid und Michael Westerholz; in der Pfalz, aus der viele der Auswanderer stammten, durch Nicola Veith; und natürlich in Spanien, wo sich inzwischen ganze Forschergruppen auf speziell zu diesem Thema eingerichteten Internetplattformen zusammengeschlossen haben. Adolfo Hamer, der für diesen Beitrag eine Reihe von Materialien zur Verfügung gestellt hat, sei hier stellvertretend erwähnt. Die folgenden Ausführungen verstehen sich als Versuch einer Zusammenfassung aus all diesen Studien.

Die Rahmenbedingungen für die Kolonien in Spanien

Ähnlich wie die bayerische Politik der aufgeklärten Reformen untrennbar mit dem Namen Montgelas verbunden ist, so steht für deren spanisches Pendant der Bourbonenherrscher Carlos III. (Regierungszeit 1759-1788), nach dem nicht nur eine Madrider Universität, sondern auch der weithin bekannte Brandy benannt ist.

Als Vertreter des „despotismo ilustrado – des aufgeklärten Despotismus“ des 18. Jahrhunderts, brach der König natürlich nicht grundlegend mit der alten Ständeordnung, mit der von seinen Vorgängern eingeleiteten Zentralisierungspolitik oder mit überkommenen Einrichtungen wie der Inquisition. Aber er vermochte zumindest in einigen anderen Bereichen wichtige Anstöße zu geben: in der Modernisierung der Landwirtschaft, der Infrastruktur und Stadtplanung, speziell in der Hauptstadt Madrid, im Bildungs-, Finanz- und Bankwesen oder auch bei der Förderung von Kleinindustrien und Handel, beispielsweise durch die Liberalisierung des Amerikahandels und durch die Aufhebung von Binnenzöllen.

Diese staatlichen Initiativen hätten auf lange Sicht möglicherweise zu durchgreifenden gesellschaftlichen Veränderungen und zu einer dauerhaften wirtschaftlichen Entwicklung in Spanien führen können. Aber die Auswirkungen der Französischen Revolution, die napoleonische Besatzung, der Unabhängigkeitskrieg und die vielen Bürgerkriege des 19. Jahrhunderts sollten nach dem Tod von Karl III. viele dieser vorsichtigen Reformansätze wieder zunichte machen.

Ein zentraler Punkt in der Agenda des Königs war das zunehmende Auseinanderklaffen der Wirtschaftskraft an den Küsten und im Binnenland. Während die Einwohnerzahlen der Städte in der Küstenregion von Katalonien bis Andalusien stetig zunahmen und diese Gebiete sich durch eine vergleichsweise stabile Entwicklung auszeichneten, fielen die Diagnosen der Berater von Carlos für das Landesinnere düster aus. Man sprach von Stagnation, ja von Entvölkerung insbesondere in den ländlich geprägten Regionen.

Fälschlicherweise ging man davon aus, dass die Iberische Halbinsel in früheren Zeiten viel dichter besiedelt gewesen sei. Die Vertreibung von Juden und Mauren, Kriege, die massenhafte Auswanderung nach Amerika und die vielen Priester, Mönche und Nonnen hätten zu dieser negativen demographischen Entwicklung geführt. Die vorgeschlagene Lösung bestand, wie dies schon punktuell in früheren Jahrhunderten versucht worden war, in einer „repoblación – einer Wiederaufsiedlung“ von brachliegendem Land.

Allerdings sollte dies nicht mehr wie früher erfolglos praktiziert durch die erzwungene Umsetzung von Armen, Arbeitslosen oder Herumtreibern aus den Städten geschehen. Vielmehr sprachen sich die Experten in den Zeiten der Aufklärung für einen Wechsel vom Quantitäts- hin zum Qualitätskriterium aus: Gesucht wurde eine „población útil – eine nutzbringende Bevölkerung“.

Der Bayer Johann Kaspar Thürriegel stieß daher auf offene Ohren, als er im Jahr 1766 nach Madrid kam und dem Hof das Angebot machte, 6.000 deutsche und flämische Emigranten nach Spanien zu bringen. Allerdings hatte er selbst ursprünglich wohl die spanischen Besitzungen in der Karibik und Südamerika als Ziel für die Auswanderer ins Auge gefasst. Erst im Laufe der Verhandlungen schälte sich die Binnenkolonisation im Süden Spaniens als Möglichkeit für die Ansiedlung der Deutschen heraus.

Der König wollte mit dem Ankauf der Siedler – um nichts anderes handelte es sich – ein ganzes Bündel an Zielen realisieren. Zum einen sollte, wie gesagt, der Prozentsatz der nützlichen und nutzbringenden Bevölkerungsgruppen gesteigert werden. Dazu sollten die fremden, selbstredend katholischen Kolonisten mit Erfahrung in der Landwirtschaft und dem Handwerk eine Art Modellgesellschaft bilden, in der sie nicht nur die brachliegenden Ländereien effektiv in Kleinbesitzstrukturen bearbeiten würden, auch neue Formen von verarbeitendem Gewerbe und Manufakturen waren vorgesehen.

Die Deutschen sollten dies allerdings nicht alleine bewerkstelligen, sondern zusammen mit spanischen Freiwilligen aus dem ganzen Land, um einer Germanisierung der Gegend entgegenzuwirken und das Spanische als Umgangssprache zu etablieren. Darüber hinaus sollten die neuen Dörfer und Städte auch eine ordnungspolitische Funktion erfüllen, denn sie wurden bewusst an die zentrale Verkehrsachse von Madrid über Córdoba und Sevilla nach Cádiz angelegt. Man hoffte, dass sie angesichts des bis dahin dort grassierenden Unwesens der marodierenden Banden und Wegelagerer eine Art Schutzfunktion für die einsamen und unbewachten Streckenabschnitte übernehmen würden.

Unter dieser Maßgabe und mit klar vorgegebenen Kriterien bezüglich der Altersstruktur der aufzunehmenden Emigranten erarbeitete Finanzminister Graf Campomanes, einer der Führer der Aufklärung in Madrid, einen entsprechenden Vertrag. König Karl III. unterzeichnete das Abkommen am 2. April 1767. Dies war nicht von ungefähr der gleiche Tag, an dem er auch das Edikt in Kraft setzte, durch das die Jesuiten als staatsgefährdende Kräfte aus dem gesamten spanischen Weltreich verwiesen wurden. Dementsprechend flossen Teile der Mittel, die durch die Enteignung der Ordensgüter in Staatsbesitz übergingen, in die Finanzierung und den Aufbau der neuen Kolonien ein. Thürrigel wurde mit dem Vertragsabschluss in den Rang eines spanischen Obersten erhoben.

Johann Kaspar von Thürriegel und die Anwerbung

Wie konnte es nun zum wahrlich sonderbaren Aufstieg des Bauernsohns aus dem Bayerischen Wald zum spanischen Oberst und Vertragspartner von König Carlos III. kommen?

Im Juli 1722 wurde Johann Kaspar Thürriegel in Gossersdorf, auf halber Strecke zwischen Straubing und Cham geboren. Wo genau er in die Schule ging, ist nicht geklärt, jedenfalls zeugen seine Schriften von einer mehr als elementaren Bildung. Erste Anstellungen hatte er als Schreiber in der Brauerei in Gossersdorf und am Gericht in Mitterfels. Bei Ausbruch des Österreichischen Erbfolgekriegs (1740-1748) nutzte er die Gelegenheit, die militärische Karriere einzuschlagen, zuerst in einer französischen Kompanie in Bayern und am Rhein, später dann als Spion und Kundschafter der Franzosen unter Marschall Moritz von Sachsen in ganz Zentraleuropa. Bis 1760 stieg er in französischen Diensten als Sekretär und Adjutant verschiedener Generäle bis zum Oberstleutnant auf. Sein Traum, ein eigenes Regiment zu führen, erfüllte sich jedoch nicht.

Also wandte er sich zusammen mit Johann Michael Gschray, seinem alten Freund aus bayerischen Tagen, an den preußischen König Friedrich II., der sie beauftragte, ein Freikorps anzuwerben. Doch dabei kam es zum Bruch mit Gschray. Thürriegel wurde kurzzeitig festgenommen, kam bald wieder frei, konnte aber seine Entlassung aus preußischen Diensten nicht verhindern und stand 1763 mehr oder weniger mittellos da.

In dieser Lage entwarf er einen ersten Plan, nicht mehr Soldaten anzuwerben, sondern den Spaniern auswanderungswillige Kolonisten für ihre Besitzungen in Amerika anzubieten. Dies scheiterte zunächst, so dass er sich nach Bayern zurückzog und wieder als Schreiber arbeitete. Beim Versuch, sich Gelder zu erschleichen, wurde er 1765 verhaftet und des Landes verwiesen.

Nachdem seine Bewerbung auf einen Posten im österreichischen Militärdienst erfolglos blieb, nahm er in Wien die Idee der Anwerbung von Siedlern für die spanische Krone wieder auf. Er wurde dabei vom Botschafter unterstützt, so dass er schließlich im Frühjahr 1766 mit seiner Frau und ein paar heruntergekommenen bayerischen Offizieren nach Madrid aufbrach. Seinen fünfjährigen Sohn ließ er mit dem Kindermädchen im Schwäbischen zurück.

Die Verhandlungen mit dem Ministerrat, insbesondere mit Graf von Campomanes und dem Beauftragten der Regierung in diesen Angelegenheiten, dem in Peru geborenen Aufklärer Pedro de Olavide, zogen sich nahezu ein Jahr hin. Dass sie schließlich zu einem für ihn guten Abschluss gelangten, war vermutlich auch einem Trick Thürriegels zu verdanken. Man könnte es auch eine glatte Lüge nennen, die ein bezeichnendes Licht auf seine Persönlichkeit wirft. Er gab nämlich seine Frau als „Condesa de Schwanenfeld“ aus, angeblich die uneheliche Tochter einer Baronin von Schwanenfeld und Kaiser Karls VII., obwohl sie, soweit man weiß, aus kleinen Verhältnissen in München stammte.

Thürriegel bekam jedenfalls vom König den Auftrag, 6.000 deutsche und flämische Katholiken anzuwerben, die von der Altersstruktur und dem Geschlechterverhältnis her einem ganz bestimmten Schlüssel entsprechen und Erfahrungen als Bauern und Handwerker aufweisen mussten. Im Gegenzug erhielt er nicht nur den Rang und die Besoldung eines Obersten für sich und niedere Offizierspatente für seine Mitstreiter, sondern auch einen noch bescheidenen Vorschuss von 6.000 Reales. Vor allem aber wurde ihm schriftlich ein Kopfgeld von 326 Reales für jeden von ihm vermittelten und von den spanischen Behörden akzeptierten Einwanderer zugesichert. Gut zwei Jahre später hatte er ein Vermögen angehäuft, das es ihm erlaubte, seiner Familie in Gossersdorf ein Geschenk von insgesamt rund 5.000 bayerischen Gulden anzuweisen.

Mit der Unterzeichnung des Vertrags lief eine halb Europa umspannende, für die damaligen Kommunikationsmöglichkeiten ganz erstaunliche logistische Unternehmung an, die parallel in Spanien und in Deutschland in Gang gesetzt wurde.

Auf spanischer Seite wurde im Juli 1767 ein detailliertes Gesetz erlassen, das die Rechtsstellung der neuen Orte, die Vermessung und Rodung der zur Verfügung gestellten Ländereien und die Einrichtung von Gemeindeverwaltungen, Schulen und Seelsorge regelte. Es erlaubte für die Zeit der Ortsgründungen die vorübergehende Nutzung von enteigneten Häusern der Jesuiten und sah Registrierungsbüros für die Ankommenden in den Hafenstädten Almería und Málaga vor sowie in Pamplona und Almagro für diejenigen, die den Landweg wählten. Zudem wurde die Anwerbung von arbeits- und heiratswilligen Spaniern eingeleitet und die Unterstützung durch die spanischen Konsulate in verschiedenen Städten Westeuropas angeordnet.

In Bezug auf die Neuankömmlinge umfasste dieses Gesetz Bestimmungen über ihre Ansprüche auf Grund und Boden, Häuser, Werkzeuge und Tiere, Verpflegung und Taschengeld für die Zeit bis zum Bezug der Häuser bzw. bis zum Einbringen der ersten Ernte auf den neu angelegten Feldern, Steuerfreiheit für die Anfangszeit und vieles andere mehr. Es enthielt aber auch Bestimmungen über die Gegenleistungen, die die Kolonisten zu erbringen hatten: unter anderem die Residenzpflicht, das Verbot des Verkaufs von Land, das Verbot der Erbteilung, die Beteiligung an der Rodung und am Hausbau sowie an den Aufwendungen für öffentliche Einrichtungen oder die Schulpflicht für die Kinder.

Für all diese komplexen Koordinationsaufgaben wurde eine Superintendencia geschaffen, eine von den Provinzbehörden unabhängige Verwaltungseinrichtung, an deren Spitze Pedro de Olavide für die Ansiedlung der Kolonisten ein ähnlich umfassendes Organisationstalent entwickelte wie Thürriegel für die Anwerbung.

Der Bayer seinerseits entfaltete mit der Vertragsunterzeichnung im April 1767 noch von Madrid und ab Mitte des Jahres von Frankfurt, Lyon und Straßburg aus seine Anwerbetätigkeit. Viel Überzeugungsarbeit brauchte er dabei allerdings nicht zu leisten.

In diesen Jahrzehnten der massiven Auswanderungsbewegungen aus Mitteleuropa saßen viele verarmte und abhängige Bauern, nicht erb- und damit auch nicht heiratsberechtigte Nachgeborene, kleine Handwerker, aber auch Abenteuersuchende und etliche nicht eben ehrbare Zeitgenossen quasi auf gepackten Koffern. Sie warteten nur auf eine Möglichkeit, dem Elend der Missernten, der Steuerlasten oder der Kriegsdienste zu entfliehen. Ob sie die der Heimat Überdrüssigen nach Preußen, Russland, Ungarn, Rumänien oder Nordamerika riefen, ob sie auf Protestanten oder Katholiken zugeschnitten waren: Alle Angebote zur Auswanderung mit der Aussicht auf eigenes Land und eine bessere Zukunft wurden in der 2. Hälfte des 18. Jahrhunderts begierig und tausend-, ja zehntausendfach angenommen.

Die Versprechungen Thürriegels mussten für die Menschen in den zentralen Auswanderungsregionen von der Schweiz über Baden, das Elsass, die Pfalz, das Rhein-Neckar und das Rhein-Main-Gebiet bis hinunter nach Flandern geradezu märchenhaft geklungen haben. Vor allem verglichen mit den Kosten und Gefahren bei der Überfahrt in die neue Welt und angesichts der schwierigen klimatischen Bedingungen, die die Emigrationswilligen in Osteuropa erwarteten.

Bei Thürriegel hingegen bekamen sie Bescheinigungen und Routenbeschreibungen für den Weg nach Südfrankreich, außerdem freie Überfahrt und Verpflegung ab der Einschiffung in Sète. Dann in Spanien eigene Häuser, angeblich bestes Ackerland, Vieh und Werkzeuge, Lebensmittel und Saatgut für das erste Jahr. Dazu Abgabenfreiheit für zehn Jahre, Rechtsgleichheit mit den Einheimischen und Rechtssicherheit für den eigenen Grund und Boden.

Dies alles, so die Propaganda, in einem von Gott gesegneten, von Feldfrüchten und Obst überquellenden Landstrich, ohne die Unbilden des deutschen, geschweige denn des amerikanischen oder russischen Winters, unter einem gerechten und milden

Herrscher. Nicht zuletzt wurde ihnen zugesagt, zusammen mit Gleichgesinnten aus dem Herkunftsdorf oder der Umgebung in der neuen Heimat eine eigene Ortschaft begründen und frei von Bevormundungen heiraten zu können.

Diese konkurrenzlosen Vorteile einer Emigration nach Spanien malte Thürriegel für sein Zielpublikum in einer mehrseitigen, *Glücks-Hafen oder reicher Schatz-Kasten* genannten Broschüre mit den schönsten Farben einer blumigen Werbesprache aus. Wohlweislich verwandelte er dabei die harte Realität einer noch ungerodeten, steinigen Gebirgslandschaft vollmundig in einen wahren Garten Eden. Nur die rechtlichen Rahmenbedingungen entsprachen tatsächlich dem mit dem König geschlossenen Abkommen.

Das Heftchen brachte er in einer hohen Auflage durch seine Anwerber unter die Leute, zusammen mit Plakaten, Aufrufen, den Wegbeschreibungen und Karten (vgl. die Umschriften und Abbildungen bei Weiß und Westerholz). Über Mundpropaganda und Multiplikatoren wie Priester oder Lehrer verbreitete sich die Nachricht über das große Los, das man bei Thürriegel ziehen kann, in Windeseile über Deutschland und die Nachbarländer.

Um die Interessenten zu beraten, ihnen die für die spätere Abrechnung so wichtigen Bestätigungen auszuhändigen und die Auswanderungsgruppen über die richtigen Wege zu führen, baute er in Österreich, Bayern, Schwaben, am Rhein, in der Schweiz und durch Frankreich hindurch ein dichtes Netz von Agenturen auf. Angesichts seiner guten Verbindungen aus den früheren Tätigkeiten als Offizier und Spion dürfte ihm dies nicht schwer gefallen sein. Einen Sondervertrag schloss er mit dem Handelshaus Thibal in Montpellier, das für den Schiffstransport von Sète nach Almería verantwortlich zeichnete, den die meisten Kolonisten in Anspruch nahmen.

Die ersten zahlenmäßig bedeutenden Auswandererkontingente brachen bereits im Spätsommer 1767 Richtung Spanien auf. Sie kamen in der Sierra Morena und Andalusien zur Unzeit an, als von gerodetem Ackerland und fertigen Häusern noch keine Rede sein konnte, denn Pedro de Olavide hatte gerade erst mit den Vermessungsarbeiten und der Anwerbung von Handwerkern begonnen.

Viel schwerer als diese Probleme vor Ort wogen für Thürriegel allerdings die Widerstände gegen die Abwerbung in Mitteleuropa. Sobald er nämlich mit der Bitte um Gestattung der Auswanderung an die Landesherren herantrat oder diese über Umwege davon erfuhren, erließen sie der Reihe nach Verordnungen, in denen sie die Emigration ihrer Untertanen strikt verboten.

Österreich drohte ihm die Todesstrafe an; die Pfalz stellte einen Haftbefehl aus; Zürich, Luzern, Bern und andere Städte der Schweiz untersagten strengstens die Werbeaktivitäten und die Durchreise der Kolonisten; in Bayern gab es Hausdurchsuchungen, um die Drucker und Verteiler von Thürriegels Schriften zu finden und sie anzuklagen; verschiedene Städte stellten Wachen auf, damit Ausreisewillige sich nicht nachts einfach herausschleichen konnten; und eine Reihe deutscher Territorien und Schweizer Kantone appellierten an Frankreich, den Weg nach Süden zu sperren.

Doch Thürriegel ließ sich davon nicht beirren. Genausowenig wie die zukünftigen Siedler in der Sierra Morena und Andalusien, die immer neue Mittel und Wege fanden, um heimlich, still und leise ihrer alten Heimat den Rücken zu kehren. Zur Not verkleideten sich kleine Gruppen als Pilger und gaben vor, Richtung Santiago de Compostela oder Montserrat aufzubrechen.

Bis in den Herbst 1769 hinein hielt der Auswanderungsstrom Richtung Spanien an. Insgesamt meldeten sich in den Registrierungsbüros über 8.000 vorwiegend deutschsprachige Kolonisten, gut 7.500 beriefen sich dabei auf die Vermittlung Thürriegels, knapp 500 waren zusätzlich von dem Schweizer Joseph Anton Jauch angeworben worden. Nur etwa 5% der Ankömmlinge wurden von den spanischen Behörden nicht akzeptiert, weil sie nicht den vereinbarten Kriterien entsprachen (katholisch, gesund, berufliche Vorkenntnisse, Alter etc.). Für diese bekam Thürriegel also kein Kopfgeld, aber offensichtlich musste kaum jemand die Rückreise antreten. Einige erhielten eine Sondergenehmigung oder wurden als Familiennachzug gewertet. Andere, vor allem die Protestanten, konnten bleiben, wenn sie den katholischen Glauben annahmen.

Was die Herkunft der Siedler angeht, so versuchte schon Joseph Weiß, anhand einiger weniger und meist unzuverlässiger, weil hispanisierter Ortsnamen in den Einschreibelisten die Auswanderungsregionen genauer zu bestimmen. Vorsichtig geschätzt stammten demnach zwei Drittel aus Elsass-Lothringen, der Pfalz und anderen Gebieten entlang des Rheins sowie aus der Schweiz. Die übrigen kamen vorwiegend aus Frankreich, Flandern, Österreich, Bayern und Württemberg, aber es finden sich auch vereinzelt Franken, Sachsen und sogar Preußen unter den Kolonisten der neuen Ortschaften in der Sierra Morena und Andalusien.

Die weitere Entwicklung

Rückblickend stellt sich die Frage, ob sich der doch erhebliche Einsatz von logistischen und finanziellen Mitteln für die Auswanderung und die Neuansiedlung von etwa 8.000 überwiegend deutschsprachigen Kolonisten im Süden Spaniens gelohnt hat. Für die Beantwortung der Frage müssen wir nach den an diesem Unternehmen beteiligten Gruppen und Personen differenzieren.

Die direkt betroffenen Emigranten hat leider zu jener Zeit niemand befragt, ob sie mit ihrem Schicksal zufrieden waren und ob sich ihre Träume, die sie mit dem Entschluss zum Aufbruch aus der Heimat verbunden hatten, erfüllt haben. Wir bewegen uns also im Bereich der Spekulation.

Joseph Weiß führt eine ganze Reihe von Reiseberichten und Beschreibungen der neuen Städtchen und Dörfer aus den Jahrzehnten nach der Gründung an, die ganz widersprüchliche Bilder zeichnen: Von reger Betriebsamkeit ist da die Rede, aber auch von einem zwischenzeitlichen Niedergang; von Ordnung, Sauberkeit und hübschen Häuschen, aber auch von mangelhaften Manufakturen und von Bettlern.

Worauf er jedoch – natürlich zeitgebunden zu Beginn des 20. Jahrhunderts – besonders verweist: Schon sehr bald nach Abschluss der Ansiedlung verloren die Kolonien ihren rechtlichen Sonderstatus und wurden in die normalen spanischen Verwaltungsstrukturen eingegliedert. Gleichzeitig damit war wohl auch der Prozess der von Beginn an geplanten Hispanisierung praktisch abgeschlossen. Die deutschen Siedler hatten keine Deutschtumsinseln in der Sierra Morena und im Tiefland des Guadalquivir aufgebaut. Nach spätestens zwei Generationen waren sie durch den Kontakt zu spanischen Nachbarn, durch Heirat oder durch den Einfluss der Schule zu Spaniern geworden. Es gibt keine Hinweise darauf, dass sie sich dieser staatlich gewollten Integration widersetzt hätten.

Das beantwortet natürlich nicht die Frage nach ihrer Zufriedenheit mit dem neuen Leben in Spanien. Vielleicht können wir dazu noch einmal Wilhelm von Humboldt auf seiner Spanienreise 1799/1800 sprechen lassen, auch wenn seine persönlichen Eindrücke natürlich keine empirischen Umfragen ersetzen. Er schreibt zu seinem Aufenthalt in La Carolina: „Ich sprach einen Oppenheimer, einen starken aber ältlichen Mann mit sehr redlichem, breitem, Deutschem Gesicht. Er sagte mir, dass er schon 30 Jahr in Spanien wohne, und sich recht sehr gut gefalle."

Daraus spricht in der Tat eine grundsätzliche Zufriedenheit, die womöglich noch in den harten Lebensbedingungen vor der Ausreise aus Deutschland begründet ist. Vielleicht hängt die positive Haltung des Mannes aber auch mit dem zusammen, was Südspanien klimatisch den Siedlern bot und was Humboldt selbst zum Abschluss seiner Betrachtungen zu La Carolina notiert:

> Die Luft am 3ten Januar war so mild, wie in einer schönen Sommernacht. Ich sah hier zuerst die Gärten hie und dort mit grossen, wild wachsenden Aloestauden umzäunt. Dies Gewächs sieht hier überaus üppig aus, […]. Es war der erste Eindruck, den ich von einem milden südlichen Himmel empfing, und ein Eindruck, der mir von diesem Eintritt in Andalusien immer bleiben wird.

Ob sich für Spanien die riesige Investition gelohnt hat, muss offen bleiben, obwohl ja von Beginn an klare Ziele definiert worden waren. Ohne Zweifel wurden einige davon erreicht: die Besiedlung und Kultivierung bis dahin öder Landstriche, die Hispanisierung der neuen Bewohner sowie bis zu einem gewissen Grad die Sicherung der Verbindungsstraße zwischen Zentralspanien und Andalusien und gleichzeitig deren Ausbau und Verbesserung.

Eher nicht erreicht wurde hingegen das hochgesteckte Vorhaben der Aufklärer, mit den „nützlichen" Siedlern ein Leuchtturmprojekt für die Modernisierung Andalusiens, ja ganz Spaniens zu etablieren. Von Beginn an gab es Klagen über Faulpelze und arbeitsscheue Gesellen, über Siedler ohne Erfahrung in der Landwirtschaft oder, eigentlich selbstverständlich, über solche, die keine Erfahrung mit der Landwirtschaft in diesem spezifischen Klima und mit den Bodenbedingungen der Gegend hatten. Vom erträumten Aufbau größerer Manufakturen und Protoindustrien ganz zu schweigen.

Letztlich entstanden aus diesem großen Projekt, so können wir die Bilanz von Sánchez-Batalla Martínez zusammenfassen, ein paar kleine Städte und viele Dörfer, die aus eigener Kraft überlebten und irgendwann sogar Steuern zahlten – und die sich heute ihrer besonderen Geschichte erinnern. Nicht mehr, aber eben auch nicht weniger.

Für Pablo de Olavide, den Organisator auf spanischer Seite, endete das Unternehmen der neuen Kolonien beinahe tragisch. Als einer der engagiertesten Vertreter einer radikalen Aufklärung in Spanien hatte er sich als Superintendent mit den deutschen Kapuzinern überworfen, die dort einige Jahre lang die muttersprachliche Seelsorge übernommen hatte. Seit 1773, nach seinem Rückzug aus diesem Amt, häuften sich die Anklagen, die speziell Pater Romuald aus Freiburg gegen ihn vorbrachte. Als er damit an die Inquisition in Madrid herantrat, fand er offene Ohren, da Olavide schon länger als jemand aufgefallen war, der sich verbotene Bücher aus Frankreich zuschicken ließ.

Der 1775 formal eröffnete Prozess führte 1778 zur Verurteilung wegen Häresie: acht Jahre Klosterhaft, Beschränkung seiner Lektüre auf andächtige Werke und Einzug seines Vermögens. Zwei Jahre später gelang ihm die Flucht nach Frankreich. In den Wirren der Revolution wurde er 1794 auch dort ins Gefängnis geworfen und konnte erst 1797 dank einer Amnestie nach Spanien zurückkehren, wo er 1803 als angesehener Schriftsteller starb. Er überlebte damit seinen Mitstreiter Johann Kaspar Thürriegel um drei Jahre.

Auch dem Bayern brachte das Projekt der deutschen Siedlungen in der Sierra Morena und Andalusien wenig Glück. Mit seinem nicht unbeträchtlichen Vermögen und dem Sold als spanischer Offizier versuchte er mehrmals vergeblich, die Erlaubnis zur Rückkehr nach Bayern zu erlangen. Auch mehrere Angebote an die spanische Regierung, neuerlich als Werber für Rekruten oder Handwerker in Deutschland tätig zu werden, hatten keinen Erfolg. Stattdessen investierte er in zwielichtige Geschäfte eines Landsmanns, überwarf sich mit ihm und geriet wegen Schmuggels in die Fänge der Justiz. 1787 wurde er zu zehnjähriger Haft in der Festung Pamplona sowie dem Entzug seines Vermögens und seines Offiziersrangs verurteilt.

Nach zwei Jahren konnte er fliehen und wandte sich mit einem Gnadengesuch an den König, der ihn jedoch wieder nach Pamplona zurückbringen ließ. Dort wurde er offensichtlich über die ursprünglichen zehn Jahre hinaus festgehalten, denn Adolfo Hamer Flores fand in den Archiven von Madrid einen Brief des Festungskommandanten an die „Señora condesa de Schwanenfeld y Turrijel", in dem er ihr vom Ableben ihres Gatten „don Juan Gaspar de Turrijel" am 26. Januar 1800 berichtet und sie bittet, das verbleibende Vermögen von 15.000 Reales und ein paar wertlose Möbel abzuholen.

Alois Schmid stellte 2011 die Frage, wie Thürriegel aus historischer Sicht beurteilt werden soll, dieser Bauernsohn aus dem Bayerischen Wald, der im Verlauf seines Lebens nacheinander einfacher Schreiber, Soldat, französischer Spion und Oberst, preußischer Freikorpswerber, bayerischer Dieb und schließlich spanischer Oberst und Kolonistenwerber war und dann, wegen Schmuggels verurteilt, in einem spanischen Gefängnis starb.

War er ein Menschenfreund, der den armen Leuten zu einer besseren Zukunft verholfen hat, oder ein mehrfach verurteilter Gesetzesbrecher? War er ein Abenteurer, Aufschneider, Scharlatan und Seelenverkäufer, der nur auf seinen persönlichen Nutzen und Gewinn aus war, oder ein Revolutionär, der sich gegen die absolutistischen und ausbeuterischen Landesherren aufgelehnt hat? War er gar ein Wegbereiter Europas, der sich nicht um Grenzen und nationale Eigeninteressen gekümmert hat?

Die Wahrheit, wenn man bei einer solch schillernden Persönlichkeit überhaupt davon sprechen kann, liegt sicherlich nicht nur für Schmid irgendwo zwischen solch eingefahrenen Kategorien. In La Carolina jedenfalls erinnert bis heute der Straßenname „Calle Turriegel" an ihn, und in Gossersdorf wurde ihm zu Ehren 2011 ein Denkmal gesetzt.

Auswahlbibliographie

Ardit, Manuel. *El siglo de las luces.* Madrid: Síntesis, 2007.

Gómez Vélez, Ana María. „Carlos III y las Nuevas Poblaciones de Sierra Morena y Andalucía", in: *Boletín de la SPAO*, 1, 1, 2007, 22-31.

Hamer, Adolfo. *Las Nuevas Poblaciones de Andalucía y sus primeros colonos (1768-1771)*. Madrid: Bubok, 2009.

Hamer, Adolfo. „Las últimas voluntades de Johann Kaspar von Thürriegel (1722-1800), coronel bávaro al servicio de Carlos III", in: *Ámbitos*, 23, 2010, 113-119.

Humboldt, Wilhelm von. *Gesammelte Schriften*. Band XV, Dritte Abteilung: Tagebücher II, Berlin: Behr, 1918 (Nachdruck 1968).

La Ilustración de Sierra Morena y Andalucía. Coloniae gemellae ad Marianos Montes et Baeticam 1767-1835, Internetplattform (online: http://lailustraciondesierramorena.es/inicio.php).

Niemeier, Georg. *Die deutschen Kolonien in Südspanien: Beiträge zur Kulturgeographie der untergegangenen Deutschtumsinseln in der Sierra Morena und in Niederandalusien*. Hamburg: Behre, 1937.

Nuevas poblaciones de Andalucía y Sierra Morena, Internetplattform (online: http://nuevas-poblaciones.blogspot.de).

Sánchez-Batalla Martínez, Carlos et al. *Nacimiento de un pueblo: Guarromán. Estudio sobre Johann Kaspar Thürriegel*. Bailén: Elorza, 2008.

Schmid, Alois. „Johann Kaspar von Thürriegel (1722-1795) und seine Kolonie in der Sierra Morena", in: Alois Schmid und Katharina Weigand (Hrsg.). *Bayern mitten in Europa*. München: Beck, 2005, 228-241.

Schmid, Alois. „Johann Kaspar Thürriegel aus Gossersdorf: Abenteurer und Kolonisator", in: *Historischer Verein für Straubing und Umgebung*, 113, 2011, 313-332.

Veith, Nicola. „Die Auswanderung nach Spanien", in: *Auswanderung aus den Regionen des heutigen Rheinland-Pfalz*, Internetplattform (online: www.auswanderung-rlp.de/?id=11974#66466).

Weiß, Joseph. *Die deutsche Kolonie an der Sierra Morena und ihr Gründer Johann Kaspar von Thürriegel*. Köln: Bachem, 1907.

Westerholz, S. Michael. „Das abenteuerliche Leben des Johann Kaspar von Thürrieg(e)l aus Gossersdorf, der von Mitterfels aus seine Laufbahn begann", in: *Mitterfelser Magazin*, 7, 2001.

König Ludwig I. und die spanische Sprache:

der Briefwechsel mit Lola Montez und das Theaterstück *Recept gegen Schwiegermütter*

Italien, Griechenland und Frankreich sind gemeinhin die Länder, die man mit König Ludwig I. von Bayern verbindet. Dass er auch eine besondere Beziehung zur spanischen Sprache gepflegt hat, gerät hingegen oft aus dem Blick. Dabei beschäftigte er sich in den letzten zwanzig Jahren seines Lebens intensiv mit dem Spanischen.

Ohne Zweifel war der Auslöser dafür seine „spanische" Geliebte, die Irin Lola Montez, mit der er, sonderbar genug, ausschließlich auf Spanisch korrespondierte. Doch auch nach dem Ende dieser Affäre, als König im Ruhestand, ließ ihn die Faszination für Spanien und seine Literatur nicht mehr los. So kam es, dass er 1864 die eher seichte Komödie *Recetas contra las suegras* unter dem Titel *Recept gegen Schwiegermütter* ins Deutsche übersetzte und damit durchaus Erfolge auf den Bühnen im gesamten deutschsprachigen Raum feiern konnte.

Bevor wir aber zu diesen beiden bayerisch-spanischen Episoden des Königs kommen, sei ein kurzer Überblick über die Entwicklung der deutschen und bayerischen Beziehungen zu Spanien bis zu Ludwig vorausgeschickt. Denn die Einstellung gegenüber dem fernen Land hinter den Pyrenäen war in Deutschland seit der Frühneuzeit gespalten, und die Verteilung von positiven und negativen Spanienbildern spiegelte, wenig überraschend, ziemlich genau die Konfessionsgrenzen wider.

Das Spanienbild in Deutschland und Bayern zur Mitte des 19. Jahrhundert

Bis zum Ende des 18. Jahrhunderts überwog im protestantisch geprägten Teil Deutschlands das Bild eines feindlichen und rückständigen Spaniens. Wenige kannten das Land, seine Sprache und seine Kultur aus eigener Anschauung. Stattdessen gab es Vorurteile und Klischees zuhauf. Sie haben ihre Ursache im Aufstieg Spaniens zur Weltmacht im 16. Jahrhundert, in der selbst zugeschriebenen Rolle als Bollwerk des Katholizismus in Europa sowie dem Eingreifen Spaniens in den Dreißigjährigen Krieg.

Dieses negative Bild bekam dann zusätzlich durch die französische Aufklärung neue Nahrung. Lange Zeit musste Spanien in der sogenannten *Leyenda negra*, der schwarzen Legende, als Hort aller Übel herhalten: Arbeitsscheu seien sie, die Spanier, dabei über die Maßen stolz, fanatisch im Krieg, grausam gegenüber den Indios in Amerika, und zu allem Überfluss unterdrücke die Inquisition folternd und brennend jegliche Freiheit.

Mit der Romantik setzte spätestens an der Wende zum 19. Jahrhundert eine echte Umwertung Spaniens ein. Der Blick auf die Geschichte und auf Landschaften veränderte sich, und die Intellektuellen machten sich zunehmend mit spanischer Literatur vertraut. Was vorher finster und mittelalterlich war, wurde nun phantastisch und romantisch; was vorher heiße, öde, lebensfeindliche Landstriche waren, wurde jetzt weit, lichterfüllt und exotisch.

Um diese Faszination Spaniens zu spüren, brauchten die Dichter und Denker ebenso wenig Landeskenntnisse aus eigener Anschauung wie die scharfen Kritiker zuvor. Kaum jemand machte sich die Mühe, nach Spanien zu reisen. Wobei prominente Ausnahmen wie Wilhelm und Alexander von Humboldt die Regel bestätigen. Die meisten begnügten sich damit, die spanische Literatur zu lesen und zu übersetzen.

Vor allem im intellektuellen Zentrum jener Zeit, in Weimar und Jena, wurde Spanien Mode. In den spanischen Romanzen fanden die Romantiker beispielsweise ihre Vorbilder für wahrhaft volkstümliche Dichtung. Der *Don Quijote* stieg zu dem paradigmatischen Roman schlechthin auf. Selbst Calderón de la

Barca, der so streng katholische Autor von Fronleichnamsspielen, wurde zu dem großen, dem unvergleichlichen Theaterautor hochstilisiert und von Goethe zum nationalsten aller Dramatiker ernannt, dem Gegenstück zur nun deutlich abgewerteten französischen Klassik.

Im katholischen Bayern fand naturgemäß die Umwälzung des Spanienbildes und die neue Spanieneuphorie wenig Niederschlag, denn hier hatte es vorher schlicht und ergreifend das protestantisch-aufklärerische Feindbild nicht gegeben. Spanien gehörte ganz selbstverständlich zum eigenen Kulturhorizont.

Zwar waren im Laufe der Zeit die engen bayerisch-spanischen Bindungen etwa aus der Zeit Karls V. oder des Dreißigjährigen Krieges deutlich schwächer geworden. Spanien war mit dem Niedergang seiner Hegemonialstellung aus dem Zentrum des Interesses gerückt. Auch das Spanische hatte seine Rolle als eine der wichtigsten, wenn nicht der wichtigsten Sprache Europas an das Französische abgegeben. Das Gefühl der Zusammengehörigkeit über die Konfession bestand aber weiterhin.

Daher waren es vor allem die Ordensgemeinschaften, die den Kontakt weiterhin aufrecht hielten, allerdings nicht so sehr mit Spanien selbst als vielmehr mit seinen Kolonien in Amerika. Wie Hartmann und Schmid in ihrem Sammelband belegen, entsandten insbesondere die Jesuiten beständig bayerische und fränkische Missionare über Spanien nach Lateinamerika, bis der Orden in den Zeiten der Aufklärung 1767 in Spanien und 1773 in Bayern aufgehoben wurde.

Als 1799 mit Herzog Maximilian Josef von Pfalz-Zweibrücken eine Seitenlinie der Wittelsbacher die Nachfolge des Kurfürsten Karl Theodor antrat, war Spanien also weiter von Bayern entfernt als in den vorangegangenen 300 Jahren. Und daran änderte sich nach der Jahrhundertwende, von der Erhebung Bayerns zum Königreich 1806 über den Wiener Kongress 1814/15 bis zur Krönung Ludwigs I. 1825 wenig.

Erst 1846 wurde ein gutes Jahrhundert der ganz besonderen Beziehungen der Wittelsbacher zu Spanien eingeläutet. Es begann mit der Affäre Lola Montez und der Liebe Ludwigs zur spanischen Sprache. Danach folgten drei wittelsbachisch-bourbonische Hochzeiten in drei Generationen und am Ende, schon in den 1950er Jahren, eine heikle diplomatische Mission. Darauf werden wir in den nächsten Kapiteln eingehen, denn die Verwandtschaftsbeziehungen der Wittelsbacher mit der spanischen Königsfamilie stehen beispielhaft für die Verdichtung der bayerisch-spanischen Beziehungen von der Mitte des 19. bis zur Mitte des 20. Jahrhunderts.

Zunächst jedoch soll König Ludwig I. im Mittelpunkt stehen, der (auch) wegen einer Spanierin den Thron verlor, die keine Spanierin war, und der trotzdem über sie zur spanischen Sprache fand.

Lola Montez: die „spanische" Geliebte des bayerischen Königs

Mitte der 1840er Jahre bereicherte Prosper Mérimée mit seiner Novelle *Carmen* von Frankreich aus das in Europa kursierende Spanienbild um ein weiteres, bis heute nachwirkendes Klischee. Zur gleichen Zeit bahnte sich in München ein ganz reales Drama an, das die nachfolgenden Generationen mindestens ebenso fasziniert hat wie Mérimées Erzählung über die heißblütige andalusische Arbeiterin einer Zigarettenfabrik.

Anfang Oktober 1846 erfuhr König Ludwig I., gerade 60 Jahre alt geworden, dass eine in Sevilla geborene, 24-jährige spanische Adelige namens Maria de los Dolores Porris y Montez, kurz Lola Montez, den Antrag gestellt hatte, im Hoftheater tanzen zu dürfen. Ludwig gewährte ihr Audienz und scheint ihr vom ersten Augenblick an verfallen zu sein.

Nicht nur gestattete er den spektakulären öffentlichen Auftritt, er ließ sie auch für seine Schönheitsgalerie malen und richtete ihr wenige Monate später sogar ein eigenes Haus ein. Wann neben der Bewunderung für ihre Schönheit auch sexuelle Aspekte in dieser Beziehung eine Rolle gespielt haben, ist nicht von Belang. Dass sie es taten, lässt sich jedenfalls aus intimen und intimsten Details des Briefwechsels zwischen den beiden erschließen.

Dies war allerdings nicht der entscheidende Punkt. Ludwig hatte zuvor schon diverse Affären gehabt, ohne dass dies zu größerem Aufsehen geführt oder gar seine Stellung als König berührt hätte. Doch mit Lola Montez änderte sich dies, denn sie begnügte sich nicht mit der Rolle der mehr oder weniger heimlichen Geliebten, sie wollte Anerkennung und Reputation. Kaum eine Gelegenheit ließ sie aus, um sich in den Mittelpunkt zu stellen.

Ihr Auftreten muss so anmaßend, provozierend, herrschsüchtig und exzentrisch gewesen sein, dass sie langsam aber sicher selbst wohlmeinende Zeitgenossen vor den Kopf stieß. Hinzu kam, dass sie es sich herausnahm, dem König politische Ratschläge zu geben. Vor allem solche, die sich gegen die Vertreter des politischen Katholizismus in Bayern richteten. Sie tat dies, obwohl sie kein oder kaum Deutsch sprach und in München langsam aber sicher Berichte über die Skandale einliefen, die sie auf ihren Reisen durch halb Europa schon verursacht hatte.

Eigentlich hätte sie längst ausgewiesen werden müssen, denn bei ihrer Ankunft hatte sie, die angebliche Spanierin, die in Wirklichkeit Irin war, weder einen Pass noch eine Geburtsurkunde vorgelegt. Doch statt sich diesbezüglich mit der Protektion des Königs zufrieden zu geben, forderte sie von ihm bald einen bayerischen Adelstitel. Dadurch wuchs sich die Affäre Lola Montez zur Staatsaffäre aus.

In einem ersten Schritt musste sie nämlich zunächst eingebürgert werden. Dabei setzte sich der König über das Votum des Staatsrats hinweg, mit der Folge, dass sein Kabinett im Februar 1847 geschlossen zurücktrat – ein halbes Jahr nach der Ankunft der angeblichen Spanierin. Der alternde Ludwig hatte sich verrannt. Er ließ einem Skandal seinen Lauf, der inzwischen durch Karikaturen, Flug- und Schmähschriften in der breiten Öffentlichkeit verhandelt wurde.

Dann kam es wegen der Maßregelung eines Professors der Universität im Zusammenhang mit der Regierungskrise zu einem Studentenaufstand. Gleichzeitig stiegen wieder einmal die Lebensmittelpreise, was die ärmere Bevölkerung Münchens auf die Straße trieb. Beide Protestbewegungen fanden schließlich in der in Saus und Braus lebenden Lola Montez ihr bevorzugtes Feindbild. Nur das persönliche Eingreifen Ludwigs verhinderte im Frühjahr 1847 einen Angriff auf sie.

Im Sommer ernannte der König seine Geliebte zur „Gräfin von Landsfeld“, worüber nicht nur der alteingesessene bayerische Adel murrte, auch in der neuen Regierung brodelte es.

Nach nur neun Monaten ersetzte Ludwig sie im Herbst durch die nächste, die bald als „Lola-Ministerium“ verspottet wurde. Doch auch ihr gelang es nicht, die Lage unter Kontrolle zu bekommen. Lola Montez provozierte unbeirrt weiter.

Anfang Februar 1848 kam es zur Eskalation. Angesichts der protestierenden Studenten hatte Ludwig die Schließung der Universität verfügt, die einen nicht unbedeutenden Wirtschaftsfaktor für die Stadt darstellte. Es kam zu tagelangen Unruhen, bis schließlich Lola Montez am 11. Februar aus der Stadt getrieben wurde. Die Macht des Königs reichte nicht mehr aus, sie zu schützen.

Damit war die Staatsaffäre Lola Montez jedoch nicht vorbei. Ende Februar brach in Frankreich die Revolution aus, die sehr bald nach Deutschland und Bayern übergriff. Die protesterprobten Münchner gingen wieder auf die Straße. Nur das mutige Einschreiten von Prinz Karl, dem Bruder des Königs, verhinderte am 4. März Blutvergießen. Zwei Tage später musste Ludwig der Beratung über weitreichende Reformen zustimmen. Die angestrebten Verfassungsänderungen hätten zwar nicht seiner Herrschaft, wohl aber, wie es Gollwitzer formuliert, seinem autokratischen Regierungsstil ein Ende gesetzt. Ob das alleine ausgereicht hätte, ihn zu seinem Thronverzicht zu bewegen, muss offen bleiben.

Allerdings beging Lola Montez in diesen aufgeheizten Tagen eine beispiellose Dummheit. Von der Schweiz aus, wohin Ludwig sie geschickt hatte, kehrte sie am 8. März inkognito nach München zurück. Sie wurde entdeckt und auf eine Polizeiwache geschleppt, wo sie vom König persönlich befreit und in eine Kutsche Richtung Schweiz gesetzt wurde. Die Gerüchte darüber, dass sie sich wieder oder immer noch in Bayern aufhielt, verstummten jedoch ab da nicht mehr.

Um den neuerlichen Unruhen Herr zu werden, zwang der Interims-Innenminister, der Regensburger Bürgermeister Gottlieb von Thon-Dittmer, seinen König am 17. März, die Einbürgerung der „Gräfin von Landsfeld“ zu annullieren. Eigenmächtig und ohne Rücksprache setzte er darüber hinaus einen Fahndungsaufruf unter den entsprechenden Erlass. Zwei Tage später gab Ludwig seiner Familie den Entschluss zur Abdankung bekannt. In der öffentlichen Erklärung vom 20. März begründete er seinen Rücktritt damit, dass die angestrebten Reformen Bayern in eine Richtung führen würden, die er nicht mehr verantworten wolle, nachdem er 23 Jahre zum Wohle des Landes regiert habe.

Es deutet also einiges darauf hin, dass Ludwig nicht allein wegen Lola Montez auf den Thron verzichtet hat. Aber er tat es eben auch wegen seiner „spanischen" Geliebten, die zu einer Zeit des politischen Umbruchs in sein Leben getreten war. Für uns stellt sich jedoch nicht die historisch sicherlich wichtige Frage, warum der König abdankte. Im Kontext unserer Betrachtungen zu den bayerisch-spanischen Beziehungen interessiert viel mehr, wie der welterfahrene Ludwig sich in dem Gestrüpp von Lügen der geborenen Irin verheddern konnte.

Der „spanische" Briefwechsel zwischen Ludwig und Lola

Die erste und entscheidende von Lolas Lügen bestand darin, dass sie sich als Spanierin ausgab. Dies scheint Ludwig von Beginn an gefesselt zu haben, und möglicherweise hat er nie wirklich begriffen, dass sie aller Welt eine Märchengeschichte über ihre Herkunft aufgetischt hatte. Denn schier unglaublich mutet es an, dass er mit ihr über vier Jahre hinweg, von 1847 bis 1850/51, einen mehrhundertseitigen Briefwechsel in spanischer Sprache führte, obwohl sie beide des Spanischen nur sehr eingeschränkt mächtig waren.

Ludwig hatte von Kind auf Französisch gelernt, auch wenn er sich beständig gegen die frankreichfreundliche Ausrichtung seines Vaters auflehnte. Spätestens seit seinem erzwungenen Aufenthalt am Hof Napoleons im Jahr 1806 beherrschte er es perfekt. Seine Latein- und Griechischkenntnisse waren zunächst deutlich schwächer, doch in seiner Kronprinzenzeit arbeitete er mit gutem Erfolg daran, sie zu verbessern. Italien war ihm seit seinem ersten Besuch 1804/05 vertraut, mit der italienischen Sprache scheint er sich aber erst 1807 eingehender beschäftigt zu haben. Der dafür angestellte Sprachlehrer brachte ihm auch Spanisch bei, wobei er über den Erwerb von Grundkenntnissen kaum hinausgekommen sein dürfte.

Spanien hatte er übrigens nach den sieben Monaten im ungeliebten Paris im Herbst 1806 kennenlernen wollen, doch er war auf dem Weg dorthin nach München zurückgerufen worden. Das Land hinter den Pyrenäen sollte für ihn bis zu seinem Lebensende ein immer wieder aufgeschobenes Reiseziel bleiben. Möglicherweise stammt aus dieser unerfüllten Sehnsucht seine positive Einstellung gegenüber der spanischen Sprache, die er in Bezug auf das Englische nicht in gleicher Weise hatte. Gollwitzer berichtet davon, dass seine Kenntnisse in der Muttersprache von Lola Montez zumindest auf dem Wiener Kongress noch unzureichend gewesen seien.

Lola Montez wurde 1821 in Irland als Elizabeth Rosanna Gilbert geboren, verbrachte ihre Kindheit bis 1827 in Indien, bevor sie von ihrer Mutter zur Erziehung nach Schottland und England geschickt wurde. Nach einer kurzen Ehe und einem zweiten Aufenthalt in Indien kehrte sie 1841 als Mrs. James nach England zurück. Dort studierte sie spanische Tänze ein und ging 1842/43 für einige Zeit nach Spanien. Über eine weitergehende, systematische Beschäftigung mit der spanischen Sprache ist aber nichts bekannt. 1843 startete sie schließlich als aufreizende Spanierin eine europaweit Schlagzeilen verbreitende Karriere auf der Bühne und als Mätresse von Künstlern und Adeligen. Mit einem Wort: Sie wurde zur Femme fatale schlechthin.

Über ihre Sprachkenntnisse haben wir das Zeugnis des französischen Dichters und Kunstkritikers Théophile Gautier. 1844 stellte er anlässlich ihrer Vorführungen in Paris die Frage, aus welchem Land sie eigentlich stamme, da sie ein sehr mittelmäßiges Spanisch und nur mit Mühe Französisch spreche, dafür aber ganz passabel Englisch beherrsche. Die folgenden zwei Jahre schlug sich Lola Montez im Künstlermilieu und in mondänen Kurorten auf dem Kontinent durch, wo sie sicherlich die damalige Weltsprache, das Französische praktizierte. Für die deutsche Sprache scheint sie hingegen weder zu jener Zeit noch später in Bayern besonderes Interesse aufgebracht zu haben.

Das Nächstliegende wäre also für Ludwig und Lola gewesen, sich für ihre Beziehung des Französischen zu bedienen. Doch für den König repräsentierte die „spanische" Tänzerin den unbekannten Sehnsuchtsort, einen Kulturkreis, den er sich erschließen wollte, und eine im Gegensatz zum Französischen für ihn rundum positiv besetzte Sprache. Zudem verstand in München kaum jemand Spanisch, so dass das sich anbahnende Liebesverhältnis vor fremden Ohren geschützt war und in gewisser Weise zu einer exklusiven Angelegenheit zwischen ihm und der schönen „Spanierin“ wurde.

Natürlich hätte ihm auffallen müssen, dass ihr Spanisch einfach nur schlecht war, zumal er selbst sich mit Hilfe von Grammatiken, Wörterbüchern und der intensiven Lektüre des *Don Quijote* und zeitgenössischer Theaterautoren bemühte, seine eigenen Kenntnisse sukzessive zu verbessern. Vielleicht hat er sich eingeredet oder einreden lassen, dass ihre angebliche Muttersprache vom Englischen und Französischen überlagert worden wäre. Zumindest scheint er bis zum Ende des Briefwechsels nicht ernsthaft an ihrer spanischen Herkunft gezweifelt zu haben.

Dies tat er sogar dann nicht, als er über ihre heimlichen Liebhaber, über eine ganze Reihe ihrer Lügengeschichten sowie über unterschiedliche Versionen ihrer Biographie Bescheid wusste. Leichtes Misstrauen kommt bei ihm nur im Verlauf des Jahres 1849 auf, als er sie mehrmals fragte, warum sie denn als Spanierin keinen spanischen Pass bekommen könne. Letztlich wird sich seine Gutgläubigkeit nur dadurch erklären lassen, dass er ihr zumindest in diesem Punkt auch dann noch glauben wollte, als sich alles andere bereits als Illusion erwiesen hatte.

Jedenfalls gehört der Briefwechsel zwischen dem alternden König und der jungen irischen Tänzerin zu den merkwürdigsten schriftlichen Dokumenten aus der langen Geschichte der Beziehungen zwischen Bayern und Spanien. Die Herausgeber, Reinhold Rauh und Bruce Seymour, taten das vermutlich einzig Mögliche, als sie 1996 die Korrespondenz nach beinahe 150 Jahren in deutscher Übersetzung veröffentlichten: Sie übersetzten nicht, was die Briefe tatsächlich sagten, sondern rekonstruierten das, was beide Schreiber, wenn sie der Sprache wirklich mächtig gewesen wären, vermutlich sagen wollten.

Als Beispiel sollen hier einige Ausschnitte der letzten Seite des Briefes vom 15. November 1848 mit Nachtrag vom 18. November (Abdruck als Faksimile im Briefwechsel und bei Gebhardt) dienen, in dem Ludwig seine Lolitta – spanisch richtig wäre Lolita – ermahnt, sparsamer zu wirtschaften. Als Beweis für ihre Verschwendungssucht listet er, ganz typisch für ihn, die Mittel auf, die er bis dahin für sie ausgegeben hat:

> Sara enteresante por te de saber qanto gasté para ti en 2 años; he hecho la extracion de mi libros de cuentas. […] En los dos años 1846/47 y 1847/48 los gastos por te, el dinero al mes, regallos, deudas pagados la casa etc. hacen 158.084 florinas, 16 ¼ […]. De la dicha somma en 1846/47 100.992 florinas, 53 ¾ he gastado, y en el año 1847/1848 57.091, 22 ½ Lo ripeto del extraordinario no puedo mas dar.
> El 18.
> Continuo de leer el Don Quijote […] aprende de memoria palabras españolas aun mi occupo de la gramatica de tu hermoso lengage, Lolitta, hermosura sinigual, tu lo eres. Manos, pies y labios cubre con besos
> tu fiel
> Luis

In der Tat ist es äußerst schwierig, dieses zwar im Großen und Ganzen für spanische Ohren verständliche, aber doch in vielen Details fehlerhafte, zum Teil ans Italienische (hier „sara", „somma", „ripeto", „occupo"), gelegentlich auch ans Französische angelehnte Spanisch zu übersetzen. Am Ende baut er allerdings eine weithin korrekte, sicherlich aus seinen Lektüren übernommene, elegante Liebesbezeugung ein. Die folgende Version in einer künstlich fehlerhaften deutschen Version soll daher nur eine Ahnung davon geben, wie kompliziert die Verständigung der beiden Liebhaber gewesen sein muss:

> Es würde enteressant für dir wissen wivil ich für dich in 2 Jahren ausgab; ich habe den Extrakt aus meiner Buchhaltung gemacht. […] In den zwei Jahren 1846/47 und 1847/48 die Ausgaben für dir, das Geld für den Monat, Geschenkke, gezahlten Schulden das Haus etc. machen 158.084 Gulden und 16 ¼ Kreuzer […]. Von genannter Summierung 1846/47 100.992 Gulden und 53 ¾ Kreuzer habe ich ausgegeben, und im Jahr 1847/1848 57.091 Gulden und 22 ½ Kreuzer. Ich repetiere es von dem Außerordentlichen ich kann mehr nicht geben.
> Am 18.
> Ich fahre fort, den Don Quijote zu lesen […], ich lernt spanische Wörter auswendig und noch beschäfttige ich mir mit der Gram-

matik deines wundervollen Sprachche, Lolitta, Schönheit ohnegleichen, das bist du. Hände, Füße und Lippen hüllt ein in Küsse dein treuer
Luis

Noch sehr viel schwieriger als Ludwigs Spanisch bietet sich uns die Sprache von Lola Montez dar, alleine schon deshalb, weil ihre Handschrift über weite Strecken kaum zu entziffern ist. Umso größer ist das Verdienst der Herausgeber einzuschätzen, ihre Texte in verständliches Deutsch gebracht zu haben. Die Umschrift eines kurzen Briefes vom 8. März 1848, als sie während der Unruhen nach München zurückkehrte (Faksimile im Briefwechsel) erfolgt wegen der eingeschränkten Lesbarkeit nur unter Vorbehalt.

Mi querido Louis
Soy en la casa di mi buena y fiel Caroline qui deves [dever?] dar ti esto – Si tu puedes benir acqui – espero en te [esperare te?], tanto pronto que posible. No ha recibido niguna carta di ti despues que [fue?] en la Suizero – es porque soy venido acqui, en traje di hombre, sin que personne saber [folgendes Wort unleserlich: esta?]
Tu fiel Lolitta

Die Probleme von Lola Montez mit dem Spanischen sind nicht nur in diesem Schreiben so groß, dass kaum ein Wort außer der Anrede und der Schlussformel bei einer Korrektur ausgespart werden könnte: Satzstellung, Verbformen, Rechtschreibung, der seltsam italianisierte Landesname „Suizero“ oder „Suisero“, statt spanisch „Suiza“, das französische „personne“ für „niemand“, statt spanisch „nadie“ – die Liste ist schier unendlich. Es kann kein Zweifel bestehen: Ludwig beherrschte das Spanische mindestens genauso gut, wenn nicht besser als die vorgebliche Muttersprachlerin. Hier ein Umsetzungsversuch:

Mein geliebter Louis
Ich existiere in dem Haus vin meiner guten und treuen Caroline, di solen geben dich das – Wenn du hirrher gommen kannst – ich warte in dich, solange schnell wie möglich. Hat keien Brief vin dir bekommen nachdem in der Schwiz – es ist weil ich hat gekommen hirrher, in Männergleidung, ohne dass Person wissen
Deine treue Lolitta

Die Beziehung zwischen Ludwig I. und Lola Montez war ohne Zweifel tragisch. Nicht nur standen sich ein älterer Herrscher und eine junge Tänzerin gegenüber, auch die Persönlichkeitsstrukturen der beiden waren von Grund auf verschieden:

Hier der Buchhalter, der jedes noch so kleine Geschenk auf Heller und Pfennig nachhielt, der seine Geliebte stetig zur Sparsamkeit ermahnte und sie immer wieder daran erinnerte, ihm eine Aufstellung seiner sorgsam nummerierten Briefe zu schicken, um sicher zu sein, dass sie auch wirklich alle erhalten hatte. Dort die impulsive, bisweilen gewalttätige und unbeherrschte Geliebte, die, was ihre Finanzen anging, in den Tag hinein lebte, dabei kaum vorstellbare Summen ausgab, grob geschätzt die Hälfte ihrer Schreiben an Ludwig als wenig verhohlene Bettelbriefe formulierte, die sich aber wohl vor allem danach sehnte, den gesellschaftlichen Stand und die soziale Anerkennung zu erreichen, die sie sich erträumte.

Ein Ausdruck dieser Tragik ist die Sprache, die sie für ihre Beziehung wählten, nämlich das Spanische. Für den König muss es einer ungeheuren Anstrengung bedurft haben, in der angeblichen Muttersprache seiner Geliebten zu sprechen und zu schreiben. Er nahm dies auf sich, um die besondere Stellung von Lola Montez im Reigen seiner Schönheiten und Mätressen zu unterstreichen. Bei der Lektüre der Briefe kann man sich sogar des Eindrucks nicht erwehren, als ob sich bei ihm die Faszination, wenn nicht gar eine wirklich tief empfundene Liebe für die „spanische" Tänzerin, unauflöslich mit einer besonderen Hingabe ans Spanische verbunden hätte.

Lola Montez hingegen war gefangen in ihrem Lügengepinst. Spanien war für sie weder Heimat noch Sehnsuchtsort, sondern letztlich Mittel zum Zweck in einer frei erfundenen Biographie. Seltsam mutet an, dass sie nie wirklich dem Drängen des Königs nachgab, seinen Namen in der spanischen Version Luis zu schreiben. Bis zum Ende verwendete sie das französische Louis, das er so hasste. Warum sie das tat, muss offen bleiben. Vielleicht wollte sie auf diese Weise auch sprachlich ihre Unabhängigkeit beweisen.

Genauso offen muss bleiben, ob sie Ludwig geliebt hat. Zumindest hatte sie Achtung vor ihm und zog später nicht mit Verleumdungen und bösartigem Nachtreten über ihn her, wie sie dies mit anderen ihrer Liebhaber und Ehemänner tat. Darüber hinaus gab sie ihm, nachdem er seine Zahlungen an sie eingestellt hatte und ihre Erpressungsversuche nichts fruchteten, 1851 den doch überaus kompromittierenden Briefwechsel zurück, statt ihn zu Geld zu machen.

Ludwig I. als Übersetzer: *Recept gegen Schwiegermütter*

Nach seiner Abdankung im März 1848 konnte sich Ludwig als König im Ruhestand seinen Bauprojekten, dem Mäzenatentum für die schönen Künste sowie seinen wohltätigen Werken widmen. Das Kapitel Lola Montez war mit der Rückgabe der umfangreichen Korrespondenz abgeschlossen, nicht jedoch das Kapitel Spanien bzw. spanische Sprache.

Bereits in den Briefen an seine Geliebte deutete sich an, dass er keine Gelegenheit ausließ, seine Sprachkenntnisse zu verbessern. Er las weiter den *Don Quijote* und beschäftigte sich intensiv mit zeitgenössischen Autoren, vor allem mit Lyrikern und Dramatikern. Nach seiner eigenen Aussage gab es in München allerdings nur ein oder zwei Menschen aus seiner Umgebung, die Spanisch einigermaßen gut beherrschten. Darunter war die in Spanien geborene Gräfin Quadagni, mit der er sich eine Zeit lang wöchentlich traf, „um mein Spanisch zu üben“. Gleichzeitig berichtete er davon, dass er den Maler Friedrich Gärtner getroffen hatte, den Sohn des Architekten Friedrich von Gärtner, der neun Monate in Spanien verbracht hatte.

Wenige Jahre später, als sein Sohn und Nachfolger Maximilian II. eine Gruppe von Dichtern und Intellektuellen um sich scharte, kamen einige für die damalige Zeit gut ausgewiesene Kenner der spanischen Literatur nach München. Der Dichter und spätere Nobelpreisträger Paul Heyse hatte bei dem Begründer der Romanistik Friedrich Diez in Bonn studiert. Zusammen mit Emanuel Geibel hatte er 1852 in Berlin das später von Hugo Wolf vertonte *Spanische Liederbuch* herausgegeben. Geibel selbst war zu dieser Zeit bereits nach München berufen worden und holte 1854 seinen jungen Schützling Heyse nach. Gemeinsam bildeten sie den Kern des Münchner Dichterkreises *Die Krokodile*.

Zu ihnen gesellte sich 1855 der Kunstsammler, Literaturhistoriker und Privatgelehrte Adolf Friedrich Graf von Schack, der bereits umfangreiche Forschungsreisen nach Spanien unternommen und sich mit seiner *Geschichte der dramatischen Literatur und Kunst in Spanien* von 1845/46 einen Namen als Experte auf dem Gebiet des spanischen Theaters gemacht hatte. 1865, in seiner Münchner Zeit, veröffentlichte er dann die Studie zur *Poesie und Kunst der Araber in Spanien und Sicilien*. Ob und wie intensiv Ludwig Kontakt zu diesen Spanienexperten ganz neuen Typs in München hielt, das bedürfte jedoch noch genauerer Untersuchungen.

Eine Bindung besonderer Art nach Spanien erwuchs ihm allerdings im eigenen Haus. Sein jüngster Sohn Adalbert hatte, wie er selbst vierzig Jahre zuvor, bei einem Sprachlehrer für Italienisch auch Spanisch gelernt und war Ende 1848 zu einer viermonatigen Reise auf die Iberische Halbinsel aufgebrochen. Lola Montez beeilte sich daraufhin, ihrem Ludwig von angeblich in Madrid kursierenden Gerüchten zu berichten, dass der junge bayerische Prinz in die noch jüngere, aber schon verheiratete Königin Isabel II. verliebt sei. Deren angebliche Männergeschichten gaben in der Tat für viele Spekulationen Anlass. Ludwig war deshalb kurzzeitig besorgt, freute sich aber später vor allem darüber, mit seinem Sohn Spanisch sprechen und korrespondieren zu können.

Adalbert heiratete 1856 in Madrid die Infantin Amalia del Pilar, Enkelin von Karl IV. und Cousine Königin Isabels II. Mit dieser ersten von drei Hochzeiten begann ein Jahrhundert der engen Familienbeziehung zwischen den bayerischen Wittelsbachern und der spanischen Linie der Bourbonen, auf die wir noch zurückkommen werden.

Doch bleiben wir zunächst bei Ludwig I. Seine Biographen deuten an, dass er um 1860, also zu der Zeit, als Adalbert und Amalia mit ihrem ersten Kind Ludwig Ferdinand aus Madrid nach München kamen, an einer Übersetzung von Schillers *Don Karlos* ins Spanische arbeitete. Über das Ergebnis ist nichts bekannt. Aber in die Gegenrichtung, vom Spanischen ins Deutsche, führte der ehemalige Monarch sehr wohl ein Übersetzungsprojekt zu Ende.

Es handelt sich um das Lustspiel *Recept gegen Schwiegermütter*, das unter dem Titel *Receta contra las suegras* 1862 in Madrid uraufgeführt worden war. Der Autor, Manuel Juan Diana, ist heute weitgehend vergessen, doch im 19. Jahrhundert feierte das Stück große Erfolge. Die Bühnenfassung Ludwigs wurde 1864 in München gedruckt und in den ersten beiden Jahren von gut 20 Theatern im gesamten damaligen deutschsprachigen Raum gespielt. Als Büchlein erschien sie 1866 in Berlin in „Roth's Bühnen-Repertoire des Auslandes".

1865 brachte Johannes Fastenrath in Köln seine Konkurrenzübersetzung auf den Markt, von der er 1873 in einem Brief an Diana behauptete, dass sie auf ganzer Linie über die des Königs triumphiert hätte. Dies dürfte auf jeden Fall übertrieben sein. Sicher ist aber, dass die Komödie im Verlauf der nächsten Jahrzehnte die Häuser füllte, denn 1882 erschien bei Reclam in Leipzig noch eine dritte Version, von Wilhelm Lange, die in den 1920er Jahren sogar neu aufgelegt wurde.

Recept gegen Schwiegermütter hat wahrlich nichts gemein mit Schillers Drama um den Sohn König Philipps II. Es handelt sich vielmehr um einen seichten, unterhaltsamen Schwank. Die Geschichte ist schnell erzählt: Federico, ein spanischer Edelmann, hat vor Kurzem Mariana geheiratet. Doch sein Glück ist unvollkommen, weil das Paar in Toledo unter einem Dach mit Marianas Mutter Dolores und der Großmutter Doña Leoncia lebt. Die beiden Schwiegermütter führen das Regiment, so dass Federico überlegt, wie er sich und seine Frau aus der Bevormundung befreien könnte.

In diesem Moment erscheint sein alter Freund Raphael, der ihm gesteht, unsterblich verliebt zu sein, ohne allerdings den Namen der Angebeteten zu kennen. Bald stellt sich heraus, dass es sich dabei um Dolores handelt, die Raphael auch durchaus gewogen ist. Doch die drei Frauen haben einen Pakt geschlossen, sich niemals zu trennen, und Raphael hat sich geschworen, niemals unter der Fuchtel einer Schwiegermutter zu stehen. Ein Gordischer Knoten also, den nur eine Eheschließung der Großmutter durchschlagen könnte.

Der Kandidat dafür ist schnell gefunden: der Hausarzt Don Cleto. Da Raphaels Onkel Minister ist und über die Besetzung des Medizinal-Kollegs in der Hauptstadt Madrid entscheidet, lässt Don Cleto sich mit der Ernennung zum Hofrat ködern und erklärt Doña Leoncia seine Liebe.

Wie in Komödien üblich, folgt dann als retardierendes Moment eine wenig originelle Verwechslungsgeschichte. Die beiden Schwiegermütter Leoncia und Dolores glauben, dass der jeweilige Bräutigam verrückt geworden ist und auch der anderen einen Antrag gemacht hat. Natürlich klärt sich am Ende alles auf. Die drei Paare fallen sich in die Arme und gehen getrennte Wege, um glücklich werden zu können.

Unverkennbar ist, dass die Komödie nicht von tiefgründigen Inhalten oder der Zuspitzung auf irgendwelche ethisch-moralischen Grundsätze lebt, sondern vor allen Dingen vom Stereotyp der bösen Schwiegermutter, das hier vermutlich vor dem Hintergrund der Herausbildung der bürgerlichen Kleinfamilie gesehen werden müsste. Hinzu kommt, ebenso gattungstypisch, der Wortwitz in den Dialogen, der durchaus den einen oder anderen politischen Seitenhieb mitführen kann.

Bezeichnenderweise steht auf dem Umschlag der Ausgabe von 1866 nach dem Titel *Recept gegen Schwiegermütter* nun nicht: „Übersetzung aus dem Spanischen", sondern „Lustspiel in einem Aufzuge, nach dem Spanischen des Don Manuel Juan Diana bearbeitet von König Ludwig von Bayern". In der Tat bearbeitet Ludwig in seiner Version den Originaltext und greift dabei gleich auf mehreren Ebenen in ihn ein.

Am Offensichtlichsten ist dies bei den Nebentexten und Regieanweisungen. Gleich auf der ersten Seite werden die Unterschiede überdeutlich. Manuel Juan Diana mischt sich als Autor praktisch nicht in die Gestaltung der Bühne ein. Mit nur wenigen Federstrichen skizziert er in seinem Text, wie er sich die Aufführung vorstellt: „Elegant eingerichtetes Zimmer im Haus von Doña Leoncia. Türen an der Seite und im Hintergrund." Für die erste Szene sollen die Darsteller sitzen, Federico in ein Buch schreiben, Don Cleto Zeitung lesen, die Frauen lesen, nähen oder sticken. Das genügt ihm als Vorgabe. Ebenso hält es Diana in den insgesamt 23 Szenen des Stücks. Nur einige wenige, extrem kurze und prägnante Regieanweisungen fügt er in die Dialoge ein: „Zu Dolores", „Zu Mariana", „Gleichzeitig", „Steht auf", „Geht ab" etc.

Der Bearbeitung Ludwigs ist hingegen eine Zeichnung beigegeben, aus der die genauen Positionen der Türen und der Möbel im Raum hervorgeht. Zusätzlich listet er in einer fünfzeiligen Erklärung die notwendigen Requisiten wie Zeitungen, Photographien, Fächer oder Stickzeug und ihre Verteilung im Zimmer auf. Ganz anders als bei Diana nehmen auch im Fortgang des Stücks die konkreten Regieanweisungen in den Dialogen einen ungewöhnlich breiten Raum ein. Ludwig schreibt darin den Schauspielern nicht nur Handlungen vor, sondern auch die Art und Weise, wie sie sprechen und welche Gemütsbewegungen sie darstellen sollen: „ironisch", „Pause der Verlegenheit", „streng zu Dolores", „traurig zu Federico", „aufspringend, das Zeitungsblatt wüthend auf den Tisch werfend" etc.

Während Diana seine Rolle als Autor also mehr oder weniger auf das Verfassen der Dialoge beschränkt, überlässt König Ludwig nichts dem Zufall. Er sieht es als seine Aufgabe an, zentrale Aspekte der Inszenierung und Aufführung festzulegen. Oder, um es umgekehrt zu sagen, er nimmt dem Regisseur und den Schauspielern einen Gutteil ihrer künstlerischen Freiheit.

Auch der zweite tiefe Eingriff in die Originalfassung ist bei einem ersten Blick auf die beiden Texte deutlich zu sehen. Diana konstruiert seine lakonischen, sich oft auf Andeutungen beschränkenden Dialoge vorwiegend mit einer schnellen Abfolge von kurzer Rede und ebenso kurzer Gegenrede. Ludwig hingegen legt viel Wert auf vollständige und ausformulierte Sätze und fügt zudem noch die eine oder andere erklärende Überleitung hinzu. Ein Beispiel mag dies verdeutlichen. Zunächst die Version von Diana in einer Übersetzung, die sich eng an das Original anlehnt:

> Dol. Überprüfe sie [die Buchhaltung] gut.
> Fed. (Beis. zu Mariana.) (Wenn du wüsstest, wie schön die Oper heute Abend ist!)
> Mar. (Ja; Norma ist wunderschön.) Mama, heute Abend Norma.
> Dol. Großmama, Sie erinnern sich an Norma? Nun, heute Abend… (Zu Doña Leoncia.)
> Leon. Sie ist schwer!... (Zu Dolores.)
> Dol. Sie ist fade. (Zu Mariana.)
> Mar. Sie ist abscheulich. (Zu Federico.)
> Fed. (Bellini in den Schmutz gezogen.)

Praktisch jede Übersetzung vom Spanischen ins Deutsche wird durch die Eigenheiten der beiden Sprachen länger. So auch in dieser Übertragung, die rund 10% mehr Wörter benötigt als das noch gedrängtere Original. In der Version von Ludwig hingegen haben wir nahezu eine Verdopplung, selbst wenn wir die natürlich nicht gesprochenen, viel ausführlicheren Regieanweisungen abziehen:

> Dolores. Sieh es doch noch einmal gut durch, Federico. (Arbeitet weiter. Pause.)
> Federico. Ja wohl, Mama. (Heimlich zu Mariana.) Gehen wir heute in die Oper, sie wird Dir gewiss gefallen.
> Mariana (leise zu Federico). Ach richtig, Norma! Das ist köstlich! (Laut zu Dolores, furchtsam.) Mama, heute Abend wird die Norma gegeben.
> Dolores (zu Leoncia). Mamachen, erinnern Sie sich der Norma?
> Leoncia (streng und kurz zu Dolores). Ja, sie ist sehr langweilig!
> Dolores (ebenso zu Mariana). Es ist abgeschmacktes, fades Zeug!
> Mariana (traurig zu Federico). Die Oper ist schauderhaft!
> Federico (für sich). Ah! ah! Göttlicher Bellini, sie treten dich mit Füßen, wie mich.

Da in einem Theaterstück wegen der vorgegebenen Aufführungszeit der gesprochene Text nicht beliebig ausgeweitet werden kann, muss Ludwig im Gegenzug zu seinen Erweiterungen an anderer Stelle kürzen. Dies tut er massiv gegen Ende des Stücks, in dem Teil der Komödie, der die Lösung hinausschiebt. Dort streicht er die Szenen 15 und 16 vollständig und fasst in der darauffolgenden Szene mehrmals Dialogabschnitte mit hastigen Reden und Gegenreden zusammen.

Dadurch spart er nicht nur Text ein, er gewinnt durch die Bündelung sogar eine abwechslungsreichere Rhythmisierung von schnelleren, kurzen Dialogfolgen und langsameren Passagen mit längeren Redeeinheiten. Er bildet auf diese Weise ein gelungenes Gegengewicht zu der bei Diana Schlag auf Schlag folgenden Situationskomik, die in diesem retardierenden Abschnitt nur noch Ideen aus früheren Szenen aufnimmt und ohne Zweifel ermüdende Wiederholungen aufweist.

Angesichts der fünfzehn Jahre zuvor im Briefwechsel mit Lola Montez noch evidenten Probleme Ludwigs mit dem Spanischen stellt sich natürlich bei *Recept gegen Schwiegermütter* die Frage, ob seine Sprachkenntnisse nun ausgereicht haben, um ein Theaterstück angemessen zu übersetzen. Im Großen und Ganzen kann dies bejaht werden.

Dianas Originaltext lebt vom Wortwitz, von Doppeldeutigkeiten, geprägten Wendungen und Sprichwörtern, die selbstverständlich nicht direkt im Deutschen wiedergegeben werden können. Doch die Entsprechungen, die Ludwig dafür findet, sind in aller Regel stimmig, wenn auch durch seine Tendenz, ausgreifender zu formulieren und Überleitungen einzubauen, einige Anspielungen und Spitzen verloren gehen.

Echte Übersetzungsfehler sind ausgesprochen selten, und selbst bei den wenigen, die zu finden sind, darf man in den meisten Fällen von einer bewussten Abweichung vom Original rechnen, bei denen sich vermeintliche Fehler als Folgen von durchaus sinnvollen Eingriffen in den Text erweisen.

Ludwig hat sich also nicht sklavisch an den Originaltext gehalten, sondern versucht, ihn an seine Vorstellungen anzupassen und in einen anderen kulturellen Kontext zu überführen. Dies belegen sehr schön zwei punktuelle Abweichungen. Die erste betrifft das Alter der Frauen.

Federico und sein Freund sind etwa dreißig Jahre alt. Damit nun Dolores als schöne Witwe im heiratsfähigen Alter für Raphael infrage kommt, geht Diana bis an die unterste mögliche Grenze. Bei ihm ist sie dreißig, ihre Tochter fünfzehn; ihre erste Ehe wäre Dolores also mit vierzehn eingegangen. Ganz offensichtlich erschien dies dem ehemaligen König nicht angemessen, sei es aus ethischen und rechtlichen Gründen, sei es, weil das Erstheiratsalter von Frauen zu dieser Zeit in Bayern deutlich höher lag. Kurzerhand ändert er also die Angaben und passt damit einhergehend die Ehemündigkeit an. Bei ihm ist Mariana sechzehn Jahre alt, Dolores bereits dreiunddreißig.

Ganz außen vor lässt der König in Ruhestand sodann ein für ihn heikles Thema. An zwei Stellen macht sich Diana darüber lustig, dass die Abgeordneten in Madrid sich faul auf ihren Lorbeeren ausruhen und trotzdem reich werden. Diese billigen Pointen kann der zu politischer Enthaltsamkeit verpflichtete Ludwig natürlich nicht nutzen. Allerdings belässt er den für das Stück wichtigen Aspekt der Vetternwirtschaft in der Regierung, denn nur über die Fürsprache des Ministerneffen Raphael gelangt ja Don Cleto an seine Stellung als Hofrat.

Interessant ist jedoch, dass Ludwig an einer der beiden Stellen mit den Witzen über die Abgeordneten auch gleich noch das zum Scherz gewendete Klischee weglässt, dass alle Frauen das Geld zum Fenster hinauswerfen. Das heißt, der für seine Verehrung schöner Frauen bekannte König entschärft die klar misogyne Ausrichtung des Originals und stellt allein das zentrale Spiel mit dem Stereotyp der herrschsüchtigen Schwiegermütter in den Mittelpunkt. Frauenfreundlich wird der Schwank dadurch zwar nicht, aber vielleicht ein bisschen weniger frauenfeindlich.

Zum Abschluss dieser notwendigerweise kurzen, etwas eklektischen Würdigung von Ludwigs Übersetzung darf ein Punkt nicht fehlen. Es ist unbekannt, warum er ausgerechnet dieses Stück unter den zeitgenössischen Theaterwerken ausgewählt hat, die er seit Ende der 1840er Jahre las, um sich mit der spanischen Sprache vertraut zu machen. Aber es zeugt vom souveränen Umgang des inzwischen 75 Jahre alten Monarchen mit seiner eigenen Biographie, wenn er in der Bearbeitung den Namen von Marianas Mutter nicht ändert, obwohl doch die Dolores der Komödie bei jedem Theaterbesucher die Erinnerung an seine Affäre mit jener Maria de los Dolores „Lola“ Montez wieder hervorrufen musste, die so entscheidend zu seiner Abdankung beigetragen hatte.

Auswahlbibliographie

Briesemeister, Dietrich. *Spanien aus deutscher Sicht. Deutsch-spanische Kulturbeziehungen gestern und heute*. Tübingen: Niemeyer, 2004.

Briesemeister, Dietrich und Harald Wentzlaff-Eggebert (Hrsg.). *Von Spanien nach Deutschland und Weimar-Jena. Verdichtungen der Kulturbeziehungen zur Goethe-Zeit*. Heidelberg: Winter, 2003.

Diana, Manuel Juan. *Receta contra las suegras*. Madrid: José Rodríguez, 1862.

Fastenrath, Johannes. *Recept gegen Schwiegermütter*. Köln: Franz Greven, 1865.

Gebhardt, Heinz. *Die Lola-Montez-Story*. Grünwald: Stiebner, 2017.

Gollwitzer, Heinz. *Ludwig I. von Bayern*. München: Süddeutscher Verlag, 1987.

Hartmann, Peter Claus und Alois Schmid (Hrsg.). *Bayern in Lateinamerika. Transatlantische Verbindungen und interkultureller Austausch*. München: Beck, 2011.

Ludwig I., Bayern, König. *Recept gegen Schwiegermütter*. Berlin: Hayn, 1866 [1864].

Münster, Reinhold. „Die Spanische Romanze und die deutsche Nation. Die Rezeption einer lyrischen Gattung von der Spätaufklärung bis zum Münchner Dichterkreis", in: *Ibero-amerikanisches Jahrbuch für Germanistik*, 10, 2016, 21-39.

Panzer, Marita A. *Lola Montez. Ein Leben als Bühne*. Regensburg: Pustet, 2014.

Rauh, Reinhold und Bruce Seymoure (Hrsg.). *Ludwig I. und Lola Montez. Der Briefwechsel*. München: Prestel, 1995.

Das Wirken der Infantin María de la Paz in Bayern und die ersten Autofahrten nach Spanien

Drei Hochzeiten zwischen den bayerischen Wittelsbachern und den spanischen Bourbonen in drei aufeinanderfolgenden Generationen halfen in der Zeit zwischen der Mitte des 19. und der Mitte des 20. Jahrhunderts dazu bei, dass Spanien und Bayern sich so nahe kamen wie wohl nie zuvor in der Geschichte.

Aber natürlich waren die Familienbeziehungen nicht der einzige Grund dafür. Die ganze Welt rückte ja durch den Fortschritt der Kommunikations- und der Verkehrsmittel zusammen: vom Pferd und der Kutsche der 1840er Jahre über die Eisenbahn, dann das Auto und den Omnibus, bis am Ende, in den 1950er Jahren, der Urenkel Ludwigs I., Adalbert von Bayern, als Botschafter ganz selbstverständlich im Linienflugzeug nach Madrid reiste. In nur gut 100 Jahren entwickelten sich die bayerisch-spanischen Beziehungen von wenigen, punktuellen, fast außergewöhnlichen Kontakten hin zu den millionenfachen Begegnungen der Zeit der Arbeitsmigrationen und des beginnenden Massentourismus.

Doch bleiben wir zunächst bei der Familie der Wittelsbacher. Der jüngste Sohn von Ludwig I., Prinz Adalbert, ließ sich weder von der Affäre seines Vaters mit der angeblichen Spanierin Lola Montez noch von seiner angeblichen Liebelei mit Königin Isabel II. – die ihm eben jene Lola Montez angedichtet hatte – beirren: 1856 heiratete er in Madrid die Infantin Amalia del Pilar, eine enge Verwandte der Königin. Über das Leben von Amalia in München ist allerdings kaum etwas bekannt, außer dass sie eine begabte Malerin war und ihren Schwiegervater, König Ludwig I., nur wenig beeindruckte. Wir übergehen daher dieses erste wittelsbachisch-bourbonische Paar ebenso wie die unbestätigten Gerüchte über eine angeblich angestrebte Verlobung des gerade erst gekrönten Königs Ludwig II. mit der Infantin María Isabel im Jahr 1864.

In der nächsten Generation freundete sich der älteste Sohn von Adalbert und Amalia, Prinz Ludwig Ferdinand, Anfang der 1870er Jahre mit dem späteren spanischen König Alfons XII. bei dessen mehrmonatigem Aufenthalt in Nymphenburg an. Wenig überraschend war daher, dass er wie schon sein Vater auf Brautschau nach Madrid reiste, um die nächste bayerisch-spanische Prinzenhochzeit in die Wege zu leiten. 1883 heiratete er die zweitjüngste Tochter Isabels II. und Schwester von Alfons XII., die Infantin María de la Paz (1862-1946), die in diesem Kapitel im Mittelpunkt des Interesses stehen soll.

Aus dieser Ehe gingen drei Kinder hervor, die ihr Leben lang engste Beziehungen nach Spanien unterhielten. Der älteste Sohn, Ferdinand Maria, führte die Familientradition der beiden Generationen vor ihm fort und heiratete 1906 in Madrid seine Cousine, die Infantin María Teresa. Er nahm die spanische Staatsbürgerschaft und den Namen Infante Fernando María de Baviera y Borbón an, wurde zu einem engen Mitarbeiter seines Schwagers, König Alfons XIII., und bekam von diesem den Titel Herzog von Cádiz verliehen.

Der zweite Sohn von María de la Paz und Ludwig Ferdinand, Prinz Adalbert, studierte nach dem Ersten Weltkrieg Geschichte und machte sich in beiden Ländern einen Namen als angesehener Historiker. Auf ihn werden wir in der nächsten Episode zurückkommen.

Die Tochter, Prinzessin Maria del Pilar, wurde Malerin und vermittelte ihren bayerischen Landsleuten in ihren hier kurz vorgestellten Beschreibungen von den Autoreisen mit ihren Eltern ein sehr persönliches Bild vom Heimatland ihrer Mutter.

Die Infantin María de la Paz von Bayern

Anders als über ihre Schwiegermutter Amalia wissen wir über das Leben der Infantin María de la Paz in Bayern bestens Bescheid, und zwar aus ihren eigenen Schriften, aus der kommentierten Edition ihrer Korrespondenz und Teilen ihrer Tagebücher, die ihr Sohn Adalbert 1935 zu ihrem 70. Geburtstag auf Spanisch und Deutsch besorgte, sowie aus seinen Memoiren. Erstaunlicherweise lebt die Erinnerung an diese bayerisch-spanische Prinzessin bis auf den heutigen Tag fort, obwohl sie niemals irgendeine Art von politischem Einfluss angestrebt hat. Zu ihrem 50. Todestag 1996 veröffentlichte beispielsweise Miquel Ballester eine Biographie über sie. Und in jüngster Zeit erschien in Spanien eine Romanbiographie von María Teresa Álvarez über ihr Leben, die *Süddeutsche Zeitung* widmete ihr 2016 zu ihrem 70. Todestag einen ausführlichen Bericht, und auch im Kontext der Frauen aus der Umgebung von König Ludwig II. findet sie immer wieder Beachtung.

Der Grund für dieses anhaltende Interesse an der Prinzessin mag darin liegen, dass über sie nicht nur Details aus dem Innenleben einer königlichen Familie an die Öffentlichkeit sickerten – für heutige Hofberichterstatter und ihre entsprechenden Medien wäre sie das ideale Objekt der Begierde gewesen –, sondern dass sie dank ihrer Stellung zwischen zwei Kulturen zusätzlich noch den Spaniern und den Bayern Einblicke in die jeweils anderen Höfe gewähren konnte.

Natürlich tat sie dies indirekt, diskret, in vielen Fällen vielleicht noch nicht einmal bewusst, indem sie kleine, sehr persönlich gehaltene Geschichten und Gedichte über sich selbst, die engsten Familienmitglieder oder über ihre karitativen und kulturellen Initiativen in spanischen Zeitungen veröffentlichte, die dann auch, zum Beispiel in *Aus meinem Leben*, ins Deutsche übersetzt wurden.

Das Bild, das sie dabei aus nächster Nähe von den Angehörigen des Hochadels in den aufgewühlten Zeiten von Revolutionen, Kriegen, der Ausrufung von Republiken und dem Sturz vieler Königshäuser entwarf, war ein Bild von ganz normalen Menschen, die sich über die Lernfortschritte der Kinder freuen, die tief über den Verlust von Angehörigen trauern, die an Heimweh leiden, die fröhlich mit den Enkeln spielen, die das Aufblühen der Natur nach einem harten Winter in der Fremde begrüßen. Mit einem Wort, sie zeigt das Menschliche der ansonsten so Unnahbaren, die Normalität derer, die sich sonst für etwas Besonderes hielten – oder dafür gehalten wurden.

Als María de la Paz im April 1883 nach München kam, stürzte sie sich sofort in die Aufgaben, die einer nachgeborenen Prinzessin üblicherweise zufallen. Sie kümmerte sich um ein Kinderheim und engagierte sich bei den Kunstausstellungen im Glaspalast, indem sie ihren Bruder, den König, um die Zusendung von spanischen Bildern bat. Etwas holpriger gestaltete sich ihre Aufnahme in die Familie der Wittelsbacher, wie sie dies aus ihrer Sicht in *Vier Revolutionen und einiges dazwischen* beschreibt. Nicht nur spielte die Kapelle zu ihrer Begrüßung die falsche Hymne, nämlich die der Republik, auch der bayerische König fehlte bei ihrer Ankunft. Und das, obwohl doch ihr Mann, Ludwig Ferdinand, sein Lieblingsvetter war, einer der wenigen, zu dem er noch Kontakt hielt.

Erst knapp einen Monat später gab Ludwig II. ihnen zu Ehren ein Diner. Dabei scheint er von seiner neuen spanischen Verwandten durchaus angetan gewesen zu sein, obwohl sie, wie er ihr mitteilen ließ, sich nicht tief genug vor ihm verneigt habe. Worauf sie ihn um Verzeihung bat und darauf verwies, dass ihre bisherige Erfahrung mit Königen sich auf ihre Mutter und ihren Bruder beschränke.

Die leicht freche Antwort gefiel ihm offensichtlich. Jedenfalls gewährte er dem jungen Paar einige Tage später eine Privataudienz in Form eines nächtlichen Soupers im Wintergarten der Residenz. In einem Brief an ihren Bruder beschrieb die Infantin diesen als einen traumhaft-geheimnisvollen, ja mystischen, unvergesslichen Ort. Im Laufe der Nacht durfte sie Ludwig II. auch ihre Gedichte vortragen, „im herrlichen Spanisch“, wie der König es hinterher in seinem Dankschreiben ausdrückt. Obwohl er, der sich mit ihr auf Französisch unterhielt, die Verse in ihrer Muttersprache natürlich nicht verstand. Als ganz besondere Gunst, die er kaum jemandem sonst gewährt hatte, erlaubte er María de la Paz und Ludwig Ferdinand sogar, sein noch unvollendetes Schloss Herrenchiemsee zu besichtigen.

Drei Jahre später schrieb Ludwig II. am Tag seiner Festsetzung, dem 10. Juni 1886, hastig seinen letzten Brief an Ludwig Ferdinand in Nymphenburg – der genaue Wortlaut wurde erst 2016 veröffentlicht. Über ihre Reaktion auf die Lektüre der wenigen handschriftlichen Zeilen des Königs notiert María de la

Paz in ihrem Tagebuch: „Als mein Mann aus dem Zimmer gegangen war, bekam ich einen derartigen Weinkrampf, daß meine Mutter [Isabel II. war damals zu Besuch in München] ernstlich besorgt war."

Dass das persönliche Charisma von María de la Paz ihr nicht nur den Zugang zu dem menschenscheuen und wunderlichen bayerischen Monarchen erschloss, sondern auch ganz andere Schichten und Gruppen ansprach, das belegen am besten die Ereignisse der letzten Monate ihres Lebens, über 60 Jahre nach ihrer Ankunft in Bayern.

München war verwüstet. Als die Amerikaner das Konzentrationslager Dachau befreiten, kam auch eine Gruppe heimatloser spanischer Anarchisten und Kommunisten frei, die wahrscheinlich aus Frankeich deportiert worden waren, wo sie sich in der Résistance engagiert hatten. Das Generalkonsulat, die einzige spanische diplomatische Einrichtung, die der Form nach noch in Deutschland existierte, war nach Bad Wiessee ausgelagert und praktisch handlungsunfähig. Außerdem hätten sich die sogenannten Rotspanier mit Sicherheit nicht an einen Vertreter Francos gewandt. Für die zerlumpten und ausgehungerten Männer sowie für andere in Bayern gestrandete Spanier wurde daher die greise Prinzessin in Nymphenburg zu einer natürlichen Anlaufstelle.

Berührungsängste hatte sie, die in ihrer Kindheit in Spanien und im Exil in Frankreich so viele Revolutionen gesehen hatte, die in München 1918 die Ausrufung der Republik und die Wirren der Räterepublik von 1919 aus nächster Nähe miterlebt hatte und deren Neffe von der Spanischen Republik 1931 gestürzt worden war, ganz offensichtlich nicht. Welcher Art die Hilfen waren, die die inzwischen über 80-Jährige ihren ideologisch so weit von ihr entfernten Landsleuten anbieten konnte, darüber gibt es ganz unterschiedliche und kaum nachprüfbare Geschichten. Sicher ist jedoch, dass der Tod „ihrer" Prinzessin im Dezember 1946 diese zumeist einfachen Handwerker in ganz besonderer Weise traf. Entsprechend wollten sie die Infanta Paz auch ehren.

Die Beisetzung in der Gruft der ausgebombten Kirche St. Michael inmitten der Trümmerwüste der Innenstadt muss nahezu surreale Züge angenommen haben: Kardinal Faulhaber ging an der Spitze des Totenzugs, dahinter die versammelten Wittelsbacher. Im Sarg die Infantin, die in den Worten Prinz Adalberts „in ihrem Habit des Dritten Ordens wie eine spanische Barockfigur aussah“.

Die Treppe hinunter zur Grablege wurde der Sarg nicht etwa von den Bestattern oder der Familie getragen, sondern von eben jenen spanischen Anarchisten und Kommunisten, die lange Jahre nicht nur gegen Faschisten und Nationalsozialisten, sondern auch gegen die Kirche und den Adel gekämpft hatten. Auf dem Sarg lag ein Kranz mit einer neutralen weißen Schleife, um jeglichen Disput um die spanische Flagge – der Diktatur, der Zweiten Republik oder der Monarchie – zu vermeiden, dazu die Aufschrift: „Die in Verbannung in München lebenden Spanier der Infantin María de la Paz de Borbón y Borbón“. Was wunder, dass Prinz Adalbert davon spricht, dass dies alles für die überbeanspruchten Nerven der Familie fast zuviel gewesen sei, zudem aus Madrid auch noch ein Beileidstelegramm des Diktators Franco eintraf.

Von einem der Anarchisten, dem María de la Paz beigestanden war, ist eine spätere Notiz zu ihrem Tod überliefert:

> Paz lag am 3. Dezember 1946 um 5.45 Uhr morgens im Todeskampf. Diesen Tag behalte ich als einen der bittersten und traurigsten meines Lebens in Erinnerung, denn wir waren uns bewusst, dass wir mit dem Verstand und dem Herz von Paz nicht nur die von uns allen am meisten geliebte Person verloren hatten, sondern auch all unsere Hoffnungen auf eine friedliche und brüderliche Versöhnung der zwei Spanien.

Das *Pedagogium Español de Múnich*

Einen Beitrag zum Frieden in ihrem Heimatland wollte María de la Paz tatsächlich leisten und zwar mit dem Projekt, das sie lange vor dem Ausbruch des Bürgerkrieges 1936 am intensivsten vorangetrieben hatte. Nicht auf dem Weg der Diplomatie und der Politik, sondern in dem Bereich, den sie in Spanien als besonders reformbedürftig ansah: der Bildung. Auch wenn wir ihr letztlich gescheitertes *Pedagogium Español de Múnich* und seine konkrete Durchführung heute vielleicht kritisch beurteilen, so darf es doch bei unserer Betrachtung der bayerisch-spanischen Beziehungen nicht fehlen.

„Ich will meine beiden Länder mit einem Friedensband, das allein echte Freundschaft schafft, und viel fester hält, als alle kalten Staatsverträge, an Herz und Kopf aneinander binden“, so schreibt die Infantin am Ende ihres Textes „Mein Pädagogium“ über ihr Schulprojekt. Zuvor hatte sie über die erste Gruppe von Jungen erzählt, die 1908 zu ihr nach München gekommen waren, und sie mit dem impliziten Verweis auf ein Gemälde in der Pinakothek reichlich holzschnittartig beschrieben: „drei braune Buben mit tiefschwarzen Augen“, „drei lebende Bilder der Melonenesser von Murillo“. Ihre Zahl war 1913, zur offiziellen Eröffnung des Pädagogiums, auf 23 angewachsen, während des Krieges waren es dann über 30 spanische Kinder, die sie nach München geholt hatte.

Nicht zufrieden damit, nur Almosen zu geben und momentane Nöte zu mildern, hatte sich María de la Paz entschieden, eine Schule, genauer ein Institut zur Lehrerbildung zu gründen:

> als ich gewahrte, wie die deutsche Erziehung bei meinen eigenen Kindern vom zartesten Alter an die Liebe zur Arbeit weckte und förderte. Ich erkannte, daß die Hauptmöglichkeit der Erneuerung und Entwicklung eines Landes in der Erziehung liegt, in der Erziehung zur Arbeit.

Der genaue Plan für ihr Projekt wurde zwischen 1911 und 1913 nach mehreren Jahren der Probephase in vielen spanischen Zeitungen und Zeitschriften veröffentlicht. Er bestand darin, in Spanien begabte, aber mittellose Knaben ausfindig zu machen und nach München zu bringen. Dort wurden sie bis zum Abschluss der Grundschule in Internatsschulen geschickt, bekamen aber zusätzlich Unterricht in Spanisch und „anderen Fächern mit Bezug zur vaterländischen Kultur“. Daran schlossen sich sechs Jahre im eigentlichen Pädagogium an, für das Ludwig Ferdinand und die Infantin ein entsprechendes Haus in Nymphenburg angekauft hatten und das unter der Leitung des Domkanonikers Gonzalo Sanz aus Salamanca stand.

Wie der Unterricht am *Pedogogium Español* genau organisiert war, lässt sich leider nicht mehr eruieren, vermutlich aber entsprach das Curriculum dem der sechsjährigen Realschulen.

Nach dem Pädagogium folgte der Eintritt in die erst 1910 gegründete Lehrerbildungsanstalt Pasing mit der ordentlichen pädagogischen Ausbildung. Zusätzlich fuhren die Schüler alle zwei Jahre im September nach Spanien, nicht nur, um ihre Eltern und Familien zu sehen, sondern vor allem, um den Stoff der deutschen Schule mit dem der spanischen Ausbildungsstätten für Lehrer, den *Escuelas Normales* abzugleichen. Für die Sommermonate waren überdies internationale Austauschprogramme mit ähnlichen Schulen in Frankreich, England und Belgien vorgesehen. Schüler, die sich als nicht fähig oder willens für den Beruf des Lehrers bzw. weitergehend dem des Seminarlehrers zeigten, wurden nicht sich selbst überlassen, sondern konnten eine andere Art von Berufsausbildung abschließen.

Die Rechtsform des Pädagogiums war, wie könnte es in Deutschland anders sein, die eines 1913 in München eingetragenen Vereins mit dem Vereinszweck: „Arme spanische Kinder mit Hilfe der seitens der K. Spanischen Staatsregierung zugesagten Subventionen nach deutscher Methode zu Seminarlehrern erziehen und auf solche Art deutsche Kultur nach Spanien verpflanzen“. Ob die zugesagten Subventionen tatsächlich flossen oder ob Ludwig Ferdinand die nicht unerheblichen Kosten des Projekts trug – 750 Mark pro Schüler und Jahr in der Grundschule, deutlich mehr waren für das eigentliche Pädagogium veranschlagt –, ist unbekannt und letzten Endes unerheblich. Denn während des Ersten Weltkriegs vermochte María de la Paz zwar trotz aller Engpässe und eigener Einschränkungen, ihr Projekt am Leben zu halten, doch mit der Absetzung der Wittelsbacher und den Wirren der Räterepublik gab sie auf. Das *Pedagogium Español de Múnich*, das noch 1917 für die Übersetzung ihres Büchleins *Aus meinem Leben* ins Deutsche verantwortlich zeichnete, musste seine Pforten schließen und die Schüler nach Spanien zurückschicken.

Es sei dahingestellt, ob das Projekt, junge, arme Kinder vorwiegend aus ländlichen Regionen aus ihrer gewohnten Umgebung zu reißen, um sie in Deutschland zu Experten für das deutsche Bildungssystem auszubilden und sie dann, quasi als Missionare im eigenen Land, nach Spanien zu entlassen, wie geplant funktioniert hätte. Auch die Bildungsziele und Erziehungsstile, die mit dem Pädagogium verbunden waren, sollen hier nicht hinterfragt werden.

Interessant ist allerdings, dass über einen der ersten Schützlinge von María de la Paz nähere Informationen vorliegen. Es handelt sich um Domingo Sánchez, dem es offensichtlich 1918 noch gelang, die königlich bayerische Lehrerbildungsanstalt Pasing abzuschließen. Er wurde 1929 an der altehrwürdigen Universität Salamanca Dozent für Deutsch und wechselte 1943 an eine ehemalige Reformschule, wo jedoch in den ersten, extrem repressiven Jahren der Franco-Diktatur – genauso wie zur gleichen Zeit in Deutschland – keine modernen deutschen Erziehungsmethoden und Bildungstheorien mehr gefragt waren. Da waren längst die Zeitläufte und politischen Umbrüche über die hehren Aufgabenstellungen des Lieblingsprojekts der Infantin hinweggezogen.

Fast ein Jahrzehnt nach dem Tod von María de la Paz wurde 1954 in München übrigens das *Colegio Español* gegründet, eine kirchliche Institution, die es sich u.a. zum Ziele gesetzt hat, Spanier mit dem deutschen Bildungssystem und der deutschen „Mentalität" vertraut zu machen, wie es auf der Homepage des Kollegs heißt. Seit dieser Zeit hat es, nach eigenen Angaben, 2.500 spanischen Studierenden Unterkunft und Begleitung während ihres Studiums an den Hochschulen der Landeshauptstadt geboten, unter ihnen der spätere Kardinalerzbischof von Madrid, Antonio María Rouco Varela, und der langjährige Bamberger Professor für Fundamentaltheologie, Ignacio Escribano Alberca.

Die ersten Urlaubsreisen im Auto von München nach Spanien: die Tagebücher Prinzessin Pilars

Ob es wirklich die ersten Reisen in einem Automobil von München nach Spanien war, wird sich kaum noch nachprüfen lassen, unwahrscheinlich ist es aber nicht. Jedenfalls brachen Anfang Oktober 1910 Prinz Ludwig Ferdinand, die Infantin María und ihre Tochter Pilar zusammen mit zwei Chauffeuren im Benz nach Madrid auf. Die Hinfahrt dauerte – mit einem Tag Aufenthalt in Paris – elf Tage, die Rückfahrt Mitte November über Lyon und Genf zehn Tage; also deutlich mehr, als sie mit der Eisenbahn gebraucht hätten. Doch diese neue Art des Reisens sagte der bayerisch-spanischen Prinzenfamilie trotz der vielen Reifenpannen offensichtlich so zu, dass sie zwei Jahre später das Abenteuer wiederholten.

Über ihre Erlebnisse auf der Fahrt und in Spanien führte Pilar Tagebuch. Mit dessen Veröffentlichung, zuerst in der illustrierten Wochenschrift *Das Bayerland* und dann als Büchlein mit ihren eigenen Photographien, trat sie 1911 bzw. 1914 in die Fußstapfen ihrer Mutter. María de la Paz hatte ja bereits Jahre vorher begonnen, in spanischen Zeitungen Gedichte und ihre kleinen Geschichten zu publizieren, die im Nachhinein in Spanien und Deutschland auch als Bücher erschienen.

Doch es gibt natürlich Unterschiede. Die spanische Infantin erzählt in ihren kurzen Skizzen Episoden aus dem Familienleben, um aus ihrer Lebenserfahrung als Mutter und Großmutter heraus „gute Ratschläge" zu geben, die „den Spaniern von Nutzen sein könnten", und um darüber hinaus die Schranken zwischen sich und dem Volk niederzureißen. Bei Pilar, die auf der ersten Reise gerade einmal 19 Jahre alt war, fehlt selbstverständlich dieser belehrende Unterton.

Auch sie baut zwar ihre Texte über die einzelnen Wegstationen als kleine, in sich geschlossene Einheiten auf, aber diese Anekdoten sind vor allem von der jugendlichen Neugier geprägt und von den Eindrücken, die die Landschaften, die Dörfer, die Menschen und die Sehenswürdigkeiten bei ihr hinterlassen. Es ist daher kein Zufall, dass ihre Photographien in beiden Reiseberichten einen so großen Raum einnehmen. Nicht von ungefähr machte sie sich später als vom Impressionismus beeinflusste Malerin in Münchner Künstlerkreisen einen Namen.

Pilar schreibt für ihr Alter erstaunlich gut, selbst wenn man davon ausgehen darf, dass sie ihre Tagebuchaufzeichnungen vor der Drucklegung überarbeitete und vermutlich auch lektorieren ließ. Eines der zentralen Anliegen der bayerischen Prinzessin ist es, mit ihren Texten über das Heimatland ihrer Mutter Stimmungen wiederzugeben, ja sie eigentlich sogar aktiv zu erzeugen. Ein Beispiel während einer Autopanne im Baskenland:

> Dabei kam ich vor eine große, alte Kirche. Ich weiß nicht, in welchem Stil sie gebaut war – ich weiß nur, daß sie groß vor mir stand und daß ich ohne Zögern die Stufen hinaufging und durch

einen geschmückten Bogen eintrat. Hier standen Leute, die mir sagten, es sei eine Primiz gewesen. Ein paar Schritte weiter, und ich war mitten im Gottesacker, lauter weiße Grabsteine um mich her, vom Mondschein beleuchtet. Nichts regte sich, nur ein paar Blumen zitterten im Nachtwind. So ernst und ruhig standen sie da, die weißen Steine – so still und friedlich wie die Toten, die darunter lagen. Aber schon hörte ich das Automobil…

Ganz deutlich wird in diesem Zitat, dass es ihr nichts ausmachte, ihre Wissenslücken preiszugeben, hier über den Baustil der Kirche. Kunstgeschichtliche Exkurse lagen ihr ebenso fern wie die Versuchung, einen mit historischen Daten überfrachteten Reiseführer zu verfassen. Dafür hatte sie ja, neben dem Baedeker, ihren kunst- und geschichtsbeflissenen Vater auf der Autofahrt dabei. Stattdessen strebte sie danach, in einer bildhaft-metaphorischen Sprache vor allem die Aspekte der Reise hervorzuheben, die die Sinne ansprechen.

Von Valladolid aus wollte ihr „Papa", Prinz Ludwig Ferdinand, eine alte Ruine in Medina del Campo besichtigen. Warum, verrät sie nicht. In der Dämmerung erreichten sie die Stadt, wo sich das mächtige Gebäude mit seinen Türmen „als dunkler Schatten vom Abendhimmel ab[hob], auf dem die letzten Sonnenlichter spielten". Die offenbar wenig romantisch veranlagte, bodenständige Frau, die sie führte, „sah ganz verstört darein, als wir meinten, es müsse schön sein, wenn der Mond durch die großen Fensterhöhlen hereinblickt oder den Hof mit seinem Silberlicht umspinnt".

Kurz darauf gingen sie durch einen langen, dunklen Gang bis zu einem großen, dunklen Loch, „ähnlich einem Verließe". „Hier blieb sie stehen, leuchtete in die schwarze Tiefe hinunter und versicherte uns – aber mit heiligem Ernst –, daß das die Wohnung Johannas der Wahnsinnigen gewesen sei."

Dass die Spanienunkundigen unter ihren bayerischen Leserinnen und Lesern möglicherweise nicht wussten, wer Johanna die Wahnsinnige war, ficht Pilar nicht an. Eine Erklärung zum traurigen Schicksal der Mutter von Kaiser Karl V. würde nicht zu dieser nächtlichen Besichtigung passen, daher unterschlägt sie sie.

Bei ihrer nächsten Spanienfahrt zwei Jahre später kommen María de la Paz, Ludwig Ferdinand und ihre Tochter wieder nach Medina und besuchen wieder die Burg. In ihrem zweiten Reisetagebuch ruft Pilar die Erinnerung an die nächtliche Besichtigung auf und führt sie nun weiter:

> Vor zwei Jahren hatte ich hier den Eindruck von etwas Unheimlichen, Geisterhaften; doch hatte ich es damals auf Rechnung des fahlen Mondlichts gesetzt. Jetzt stand ich in voller Sonne vor den alten Steinen – und wieder hatten sie etwas Märchenhaftes, Verzaubertes. Raben streiften um den alten verlassenen Turm und ließen sich von Zeit zu Zeit in den Rissen und Schießscharten nieder. Ein Junge kam mit dem Schlüssel gelaufen, uns einzulassen.

Pilar knüpft also zunächst bruchlos an die Empfindungen des ersten Besuchs an. Dann aber erweitert sie das Spektrum ihrer Themen mit ein paar Absätzen über den Jungen, der sein Essen stehenließ, um sie zu führen, und der die Handvoll Münzen, die sie ihm schenkten, aus eigenem Antrieb seiner Mutter gab. Doch selbst diese uneigennützige Tat des Kindes, die ihre Mutter sicherlich zu einer moralischen Ermahnung genutzt hätte, bleibt bei Pilar unkommentiert als ein aus sich selbst heraus wirkendes Bild stehen. Ganz ähnlich wie die Burg im Abschlusssatz: „Eine alte, verfallene Ruine mit krächzenden Raben". Johanna die Wahnsinnige wird zwar am Rande erwähnt, jetzt sogar als Mutter Karls V. identifiziert, aber eine wichtige Rolle im Text darf sie als historische Figur nicht spielen.

Während ihres Aufenthalts in Madrid setzt Pilar diese Art und Weise, ihrem Publikum Spanien zu präsentieren, konsequent fort. Politische, wirtschaftliche, gesellschaftliche, historische Aspekte fehlen praktisch vollkommen. Die königliche Familie, ihr in Madrid verheirateter Bruder Ferdinand María, ihre Schwägerin, die Infantin María Teresa – außer im zweiten Band, als sie nach der Geburt des vierten Kindes stirbt –, sie alle bleiben, ganz anders als in den Texten ihrer Mutter, merkwürdig blass. Immer wieder werden sie zurückgedrängt von Einzelszenen, die als Bilder in den Vordergrund rücken.

So bei einem gemeinsamen Spaziergang im Pardo, der königlichen Parkanlage außerhalb Madrids. Plötzlich ist da eine Feier, und alles andere interessiert nicht mehr:

> Alt und jung ordnete sich und begann die Jota zu tanzen. Und ich muss sagen, ich habe noch nie ein malerischeres Bild gesehen. Der rotleuchtende Himmel und die dunklen Eichen im Hintergrund, vorn die buntfarbig gekleideten Paare, die mit ebensoviel südländischem Feuer als mit würdevoller Ruhe und Grazie tanzten und der junge Mann, der dazu sang und spielte und dessen Blick bald mit Wohlgefallen auf seiner tanzenden Braut ruhte, bald in unendliche Ferne schweifte – ich kann nicht anders sagen: es war wunderschön, wie ein lebendes Goyabild.

Den Vergleich mit einem spanischen Maler hatte auch ihre Mutter bei der Betrachtung der Kinder ihres Pädagogiums verwendet und war, wie Pilar an dieser Stelle, natürlich in Klischeevorstellungen abgerutscht. Doch die Tochter lässt dem einmal evozierten Bild sein Eigenleben, zieht keine Schlussfolgerungen daraus. Ihr nächster Schritt ist nicht die Synthese oder die Moral von der Geschicht', sondern die Suche nach dem nächsten Bild.

Wie bewusst sie dabei vorgeht, belegt sie ein paar Tage später im Zentrum Madrids. Den Fremden zeige man normalerweise die moderne Seite der Hauptstadt, sagt sie. Sie hingegen geht mit ihrer Mutter in eine enge, pittoreske Gasse voller Buden und Menschengewirr. Ihre „dürftige Sprache" reiche dabei nicht aus, die „Leute aus dem Volk" in all den Farben zu schildern, die sie dort sah.

Im Kontext dieser Szene taucht nun eine der wenigen Äußerungen der Prinzessin auf, die man als Stellungnahme zu ihrem Schreiben und gleichzeitig zu ihrer Weltanschauung interpretieren könnte:

> Aber in diese kleine Straße, in welcher die armen Leute wohnen, kommt selten ein Fremder, höchstens ein Maler oder ein Poet, der Bilder spanischen Volkslebens eigens aufsucht. Ich bin weder Maler noch Poet, aber meine Mutter hat es verstanden, mir schon in den allerersten Kinderjahren Freude an dem einzuflößen, was schön und gesund ist, was aus Herz und Seele kommt, und das höher zu schätzen als die raffinierten Reize, die man den Dingen künstlich anbildet und die vielleicht nichts weiter als Effekthascherei sind.

Deutlich ist hier zu spüren, wie Pilar die grundlegend ethische Haltung der Mutter zwar aufnimmt, sie dann aber ästhetisch zuspitzt, indem sie die künstlichen Reize, die der Modernismus der Jahrhundertwende so stark betont hat, zugunsten der gesuchten Natürlichkeit und Volkstümlichkeit ablehnt. Und dennoch haftet ihren Szenen, die ein wenig den *cuadros de costumbres* oder literarischen Sittengemälden des 19. Jahrhunderts ähneln, ein moderner Zug an. Dort nämlich, wo sie sich weigert, sie noch einmal moralisch zu wenden, dazu Stellung zu nehmen, sie zu kommentieren oder für eine vorausgehende These zu vereinnahmen.

Einen echten Informationsgewinn über Spanien im Sinne harten Faktenwissens konnten die bayerischen Leserinnen und Leser aus der Lektüre der Tagebuchaufzeichnungen von Prinzessin Pilar nicht ziehen. Stattdessen vermitteln die Texte durch ihre bildhafte Sprache eine ganz persönlich eingefärbte Faszination für das Land, die ihre Wirkung sicher nicht verfehlte.

Ausblick

Kurz nach der ersten Autofahrt der Wittelsbacher über die Pyrenäen kam der Journalist Julio Camba nach Deutschland und verfasste während seines zweijährigen Aufenthalts eine ganze Reihe von kurzen „crónicas – Streiflichtern" für spanische Tageszeitungen, die er 1916 in dem Band *Alemania. Impresiones de un español* sammelte.

Die köstlichen und witzig geschriebenen Beobachtungen zu den Bayern im zweiten Teil des Buches unterscheiden sich dabei deutlich von den zarten Pinselstrichen, mit denen die junge Prinzessin ihre Eindrücke aus Spanien zu Papier bringt. Denn der aufmerksame Beobachter Camba begnügt sich nicht damit, Bilder zu evozieren und kleine Skizzen anzufertigen. Als engagierter Auslandskorrespondent spitzt er zu, indem er beispielsweise Ludwig I. auf Griechenland und Lola Montez reduziert, indem er aus der Physiognomie des Münchners – konkret aus seinem Bierbauch – auf seinen Charakter schließt, indem er über die laxe Moral der Münchnerinnen philosophiert oder indem er dem Bier eine grundlegend demokratisierende Funktion zuschreibt.

Bayern dient ihm bei seiner Beschreibung Deutschlands und der Deutschen als Kontrastfolie zum preußischen, monumentalen Berlin, mit dem er sich nicht so recht anfreunden kann. Symptomatisch dafür ist, dass er die Reihe der Artikel über Berlin mit einer etwas distanzierten Beschreibung der Berliner beginnt, während er sich in München als Autor gleich selbst mitten ins Geschehen platziert – wenn auch vermutlich ein wenig karikaturesk übertrieben: „Ich war gerade zwei Stunden in München, da hatte ich schon drei Liter Bier intus. Dies ist das Land des Bieres und der schmucken Kunst. Ein absolut sympathisches Land übrigens!"

Dass er mit seiner leicht spöttischen, aber immer liebevollen, niemals bösartigen Sicht der Dinge an die Beschreibungen des spätmittelalterlichen Deutschlandreisenden Pero Tafur erinnert, war Camba sicherlich nicht bewusst. Dass er für die Wirkung seiner Texte bisweilen tief in die Stereotypenkiste griff und damit das Deutschlandbild der Spanier prägte, das nahm er hingegen wohl billigend in Kauf.

Doch mehr als Camba und die Gattung Reiseberichte interessieren uns die Beziehungen der bayerischen Wittelsbacher zu Spanien, so dass wir es bei diesen wenigen Anmerkungen belassen, um uns in der nächsten Episode dem zweiten Sohn von Infantin María de la Paz, Prinz Adalbert zuzuwenden.

Auswahlbibliographie

Álvarez, María Teresa. *La infanta Paz de Borbón. La novela de la hermana desconocida de Alfonso XII.* Madrid: La Esfera de los Libros, 2011.

Bayern, Adalbert von. *Vier Revolutionen und einiges dazwischen. 70 Jahre aus dem Leben der Prinzessin Ludwig Ferdinand von Bayern, Infantin von Spanien.* Eichstätt: Franz-Sales-Verlag, 1935.

Bayern, Adalbert von. *Erinnerungen 1900-1956.* München: Langen Müller, 1991.

Bayern, María de la Paz von. *Aus meinem Leben. Erinnerungen von Paz, Prinzesin Ludwig Ferdinand von Bayern, Infantin von Spanien.* München: Georg Müller, 1917.

Bayern, Pilar von. *Im Auto nach Spanien. Tagebuchblätter von Pilar Prinzessin von Bayern.* München: Goltz, 1911.

Bayern, Pilar von. *Meine zweite Autoreise nach Spanien. Tagebuchblätter von Pilar, Prinzesin von Bayern*. München: Lindauer, 1914.

Camba, Julio. *Alemania. Impresiones de un español*. Madrid: Espasa-Calpe, 2. Aufl. 1927.

Collado Seidel, Carlos. „Nachkriegszeit. Die Hoffnung starb im Dezember", in: *Süddeutsche Zeitung*, 2. Dezember 2016.

Dorado, Carlos. „Paz de Borbón, real periodista", in: María del Pilar Palomo (Hrsg.). *Sofía Casanova y las periodistas de entresiglo*, Madrid: Espéculo, Universidad Complutense, 2016, 21-33.

Rey y Cabieses, Amadeo-Martín. *Wittelsbach y Borbón: relaciones y enlaces entre las Casas Reales de Baviera y de España. Siglos XIX al XXI*. Madrid: Asociación de Diplomados en Genealogía, Heráldica y Nobiliaria, 2005, http://www.adghn.org/confe/2005/baviera.pdf.

Schweiggert, Alfons. *Ludwig II. und die Frauen*. München: Allitera, 2016.

Val, Mariano Miguel de. „El ‚Pedagogium Español' en Múnich", in: *Ateneo*, 11, 1911, 259-260.

Adalbert von Bayern:
erster Botschafter der Bundesrepublik Deutschland in Spanien

Die Konzentration auf die wittelsbachischen Kontakte zu Spanien, die wir in diesem Kapitel weiterführen, bietet den Vorteil, unterschiedliche Episoden der immer enger werdenden bayerisch-spanischen Beziehungen als einigermaßen zusammenhängende Geschichte zu erzählen. Sie bilden also gewissermaßen einen roten Faden, an den die nicht erzählten, aber mindestens ebenso wichtigen, spannenden und interessanten Episoden als Exkurse oder Verzweigungen angeknüpft werden könnten.

Ein solcher Exkurs müsste eigentlich über den Regensburger Paläontologen Hugo Obermaier eingefügt werden, der es dank seiner Forschungen in frühgeschichtlichen Höhlen Spaniens in den 1920er Jahren bis zum ordentlichen Professor der Universidad Complutense in Madrid brachte. Oder über Adolf Schulten, der zwar von Geburt kein Bayer war, aber als Erlanger Professor für Archäologie entscheidende Studien zu den für Spanien so wichtigen historischen Stätten Numancia und Tartessos vorlegte. Natürlich dürfen dabei auch die Romanisten und Hispanisten nicht vergessen werden, die in Bayern für die spanischen Forschungen der Zwischenkriegszeit wichtige Akzente gesetzt haben. Unter ihnen seien vor allem der an der Universität in München wirkende Karl Vossler und der Rosenheimer Privatgelehrte Ludwig Pfandl genannt.

Die Reihe der personenzentrierten Episoden würde wohl der Bamberger Ingenieur Willy Messerschmitt abschließen, der in Augsburg und Regensburg zu einem der wichtigsten Flugzeugbauer der Nationalsozialisten aufgestiegen war. Statt nach dem Krieg wie so viele seiner Kollegen in die USA zu gehen, verlegte er sich in Deutschland auf zivile Projekte. In Spanien jedoch nahm er die Einladung von Franco an, in der Firma Hispano-Aviación in Sevilla von 1951 bis 1960 Kampfflugzeuge für die spanische Luftwaffe und für den Export zu konstruieren. Angesichts der Waffenhilfe Hitlers für die Putschisten im Bürgerkrieg, die im April 1937 in der Bombardierung und Zerstörung Gernikas durch die Legion Condor gipfelte, stellt diese Zusammenarbeit mit dem Diktator sicherlich eine tiefdunkle Episode der bayerisch-spanischen Beziehungen dar.

Doch, wie gesagt, eine Gesamtdarstellung des Zeitraums, der mit wenigen, punktuellen Kontakten Mitte des 19. Jahrhunderts beginnt und an der Schwelle zu den vieltausendfachen Begegnungen zwischen Bayern und Spaniern mit den Anwerbeverträgen für die sogenannten „Gastarbeiter" und mit dem beginnenden Tourismusboom endet, kann hier nicht geleistet werden. Konzentrieren wir uns daher auf den roten Faden.

Die komplizierte Suche nach einem Botschafter

Nur wenige Jahre nach dem Tod von María de la Paz eröffnete sich den Wittelsbachern eine gänzlich unerwartete Möglichkeit, ihre Beziehungen nach Spanien zu festigen. Ende Juni 1952 setzte sich das Kanzleramt in Bonn mit dem Sohn der Infantin, dem Historiker Adalbert von Bayern in Verbindung, um ihm den Posten des ersten Botschafters der Bundesrepublik Deutschland in Spanien anzutragen.

Eineinhalb Jahre zuvor hatten die Vereinten Nationen den Boykott der als faschistisch eingestuften Franco-Diktatur aufgehoben, und im März 1951 hatte die junge Bundesrepublik mit der Wiederbegründung des Auswärtigen Amtes die entsprechenden außenpolitischen und diplomatischen Spielräume erhalten, um über die Einrichtung von Botschaften zu entscheiden. Aufgrund der engen Zusammenarbeit Francos mit den Nationalsozialisten im Bürgerkrieg und im Zweiten Weltkrieg gehörte die Vertretung in Madrid aber ohne Zweifel zu den heikelsten. Bis Mitte 1951 nahmen daher die Alliierten die Interessen Westdeutschlands in Madrid noch in eigener Regie wahr, erst danach gaben Großbritannien und Frankreich ihren Widerstand auf. Dennoch sollte es ein ganzes Jahr dauern, bis die Suche der Bundesregierung nach einem geeigneten Vertreter Erfolg hatte.

Erfahrene und gleichzeitig politisch unbelastete Diplomaten waren außerordentlich rar, so dass sich die Besetzung sehr zum Unwillen Spaniens verzögerte. Adenauer selbst soll, wie Aschmann anführt, das Anforderungsprofil folgendermaßen umrissen haben: Katholisch müsse er sein, dabei dürfe er nicht zu weit links stehen, um den Spaniern entgegen zu kommen, aber auch nicht zu weit rechts, um auf die Befindlichkeiten im eigenen Land im Verhältnis zu Spanien Rücksicht zu nehmen.

Zwei hoch gehandelte Kandidaten scheiterten am Einspruch Frankreichs bzw. am Veto Madrids, bis die Wahl schließlich auf den 66-jährigen Prinzen Adalbert fiel, wobei *Der Spiegel* damals als treibende Kraft hinter der brisanten Personalie den jungen Generalsekretär der CSU, Franz Josef Strauß vermutete.

Für Adalbert sprachen neben der Konfession seine hervorragende Kenntnis des Landes und seiner Geschichte sowie die familiären Beziehungen. Seine Erfahrungen in Verwaltung und Diplomatie beschränkten sich hingegen auf die wenigen Monate, die er nach dem Krieg das Bayerische Rote Kreuz geleitet hatte, sowie auf den ebenfalls kurzzeitigen Vorsitz der in München angesiedelten Deutsch-Spanischen Gesellschaft.

Er selbst sah daher seine Berufung eher skeptisch als Übergangslösung für eine erste Zeit des Neuanfangs. Sicherlich klarer als die Verantwortlichen in Bonn erkannte er die wahrlich absonderlichen Rahmenbedingungen. Von den Strukturen der jungen Demokratie, die er doch im Ausland vertreten sollte, hatte er recht wenig Ahnung.

Das Oberhaupt der Familie, Kronprinz Rupprecht, dessen Erlaubnis er benötigte, hatte einen grundsätzlicheren Einwand. Die Wittelsbacher hatten ihre Absetzung als bayerische Könige nie anerkannt. Nun war die Frage, ob Adalberts Stellung als Botschafter die Thronrechte tangieren würde. Aber theoretisch, so die Berater Rupprechts, wäre ja immer noch ein in die Bundesrepublik Deutschland eingegliedertes Königreich Bayern möglich. Nur mit dem Verweis darauf, dass die Annahme des Botschafterpostens in Madrid nicht gleichbedeutend mit der Anerkennung der Republik – in Bayern – sei, erhielt Adalbert daher die Genehmigung.

Nicht minder verwickelt stellten sich die Verhältnisse aus der Sicht des Wittelsbachers in dem Land dar, in dem er künftig wirken sollte. Über seine Mutter und über seinen Bruder war er gleich zweifach mit dem spanischen Thronfolger Juan de Borbón verwandt. Dieser hatte nach dem Zweiten Weltkrieg im Exil seine Bereitschaft signalisiert, als konstitutioneller Monarch nach Spanien zurückzukehren, um die Diktatur zu überwinden. Im Gegenzug hatte Franco eine Verfassungsreform durchgesetzt, in der Spanien zwar offiziell wieder in ein Königreich umgewandelt worden war, er selbst hatte sich aber als Staatschef auf Lebenszeit eingesetzt, mit dem Recht, den künftigen König oder Regenten zu bestimmen.

Adalbert sollte also in einer formellen Monarchie, die in Wirklichkeit eine rechtsgerichtete Diktatur war, als enger Verwandter des im Exil lebenden Königs bzw. Thronprätendenten, der gegen diese Diktatur eingestellt war, eine junge, freiheitlich-demokratisch verfasste Republik vertreten, die seine eigene Familie mit einem gewissen Misstrauen betrachtete.

Franco focht das nicht an. Er wollte einen deutschen Botschafter und nahm den Bonner Vorschlag, ihm einen diplomatisch unerfahrenen Wittelsbacher zu schicken, offenbar gerne an. Dies mag auch mit den Strömungen im eigenen Regierungsapparat zu tun gehabt haben, in dem sowohl konservativ-monarchistische Tendenzen vertreten waren als auch Anhänger der alten Falange-Partei, die aus der faschistischen Bewegung kamen. Der Pragmatiker Franco wusste immer, die widerstrebenden Richtungen im eigenen Lager je nach gesamtpolitischer Lage zu nutzen, und in den frühen 50er Jahren mit der Annäherung Spaniens an die USA waren die monarchistischen Strömungen trotz des Konflikts mit Juan de Borbón definitiv opportuner als die dem Faschismus nahestehenden.

Prinz Adalberts Wirken in Spanien

Das Aufgabenspektrum Adalberts in Madrid war weit gespannt. Er sollte über Reiseerleichterungen verhandeln, die Gültigkeit von Verträgen aus dem Deutschen Reich klären, zur Verbreitung der deutschen Kultur in Spanien beitragen und die deutsche Kolonie betreuen – was an sich schon genügend Konfliktpotential bot, denn unter den gut 10.000 in Spanien ansässigen Deutschen waren nicht wenige Nazis, die vor dem Ende des Zweiten Weltkriegs dort geblieben oder nach Kriegsende dorthin geflohen waren.

Die schwierigste Mission jedoch war die Frage des enteigneten deutschen Eigentums. Mit Einverständnis der Alliierten bzw. in ihrem Auftrag hatte Spanien nicht nur die offiziellen Einrichtungen Deutschlands wie Botschafts- und Konsulatsgebäude, Deutsche Schulen etc. beschlagnahmt, sondern auch private Vermögenswerte von Deutschen und deutschen Firmen in Spanien. Die Lösung dieses Problems stand auf der Agenda Bonns ganz obenauf, aber auch die deutsche Wirtschaft und viele der in Spanien lebenden Deutschen sahen darin eines der Haupthindernisse für eine künftige Zusammenarbeit.

Gerade an diesem Punkt wird die knapp vierjährige Amtszeit des bayerischen Prinzen häufig gemessen und aus der Rückschau eher negativ bewertet, denn Adalbert gelang es nicht, die verkrusteten Positionen aufzubrechen und zu einer Annäherung beizutragen. Allerdings stellt sich die Frage, ob ein einzelner Botschafter dazu überhaupt in der Lage war. Denn die Enteignungen in Spanien hingen direkt mit der Frage der Reparationsforderungen an die Bundesrepublik zusammen und müssen deshalb im Gesamtzusammenhang der Politik Adenauers gegenüber den Alliierten gesehen werden.

Eine deutsch-spanische Einigung ohne Genehmigung der Westmächte wäre vor der Erlangung der Souveränität 1955 nicht vorstellbar gewesen. Letztlich stand der Weg zu bindenden bilateralen Verhandlungen erst Anfang 1956 offen, zu einer Zeit, als die Ablösung von Prinz Adalbert längst feststand. Ihn und sein Wirken in Madrid allein anhand dieses übergeordneten Problems zu beurteilen, wäre daher nicht gerecht.

Er selbst sah seine Aufgabe, wie gesagt, auch viel bescheidener darin, nach siebenjähriger Unterbrechung die Botschaft „buchstäblich aus dem Nichts wieder aufzubauen“. Darunter verstand er vor allen Dingen, dass er die junge Bundesrepublik würdig repräsentieren wollte. Denn ebenso hellsichtig, wie er die komplexen Rahmenbedingungen seiner Berufung analysierte, kommentierte er in seinen *Erinnerungen* an mehreren Stellen auch seine deutlich eingeschränkten Kompetenzen. In den

Zeiten der modernen Kommunikationsmittel habe ein Botschafter praktisch keinerlei Entscheidungsfreiheiten mehr, sondern hänge direkt von den Weisungen des Auswärtigen Amtes ab, die ihm per Telefon oder Fernschreiber mitgeteilt würden.

Darüber hinaus verfügte er als Quereinsteiger ja weder über die nötige Erfahrung bei konkreten diplomatischen Verhandlungen, noch über die erforderlichen Fachkenntnisse, um die anstehenden Gespräche über die Eigentumsfrage, die Umsetzung des Handelsabkommens oder die Erarbeitung eines neuen Kulturabkommens selbst in die Hand nehmen zu können. Wenn er daher nach eigenen Angaben rasch in seinen „neuen Beruf" hineinfand, so gelang ihm dies, wie er schreibt, vor allem „mit Hilfe meiner Herren vom Fach und der Aufgeschlossenheit aller spanischen Stellen".

Mit leicht melancholischem Unterton bezeichnet sich Prinz Adalbert auch als Relikt aus einer vergangenen Epoche. Doch gerade auf dieser Basis versuchte er, das Beste aus seinen beschränkten Kompetenzen zu machen und die Möglichkeiten in die Waagschale zu werfen, die ihm seine Biographie bot: „Mir schien ein guter Kontakt mit dem Gastland für das Ansehen der Bundesrepublik besonders wichtig, außerdem war es eine der wenigen Aufgaben, die mir persönlich vorbehalten blieb."

Die Kontakte bestanden, wenn man seine Ausführungen über die Madrider Jahre etwas polemisch zusammenfassen möchte, zu einem Gutteil aus Cocktails – „manchmal mehrere am Tag" –, Diners und Bällen. Bisweilen fügt er rechtfertigend hinzu, dass man auf diesen Empfängen die persönlichen Beziehungen pflegen könne, die für die spanische Mentalität so wichtig seien und die deshalb eine Grundvoraussetzung für erfolgreiche offizielle Gespräche über geschäftliche und politische Angelegenheiten seien. Angesichts der hohen Fluktuation der Referentenposten in der Botschaft fordert er in seinen Empfehlungen an das Auswärtige Amt daher sogar etwas naiv ein, dass solch typisch spanische Befindlichkeiten sehr viel mehr Berücksichtigung finden sollten.

Dieser Schwerpunkt seiner Arbeit in Madrid und insbesondere die Auswahl der Gäste und Gastgeber bei solchen Empfängen stieß sowohl in Bonn als auch in seinem eigenen Haus nicht auf uneingeschränkte Gegenliebe. Das belegt sehr schön ein

Brief des Botschaftsrats Schlitters an das Auswärtige Amt, in dem er sich, wie das bei Lehmann angeführte Zitat zeigt, darüber beschwert, dass

> Prinz Adalbert [...] einen regelmäßigen privaten gesellschaftlichen Verkehr mit seinen Verwandten und Freunden aus dem monarchistischen Lager [unterhält]. Gegen einen solchen Verkehr könnte nach meiner Auffassung an sich nichts eingewendet werden, wenn nach der Seite der Pflege dienstlicher Beziehungen ein größeres Gegengewicht gegeben wäre.

Klarer kann man das Unbehagen der Berufsdiplomaten an Prinz Alberts Amtsführung wohl nicht ausdrücken.

Den zweiten und vom zeitlichen Umfang her mindestens gleichberechtigten Bereich seiner selbstgesteckten Repräsentationsaufgaben umfasste das, was man im weiteren Sinn Kultur nennen kann: Vorträge – er war Mitglied der königlichen Akademie für Geschichte –, Ausstellungen, Theater, Musik- und Sportveranstaltungen, Besuche von Museen, Bibliotheken, Schulen, religiösen Festen, Reisen im Land usw.

Adalbert nahm also aktiv am spanischen Kulturleben teil, aber er beschränkte sich keineswegs darauf. In Ermangelung eines deutschen Kulturinstituts übernahm die Botschaft unter seiner Regie auch die Funktion, deutsche Kultur nach Spanien zu vermitteln:

> Sie kamen einzeln und in Gruppen [...], Musiker mit oder ohne Orchester, Künstler und Gelehrte aller Sparten, Teilnehmer an verschiedenen Kongressen, Industrielle, Techniker, Sportler, Touristen. Spanien wurde Mode, galt auch noch als billiges Reiseland. Fast immer tagte irgendwo im Land ein Kongreß oder eine Ausstellung.

In dieser Hinsicht hatte Spanien also bereits den Anschluss an Europa geschafft, und für den Aufbau und die Konsolidierung dieser kulturellen Aktivitäten war Adalbert sicherlich die richtige Person zur rechten Zeit. Dies zeigt auch sein intensives Bemühen um die Wiedererrichtung Deutscher Schulen, des Deutschen Archäologischen Instituts in Madrid oder des geplanten Goethe-Instituts, das 1957 gegründet wurde.

Für den Ausbau der Wirtschaftsbeziehungen und für die Konzeptionierung einer stringenten Spanienpolitik der Bundesrepublik konnte der bayerische Prinz, dem das politische Leben in Bonn fremd blieb, jedoch kaum Impulse setzen. Es ist daher nicht verwunderlich, dass er nach beinahe vier Jahren im April 1956 durch einen Wirtschaftsexperten abgelöst wurde. Eher schon verwundert es, dass ihn das Auswärtige Amt so lange auf dem Posten in Madrid beließ.

Die Gegenrichtung: die Gründung des Spanischen Kulturinstituts in München

Noch erstaunlicher aber ist, dass Adalbert in seinen *Erinnerungen* nicht näher auf eine Institution eingeht, die seit seiner Amtszeit die bayerisch-spanischen Kulturbeziehungen in ganz besonderer Weise repräsentiert: das Spanische Kulturinstitut, das zu Beginn der 1990er Jahre in Instituto Cervantes umbenannt wurde und heute eine unschätzbare Vermittlerarbeit zwischen Spanien und Bayern leistet.

Schon Anfang der 1950er Jahre hatte der spanische Gesandte in Bonn, Antonio Aguirre, seinem Außenministerium in einem Schreiben voller Superlative München als den am besten geeigneten Sitz für eine solche Einrichtung vorgeschlagen: weil Bayern die katholischste Region Deutschlands sei, am enthusiastischsten mit Spanien fühle und weil dort die USA, Frankreich und Italien schon ihre besten Kulturinstitute aufgebaut hätten.

Noch vor dem Abschluss des Kulturabkommens 1954 kamen die Verhandlungen in Gang, die sich weniger um die Sache selbst, als um ein geeignetes Gebäude drehten. Die Bayerische Staatsregierung überließ schließlich Spanien entsprechende Räumlichkeiten in der noch halb zerstörten Residenz, von wo das Institut 1968 an seinen heutigen Sitz am Mastallplatz umzog.

Bei der Eröffnung des *Instituto Español de Cultura*, des ersten und lange Zeit einzigen seiner Art in Deutschland, war im Januar 1956 mit dem Ministerpräsidenten, verschiedenen Ministern, Kardinal Wendel, Professoren der Universität und Vertretern der Wirtschaft die Crème de la Crème der bayerischen und Münchner Gesellschaft anwesend, außerdem natürlich Adalberts Schwester Pilar und Herzog Albrecht als Oberhaupt des Hauses Wittelsbach. Die Ansprachen hielten der große Dichter und Philologe Dámaso Alonso sowie der Kulturstaatssekretär Villacieros, der, wie Ruiz Escudero hervorhebt, München als „capital del hispanismo – Hauptstadt des Hispanismus“ in Deutschland bezeichnete.

Auch wenn dieser Ehrentitel bei einer solchen Veranstaltung natürlich als rhetorische Verbeugung vor den Gastgebern gesehen werden muss, so steckte doch ein Körnchen Wahrheit darin. Die Universität hatte sich seit Karl Vossler als Zentrum der Spanienforschung etabliert, die Bestände der Staatsbibliothek und der Universitätsbibliothek waren hervorragend, das vielfältige Engagement von Infantin María de la Paz wirkte immer noch nach, Franz Josef Strauß hatte von Bonn aus bereits seine Fühler nach Spanien ausgestreckt und konservative Kreise Bayerns aus dem Umfeld des von Spanien finanzierten Europäischen Dokumentations- und Informationszentrums (CEDI) und der Deutsch-Spanischen Gesellschaft hatten maßgeblich dazu beigetragen, in Deutschland das Bild der Franco-Diktatur als Verteidigerin des christlichen Abendlandes gegen die kommunistische Gefahr hoffähig zu machen.

Welch ein Unterschied also zu den Zeiten, als Ludwig I. gut 100 Jahre zuvor verzweifelt auf der Suche nach jemandem war, mit dem er Spanisch sprechen konnte. Nun war Spanien tatsächlich nahe an Bayern herangerückt, und die Wittelsbacher hatten ihr nicht geringes Scherflein dazu beigetragen.

Doch war mit dem damals direkt vom Regime abhängigen Kulturinstitut und den genannten Organisationen das offizielle Spanien fast zu nahe an Bayern gerückt. Genauer gesagt: Bayern pflegte überaus freundschaftliche Beziehungen zum Spanien der Rechtsdiktatur Francos, von dem sich auch Adalbert im Abschlussbericht über seine Zeit als Botschafter nicht wirklich distanzierte. Die Zusammenarbeit Willy Messerschmitts mit spanischen Rüstungsunternehmen und die Alleingänge von Franz Josef Strauß in Richtung auf eine militärische Zusammenarbeit trugen ebenfalls nicht dazu bei, dass in dieser Zeit besonders harsche Kritik an der Diktatur geübt wurde.

Allerdings gab es in München und in Bayern durchaus auch gegenläufige Strömungen, die mit den Zuständen in Spanien härter ins Gericht gingen. Zu ihnen gesellten sich dann schlicht und ergreifend historische Zufälle, die in den folgenden beiden Jahrzehnten zu ganz außergewöhnlichen Episoden der bayerisch-spanischen Beziehungen führen sollten; Episoden, Ereignisse und kritische Stellungnahmen, die Franco aus dieser inzwischen so klar hispanophilen Region Deutschlands in dieser Form wohl nicht erwartet hätte.

Auswahlbibliographie

Aschmann, Birgit. *„Treue Freunde...“? Westdeutschland und Spanien 1945-1963*. Stuttgart: Franz Steiner, 1999.

Bayern, Adalbert von. *Erinnerungen 1900-1956*. München: Langen Müller, 1991.

Collado Seidel, Carlos. *Angst vor dem „Vierten Reich“: die Alliierten und die Ausschaltung des deutschen Einflusses in Spanien 1944-1958*. Paderborn: Schöningh, 2001.

Collado Seidel, Carlos. „Die Gründung des Spanischen Kulturinstituts in München im Kontext der 1950er Jahre“, in: *Instituto Cervantes Múnich. 60 Jahre interkultureller Dialog*. München: Instituto Cervantes, 2017, 20-39.

Lehmann, Walter. *Die Bundesrepublik und Franco-Spanien in den 50er Jahren*. München: Oldenbourg, 2006.

N.N. „Wittelsbach. Das Königshaus zuerst“, in: *Der Spiegel*, 16. Juli 1952, 5-7.

Ruiz Escudero, Inés. „La política cultural española en la República Federal de Alemania: el Instituto de España en Múnich (1956-1966)“, in: *Investigaciones Históricas*, 28, 2008, 201-216.

Ruiz Escudero, Inés. *Franco y Adenauer: la diplomacia cultural hispano-alemana en los años cincuenta*. Valladolid: Universidad de Valladolid, 2015.

Salas Lazarrabal, Jesús María. *La Hispano-Aviación*. Madrid: Ministerio de Defensa, 1999.

Sanz Díaz, Carlos. *España y la República Federal de Alemania (1949-1966)*. Dissertation Universidad Complutense de Madrid, 2005, http://biblioteca.ucm.es/tesis/ghi/ucm-t28931.pdf

Spanien auf dem Weg nach Europa:
das Techtelmechtel der spanischen Opposition in München

Anfang Juni 1962 fand im Palast-Hotel Regina in München der 4. Internationale Kongress der einflussreichen Europäischen Bewegung statt. Im Vorfeld dieser Veranstaltung trafen sich im gleichen, altehrwürdigen Hotel insgesamt 118 Spanier, um auf Einladung der Europäischen Bewegung eine Resolution über das Verhältnis Spaniens zum zusammenwachsenden Europa zu erarbeiten.

Soweit wäre noch alles in Ordnung gewesen, hatte doch Franco selbst im Februar 1962 einen Antrag auf Beitritt in die Europäische Wirtschaftsgemeinschaft (EWG) gestellt. Allerdings, und das machte die Angelegenheit für die internationale Diplomatie brisant, saßen in München keine offiziellen Regierungsvertreter am Tisch, sondern ausschließlich Mitglieder von demokratischen Oppositionsbewegungen aus Spanien; und zusätzlich – was die Sache in den Augen des Regimes zum Skandal werden ließ – die Repräsentanten der Exilspanier, also die ehemaligen Gegner im Bürgerkrieg.

Der Diktator tobte, als er von der gemeinsam verabschiedeten Resolution in München erfuhr. Auf einer improvisierten Demonstration in Valencia wetterte er gegen die Vaterlandsverräter. Das Regime schlug mit voller Härte zu. Die Verfassung wurde teilweise außer Kraft gesetzt. Einigen Teilnehmern aus Spanien wurde die Wiedereinreise verboten, andere mussten in die Verbannung auf die Kanarischen Inseln.

Die von der Diktatur gesteuerte Presse ließ durchblicken, dass es sich um eine kommunistisch unterwanderte Veranstaltung gehandelt haben müsse, und sie erfand dafür die abschätzige Bezeichnung „contubernio“ – wilde Ehe, unmoralische

Verbindung oder, etwas freier übersetzt, Techtelmechtel. Mit diesem wahrlich seltsamen Namen, *Contubernio de Múnich*, ging das erste Treffen der Exilspanier mit demokratischen Kräften aus Spanien dann auch in die Geschichtsbücher ein.

Die Vorgeschichte

In der Zweiten Republik (1931-1939) hatten sich in Spanien die politischen Auseinandersetzungen verschärft und die sowieso schon einschneidende Spaltung der Gesellschaft weiter vertieft. Auf der einen Seite standen Linksrepublikaner, Sozialisten, Anarchisten und Kommunisten, gestützt auf Industrie- und Landarbeiter, Gewerkschaften, liberale Mittelschichten und Intellektuelle sowie katalanische und baskische Autonomiebefürworter. Zusammen, aber wahrlich nicht immer Hand in Hand, wollten sie die längst überfälligen Reformen verabschieden, um das Land in die Moderne zu führen.

Dagegen wehrte sich ein ebenso heterogenes Bündnis aus Monarchisten, Rechtsrepublikanern, Faschisten, katholischen Konservativen, Unternehmern, Großgrundbesitzern und der Kirche, an deren Spitze sich 1936 mit dem Putsch gegen die gewählte Volksfrontregierung das Militär stellte. Die demokratischen Kräfte der Mitte hatten in diesem Konflikt keine Chance, einen Ausgleich herzustellen.

Statt nun nach dem Bürgerkrieg ab 1939 eine Politik der nationalen Versöhnung in die Wege zu leiten, verfolgte Franco gnadenlos die ehemaligen Kriegsgegner mit der Devise: „Wer nicht für uns ist, ist gegen uns“. Den unterlegenen Republikanern, die die Säuberungsaktionen überlebten, blieben nur zwei Alternativen: das Exil oder der Gang ins innere Exil.

Die vor dem Krieg eher kleine und unbedeutende faschistische Falange stieg offiziell zur Einheitspartei auf. Als Machtbasis für seine Diktatur dienten dem „Generalísimo“ jedoch vor allem die alten Eliten und insbesondere das ihm treu ergebene Militär mit seinem Unterdrückungsapparat. Das spezifisch spanische System des Nationalkatholizismus steuerte die nötige Legitimation und ideologische Absicherung bei.

Die Jahre nach dem verheerenden Bürgerkrieg, die zusammenfielen mit dem Zweiten Weltkrieg, waren für Spanien Jahre der blutigen Repression und des Hungers. Und obwohl sich Franco 1945 vom Faschismus distanzierte, erreichte er zunächst nicht die Aufnahme in die internationale Staatengemeinschaft. Spanien wurde geächtet: Die UNO verweigerte die Aufnahme, die meisten Botschafter zogen ab, auch aus dem Marshall-Plan erhielt das Land keine Aufbauhilfen. Erst mit dem sich zuspitzenden Ost-West-Konflikt zu Beginn der 1950er Jahre konnte sich die dezidiert antikommunistische Diktatur langsam aus der außenpolitischen Isolation lösen.

In wirtschaftspolitischer Hinsicht jedoch betrieb Spanien noch bis Mitte der 1950er Jahre einen selbstgewählten Autarkiekurs, der schließlich in massive Krisen, Unruhen, Streiks und praktisch in den Staatsbankrott führte. Franco reagierte pragmatisch mit einer Regierungsumbildung, bei der er die entscheidenden Ressorts wirtschaftsliberalen Experten des Opus Dei anvertraute. Damit leitete er eine Kehrtwende in seiner bisherigen Abschottungspolitik ein.

Die nun folgenden Strukturreformen und die Öffnung Spaniens seit Ende der 1950er Jahre hatten tiefgreifende gesellschaftliche Folgen. Millionen Spanier verließen die agrarisch geprägten ländlichen Regionen, um in den industriellen Zentren – vor allem in Katalonien, Madrid und dem Baskenland – Arbeit zu suchen oder sich als Gastarbeiter in Mitteleuropa zu verdingen. In die Gegenrichtung strömten Millionen Touristen ins Land. Die Devisen der Urlauber, die Überweisungen der Emigranten und die Investitionen ausländischer Unternehmer ermöglichten eine Modernisierung der spanischen Wirtschaft.

Mittelfristig bedeutete dies nichts anderes als den Übergang von einem rückständigen Agrarland hin zu einem entwickelten Industriestaat. Es war allerdings eine Modernisierung, die sich strikt auf die Wirtschaft beschränkte und keine Spielräume für eine Öffnung des Regimes auf politische Demokratisierungsschritte zuließ. Was Wunder also, dass die Unzufriedenheit stetig zunahm.

In den Jahren zuvor hatten Studenten gegen die Bevormundung durch die offiziellen Studentenvertretungen der Falange aufbegehrt. Schon in den Zeiten der Wirtschaftskrisen hatten sich Arbeiter spontan zusammengeschlossen. Nun, im sich abzeichnenden Aufschwung, forderten sie die versprochenen

Lohnerhöhungen ein, ohne sich weiter von den regimetreuen, arbeitgeberhörigen Gewerkschaften gängeln zu lassen. Dazu wuchs in Katalonien und dem Baskenland langsam der Widerstand gegen die brutale Unterdrückung der eigenen Sprache und Kultur durch Franco. Auch die Intellektuellen, Schriftsteller und Filmemacher hatten inzwischen Ausdrucksformen gefunden, um trotz der harten Zensur ein gewisses Maß an Kritik in ihren Werken durchscheinen zu lassen.

Nicht genug damit bekam das Regime in dieser Zeit Gegenwind von einer völlig unerwarteten Seite: Die katholische Kirche löste sich sukzessive aus der Symbiose mit der Diktatur. Der Aufbruch, den das Pontifikat von Johannes XXIII. (1958-1963) bedeutete, machte sich zwar zunächst an der Basis bemerkbar, erst viel später bei den traditionell erzkonservativen Bischöfen. Doch alleine die Figur des neuen Papstes genügte für erste Verwerfungen im System des spanischen Nationalkatholizismus.

Von einer breiten, gar in Parteien oder überregionalen Gewerkschaften organisierten Opposition konnte zugegebenermaßen nicht die Rede sein. Aber es gab zunehmend mehr Unzufriedene, die sich nicht einschüchtern ließen. Nicht immer waren es nur die Jungen, die den Bürgerkrieg nicht mehr bewusst miterlebt hatten. Auch unter den Älteren, die für die Sache der Nationalisten gekämpft hatten, gab es Leute, die im Laufe der Jahre von den faschistischen Positionen abgerückt waren, die sich seinerzeit für die Wiedereinführung der Monarchie eingesetzt hatten und enttäuscht worden waren, die die Lehren aus den Gräueln des Krieges und der Nachkriegszeit gezogen hatten und nun eine demokratische Öffnung des Regimes anstrebten.

Im gleichen Maße, in dem die Opposition innerhalb Spaniens an Gewicht gewann, nahm der Einfluss der Exilspanier langsam ab. Die Exilregierung, die sich nach dem Bürgerkrieg in Mexiko gegründet hatte, fand kaum internationale Anerkennung. Zumal sie in ihrem Wirken durch die internen Auseinandersetzungen – Kommunisten, Sozialisten, Linksrepublikaner, Verfechter einer konstitutionellen Monarchie etc. – geschwächt war. Auch den einzelnen Parteien im Exil, insbesondere den Sozialisten (PSOE) und Kommunisten (PCE), gelang es nur selten, dauerhafte Kontakte nach Spanien aufzubauen oder dort gar einflussreiche Strukturen aufrecht zu erhalten.

Das große Ziel der Exilanten, aus dem Ausland irgendwie zu einer raschen Überwindung der Diktatur beitragen zu können, hatte sich als unerreichbar erwiesen. Franco überstand das Ende des Zweiten Weltkriegs, die internationale Ächtung, die großen Wirtschaftskrisen der Mittfünfziger, und er schien auch die wirtschaftlichen und gesellschaftlichen Umwälzungen der frühen 1960er Jahre als Diktator zu überstehen. Im Exil machten sich Frustration und der Gedanke breit, dass sich die Spanier, sowohl die im Land lebenden als auch die vor mehr als zwei Jahrzehnten geflohenen, auf die Herrschaft des „Caudillo“ bis zu seinem Lebensende würden einrichten müssen.

Es sei denn, und diese Hoffnung verband die Oppositionellen zu beiden Seiten der Pyrenäen, dass die Europäische Idee einen entscheidenden Impuls zur Demokratisierung Spaniens beitragen könnte. Paradoxerweise wurde diese Hoffnung ausgerechnet durch Franco selbst geschürt, als er im Februar 1962 in Brüssel das Beitrittsgesuch zur EWG übergeben ließ.

Francos Weg nach Europa und der Weg der spanischen Opposition nach München

Die internationale Isolierung Spaniens nach dem zweiten Weltkrieg wurde in den 1950er Jahren Stück für Stück aufgehoben. Die UNO akzeptierte das Land zunächst in Unterorganisationen, dann 1955 als Vollmitglied. Bereits vorher, 1953, hatte die USA mit Franco ein Abkommen über militärische Stützpunkte ausgehandelt. Nur mit europäischen Institutionen gab es noch keine entsprechenden Verträge.

Allerdings war dies in wirtschaftlicher Hinsicht zunächst nicht von entscheidender Bedeutung, denn aus der ersten Hälfte des 20. Jahrhunderts gab es noch bilaterale Verträge, die insbesondere Exporte von Agrarprodukten ermöglichten. Doch dann begannen die Mitgliedsländer der Organisation für wirtschaftliche Zusammenarbeit (OEEC, gegründet 1948 im Rahmen des Marshall-Plans), sich gegenseitig Handelserleichterungen einzuräumen, wodurch die Position Spaniens geschwächt wurde. Eine Aufnahme des Landes in die OEEC, die von Deutschland übrigens unterstützt wurde, kam jedoch so lange nicht in Frage, wie Franco an seiner Autarkiepolitik festhielt. Erst mit dem neuen Kurs in der Wirtschaftspolitik war der Weg zu einer Assoziierung (1958) und zur Vollmitgliedschaft (1959) frei.

In der Zwischenzeit aber hatte Europa bereits den nächsten Schritt getan. Mit den Römischen Verträgen von 1957 hatten sich Deutschland, Frankreich, Italien und die Benelux-Staaten zur Europäischen Wirtschaftsgemeinschaft (EWG) zusammengeschlossen. Die übrigen Länder Westeuropas gründeten kurz darauf unter Federführung von Großbritannien die Europäische Freihandelsassoziation (EFTA). Bald war den neuen Technokraten des Opus Dei in der Regierung klar, dass sie einem der beiden Wirtschaftsverbände würden beitreten müssen, wollte Spanien nicht abgehängt werden. Sie tendierten natürlich zu dem, der mutmaßlich weniger politische Auflagen machen würde: die EFTA.

Und wieder wurde das Land von den Entwicklungen in Europa überrollt. Im Sommer 1961 stellte nämlich Großbritannien den Antrag auf Vollmitgliedschaft in der EWG. Damit war die Entscheidung für den europäischen Zusammenschluss mit den besseren Perspektiven gefallen. Im Februar 1962 beschloss Franco, das Assoziierungsgesuch mit der Option auf eine spätere Vollmitgliedschaft übergeben zu lassen.

Jetzt war Europa am Zug, und Spanien wurde zur Nagelprobe. Wie sollte sich die EWG angesichts einer zweifellos undemokratischen Diktatur verhalten? War der Zusammenschluss der Sechs ein rein wirtschaftlicher Verbund, oder hatte er weitergehende, politische Ambitionen? Sollte eine freiheitlich-demokratische Grundordnung zur Aufnahmebedingung gemacht werden, oder bot die Assoziierung umgekehrt die Chance, maßgeblich zur Demokratisierung in Spanien beizutragen?

Die Römischen Verträge boten für diese Fragen keine Lösung, und entsprechend gingen die Meinungen auseinander. Das seit der frühen Adenauer-Ära spanienfreundliche Deutschland und der direkte Nachbar Frankreich tendierten dazu, die Tür nicht von vornherein zuzuschlagen. Italien und die Benelux-Staaten waren deutlich reservierter. Insbesondere der belgische Außenminister Spaak, einer der großen Vertreter der Europäischen Idee der 1950er Jahre, meldete erhebliche Zweifel an.

Ihm zur Seite standen die sozialdemokratischen Parteien und die europäischen Gewerkschaften, die unter Franco keine Demokratisierungsfortschritte erwarteten.

Mit den heftigen Debatten auf allen Ebenen und in allen europäischen Institutionen schlug die Stunde der spanischen Opposition. Wenn die Exilspanier auch bei ihrem primären Ziel, dem Sturz Francos, gescheitert waren, so hatten doch viele von ihnen Verbindungen zu ganz unterschiedlichen Parteien und Organisationen in Europa aufgebaut, die nun aktiviert werden konnten.

Die treibende Kraft dabei war ohne Zweifel Salvador de Madariaga, ein Intellektueller der alten Schule, der bei seinem Tod 1978 ein umfangreiches Werk – Lyrik, Romane sowie historische und literaturwissenschaftliche Essays – hinterließ. Mehrfach wurde er für den Friedens- und für den Literaturnobelpreis vorgeschlagen. In Anerkennung seines Einsatzes für die Demokratie und für Europa erhielt er unter anderem den Karlspreis der Stadt Aachen sowie die Großen Verdienstorden Frankreichs, Deutschlands und, natürlich erst nach dem Tod Francos, auch Spaniens.

Mit der Ausrufung der Republik 1931 hatte er seinen Lehrstuhl für Spanische Literatur in Oxford aufgegeben und seinem Land als Botschafter in Washington, Paris und beim Völkerbund sowie als Bildungsminister gedient. Zu Beginn des Bürgerkriegs kehrte er nach Oxford zurück. Als erklärter Antifaschist und Antikommunist engagierte er sich an der Seite der Liberalen und wurde nach dem Zweiten Weltkrieg zum Gründungspräsidenten von Liberal International, dem weltweiten Zusammenschluss der liberalen Parteien.

Gleichzeitig gehörte er von Beginn an der Europäischen Bewegung International an, einem von Winston Churchill 1948 ins Leben gerufenen Verbund von Organisationen, die auf das Ziel eines geeinten Europas hinarbeiteten. Der erste Kongress der Europäischen Bewegung in Den Haag, an dem u.a. Churchill, Adenauer, Macmillan, Mitterand und der Belgier Spaak teilnahmen, führte 1949 zur Gründung des Europarats. In der Folgezeit übernahm Madariaga die Präsidentschaft der (exil-)spanischen Sektion der Europäischen Bewegung und verfügte dadurch über den nötigen institutionellen Einfluss und den finanziellen Rückhalt, um ein Treffen wie das in München 1962 durchführen zu können.

Schon Ende der 1950er Jahre hatte er mit dem Gedanken gespielt, die demokratischen Oppositionskräfte innerhalb und außerhalb Spaniens zusammenzubringen, um gemeinsam darüber nachzudenken, wie die Europäische Idee zu einer Überwindung der Diktatur beitragen könnte. Doch die Zeit war noch nicht reif. Zudem brauchte er Unterstützer für dieses Projekt.

Diese fand Madariaga zum einen bei dem von den USA finanzierten und in Paris ansässigen Congreso por la Libertad de la Cultura. Geführt wurde diese Organisation von Julián Gorkin, einem Ex-Kommunisten, der beinahe den stalinistischen Säuberungen zum Opfer gefallen wäre und seitdem, wie Madariaga, erklärter Antikommunist und Antifranquist war. Dieser Kongress für die Freiheit der Kultur unterstützte Schriftsteller in Spanien mit Stipendien und Büchern, finanzierte Autorentreffen und gab eine Zeitschrift heraus, hatte also vergleichsweise gute Verbindungen ins Land.

Zum anderen gelang es Madariaga, Kontakte zur Asociación Española de Cooperación Europea (AECE) in Spanien selbst aufzubauen. Diese Organisation für die Europäische Zusammenarbeit war ursprünglich als streng regimetreue Institution gegründet worden. Sie hatte sich aber im Laufe der Zeit aus der Umklammerung lösen können und war von demokratischen Kräften unterwandert worden. Nun, mit der wirtschaftspolitischen Wende Francos, gelang es ihr, unter dem Deckmantel der Öffnung nach Europa ein Kommunikationsnetz der innerspanischen Opposition nach außen aufzubauen.

Die Probleme, ein solches Treffen zuwege zu bringen, waren allerdings enorm. Und zwar nicht so sehr wegen der Nachstellungen des Regimes, sondern vor allem wegen der wechselseitigen Ressentiments. Immerhin ging es um nichts weniger als darum, ehemalige Kriegsgegner an einen Tisch zu setzen. Die Exilspanier, in der Mehrheit alte Republikaner, mussten ihren Alleinvertretungsanspruch aufgeben und zugestehen, dass innerhalb Spaniens eine legitime Opposition entstanden war. Die Spanier, die unter Franco in Spanien lebten, mussten Jahrzehnte der Propaganda und des eigenen Misstrauens gegen die mutmaßlichen Vaterlandsverräter im Ausland abschütteln.

Noch im Dezember 1961 hatte Madariaga bei einer Anhörung des Europarats zur politischen Lage in Spanien unter Vorsitz von Annemarie Renger erfolglos den Führer der Sozialisten, Rodolfo Llopis, von einem solchen Treffen zu überzeugen versucht. Doch mit Francos Beitrittsgesuch im Februar 1962 ging plötzlich alles sehr schnell. Für Juni war der 4. Kongress der Europäischen Bewegung in München geplant, auf dem das Thema Spanien zur Sprache kommen würde. Was lag daher näher, als dieses international wichtige Ereignis zu nutzen.

In kürzester Zeit wurden die Kontakte aktiviert und Listen der möglichen Teilnehmer aufgestellt. Im Mai verschickte das Generalsekretariat der Europäischen Bewegung die Einladungen. Nur zwei Gruppen blieben ausgeschlossen: die Regierung und die Kommunistische Partei.

München im Juni 1962

Rund 80 Inlandsspanier, unter ihnen engagierte Katalanen und Basken, trafen Anfang Juni zusammen mit rund 40 Exilspaniern in München ein. Einige hatten abenteuerliche Wege auf sich nehmen müssen, um sich illegal und ohne Pass bis nach Bayern durchzuschlagen. Andere hatten die Einladung ganz offiziell angenommen und wichtige Institutionen wie die Militärbehörden und den Kardinalprimas von Toledo von ihrer Reise unterrichtet. Dies hatten sie getan, weil es sich ja um eine Veranstaltung unter dem Dach der angesehenen Europäischen Bewegung handelte und nicht um ein konspiratives Treffen; zum anderen hatten sie sich natürlich von vornherein in alle Richtungen gegen spätere Repressalien absichern wollen.

Dass diese kommen würden, war abzusehen, denn Franco setzte, sobald er von der Versammlung erfuhr, die diplomatische Maschinerie in Gang. Er unterrichtete den Botschafter in Bonn und den Konsul in München, übte Druck auf die Bundesregierung aus und schickte einen Sondergesandten mit guten Beziehungen zum konservativen, von Spanien finanzierten Europäischen Dokumentations- und Informationszentrum (CEDI) nach München. Vor allem mit dessen Hilfe wollte er verhindern, dass die Generalversammlung der Europäischen Bewegung am 7. und 8. Juni die Erklärung der oppositionellen Spanier annähme. Aber seine Bemühungen blieben erfolglos.

Am Tag der Anreise, dem 4. Juni, schien jedoch alles nach den Vorstellungen des Regimes zu laufen. Viele der aus Spanien kommenden Teilnehmer weigerten sich, das von Madariaga vorbereitete Papier im Plenum gemeinsam mit den Oppositionellen aus dem Exil zu diskutieren. Unter Vermittlung des Generalsekretärs der Europäischen Bewegung, dem Belgier Robert van Schendel, gelang es Madariaga schließlich, einen Kompromiss zu finden. Am nächsten Tag sollte zunächst in zwei getrennten Gruppen debattiert werden. Da aber die Inlandsspanier die große Mehrheit stellten, sollten einige von ihnen zu den Exilspaniern stoßen. Mit dieser Lösung war das Eis gebrochen.

Hinter dem anfänglichen Widerstand, direkt mit den anderen ins Gespräch zu kommen, standen nicht nur die Angst vor den Konsequenzen, sondern auch persönliche Animositäten und die Erinnerung an den Bürgerkrieg. Schließlich trafen in München Welten aufeinander.

Um nur einige Beispiele zu nennen: der Vorsitzende der ehemals linientreuen spanischen Organisation für Europäische Zusammenarbeit, José María Gil Robles, war während der Republik ein Vertreter der katholischen Rechten gewesen und hatte sich im Exil auf die Seite der Nationalisten gestellt. Unter Franco hielt er dann als Monarchist treu zum Thronfolger Don Juan de Borbón – Vater des späteren Königs Juan Carlos – in dessen portugiesischem Exil und trat aktiv für eine konstitutionelle Monarchie ein.

Dionisio Ridruejo, eine weitere zentrale Figur in München, kam aus der alten, faschistischen Falange. Er war während des Kriegs in der Propagandaabteilung der Aufständischen und hatte mit dem Nationalsozialismus geliebäugelt. In den 1940er Jahren brach er mit Franco und ging konsequent seinen Weg hin zu antifranquistischen und (christ-) demokratischen Positionen, was ihm mehrmals Verbannung und Gefängnishaft einbrachte. Hinzu kamen die Regionalisten aus Katalonien und dem Baskenland, die Gehör finden wollten. Man darf nicht vergessen, dass kurz zuvor ETA gegründet worden war.

Auf der Seite des Exils standen neben dem Liberalen Madariaga und dem ehemaligen Kommunisten Gorkin auch Figuren wie Rodolfo Llopis, seit 1944 Generalsekretär der Sozialistischen Partei. Ihm fiel der Handschlag mit den ehemaligen Kriegsgegnern aus dem nationalistischen Lager besonders schwer.

Von konservativen Königstreuen bis hin zu linken Republikanern, von kirchentreuen, christlich-sozialen bis zu laizistisch-sozialistischen Überzeugungen war das gesamte Spektrum der demokratischen Opposition vertreten. Umso erstaunlicher ist, dass aus den Debatten des 5. und 6. Juni in München trotzdem eine gemeinsam getragene und per Akklamation angenommene Erklärung hervorging, die am 7. Juni gegen die Widerstände des Entsandten Francos auf dem Kongress der Europäischen Bewegung verlesen werden konnte.

Mit Blick auf den Assoziierungsantrag des Regimes heißt es darin, dass die Europäische Bewegung als Grundlage für die Aufnahme eines Landes in die Europäischen Gemeinschaften die Anerkennung der Menschenrechtskonvention und der Europäischen Sozialcharta fordern solle. Explizit aufgeführt wurden:

1) demokratische Strukturen; 2) die Wahrung der Menschenrechte, insbesondere das Recht auf persönliche Freiheit und Meinungsfreiheit; 3) die Anerkennung der Rechtspersönlichkeit der verschiedenen natürlichen Gemeinschaften – eine etwas komplizierte Umschreibung für die Autonomierechte der spanischen Regionen; 4) das Recht der Arbeiter auf Gründung freier Gewerkschaften und das Streikrecht; 5) das Recht auf Gründung politischer Parteien und die Anerkennung der Rechte der Opposition. Diese Ziele und Forderungen sollten, so schließt das Papier, in Spanien schnellstmöglich verwirklicht, aber ohne Gewalt durchgesetzt werden.

Der erste Punkt dieser Deklaration war der strittigste, denn es ging in den Debatten der beiden Gruppen darum, für welche Staatsform die Versammlung plädieren sollte: für eine Republik oder für eine konstitutionelle Monarchie oder gar zunächst für eine Demokratisierung der Diktatur selbst. Die schwerfällige Kompromissformel lautete dann, dass die künftigen demokratischen und repräsentativen Institutionen Spaniens die Garantie bieten sollten, dass die Regierung sich auf die Zustimmung der Regierten stütze.

Nach der Verabschiedung des Textes am 6. Juni blieb am Abend noch Zeit, und dies nutzte Joaquín Satrústegui aus der Fraktion der Königstreuen zu einem Plenarvortrag, in dem er die konstitutionelle Monarchie als die einzige Staatsform verteidigte, die Spanien nach der gescheiterten Republik und der Diktatur den Frieden bringen könne. Seine Argumente zeigten Wirkung. Noch in München versicherte der Sozialist Llopis dem Monarchisten Satrústegui seine Unterstützung in dieser Frage.

Allerdings sollte es noch dreizehn Jahre dauern, bis die demokratischen Kräfte Spaniens mit dieser Lösung den Übergang in die Demokratie angehen konnten. Und es war dann nicht Juan de Borbón, das Oberhaupt der Königsfamilie, der in München für die Rolle des Monarchen ausersehen war, sondern dessen von Franco als Nachfolger erwählter Sohn Juan Carlos, der in seiner Thronrede im November 1975 mit der Diktatur brach und zum Garanten der Demokratie in Spanien wurde.

Die Nachwirkungen von München

Aus heutiger Sicht war das Techtelmechtel von München in gewisser Weise ein Vorspiel, vielleicht sogar ein Vorbild für den komplizierten, aber erfolgreichen und friedlichen Prozess der Transición, den Übergang Spaniens von der Diktatur in die Demokratie nach Francos Tod 1975. Das breite Spektrum der Opposition aus dem In- und dem Ausland hatte gezeigt, dass es fähig war, miteinander zu verhandeln und die antifranquistischen Kräfte zu bündeln. Man sprach sogar davon, dass mit dem Handschlag der alten Gegner in München der Bürgerkrieg definitiv zu Ende gegangen sei.

Damals jedoch, 1962, blieb der erhoffte Erfolg aus. Zwar schloss sich eine Woche später die Kommunistische Partei den fünf Punkten der Münchner Deklaration an, was ebenfalls als ein erster Schritt in Richtung auf die Transición gewertet werden kann. Doch wirklich politisches Kapital für eine Verbesserung der Lage in Spanien konnten die in München versammelten Oppositionellen nicht aus dem Papier ziehen. Mit einer Anleihe aus der Boxersprache könnte man sagen: Die Diktatur hatte einen Treffer hinnehmen müssen, aber sie schüttelte sich kurz und blieb stehen.

In Europa wurden die Repressalien gegen die Teilnehmer an dem Techtelmechtel der Opposition in Bayern allerdings sehr wohl wahrgenommen. Hinzu kommt, dass gleichzeitig mit den Vorbereitungen des Treffens in München, aber unabhängig von diesem, in Asturien ein großer Streik der Bergarbeiter ausbrach, auf den das Regime ebenfalls mit Entlassungen und Verbannun gen reagierte. Das Bild eines erneuerten, nach Europa hin offenen Spaniens, das die wirtschaftspolitischen Reformer entworfen hatten, wurde als propagandistische Fassade entlarvt.

Was die Auswirkungen für Europa betrifft, wäre es zwar übertrieben zu behaupten, das Treffen in München hätte die Forderung nach demokratischen Strukturen und der Wahrung der Menschenrechte als Grundbedingung für die Aufnahme eines Landes in die Europäischen Gemeinschaften erst auf die politische Agenda Europas gesetzt. Vielmehr ist es eher umgekehrt so, dass die europäische Debatte um diese Frage der spanischen Opposition mit ihren heterogenen Strömungen erst die Kraft gab, sich zusammenzufinden, um diese gemeinsame Erklärung zu formulieren.

Aber die so dezidierte Entschließung von München trug auf jeden Fall dazu bei, den Antrag Francos auf Assoziierung und Mitgliedschaft in der EWG auch unter diesem Gesichtspunkt auf Herz und Nieren zu prüfen. Was konkret bedeutete, dass die internen Beratungen in Brüssel sich hinzogen. Hinzu kam 1963 das Veto de Gaulles gegen eine Aufnahme Großbritanniens, mit dem auch der mögliche Beitritt Spaniens automatisch auf die lange Bank geschoben wurde.

Aber Franco, der sowohl an besseren wirtschaftlichen Beziehungen als auch an einer außenpolitischen Aufwertung interessiert war, setzte nach. Und die EWG erklärte sich schließlich doch zu Verhandlungen bereit, allerdings nicht über die Assoziierung und die Mitgliedschaft, sondern lediglich über wirtschaftliche Kooperationen und Handelspräferenzen. Zu offensichtlich war die Kluft zwischen dem Europäischen Gedanken und der politischen Realität des Landes. Der entsprechende Vertrag wurde schließlich 1970 unterzeichnet und regelte die Beziehung zwischen Spanien und Europa bis zur Vollmitgliedschaft des demokratischen Spaniens, die mit Beginn des Jahres 1986 in Kraft trat.

In Spanien selbst behielt das Thema Europa seine Aktualität bei, gerade weil beide Seiten, das Regime und regimekritische Kräfte, damit so völlig unterschiedliche Perspektiven verbanden: Öffnung und Demokratisierung hier, wirtschaftliche Modernisierung unter Beibehaltung des politischen Status quo dort.

Franco erkannte sehr wohl die gesellschaftliche Sprengkraft, die in diesen weit auseinanderklaffenden Erwartungen an die Hinwendung nach Europa lag. Deshalb hatten die Krisen des Frühjahrs 1962, das Techtelmechtel von München und der Bergarbeiterstreik in Asturien, zumindest indirekte Konsequenzen im Land. Mit Manuel Fraga Iribarne ernannte der Diktator im Juli einen regimetreuen Reformer zum Minister für Information und Tourismus, der in den 1960er Jahren mit seinem Propagandaapparat die Politik von Zuckerbrot und Peitsche rechtfertigen sollte.

Die von Fraga ins Leben gerufene Tourismuskampagne „Spain is different“ steht dabei paradigmatisch für die Spätphase der Diktatur, weil sie mit diesen drei Wörtern praktisch das gesamte Anliegen der Oppositionellen aus München aushebelte: Spanien, das Land hinter den Pyrenäen, sollte in zweifacher Hinsicht anderes als Europa sein. Für die Urlauber, die ins Land kamen, hieß „different“, dass sie hier anders als im Norden Sonne, Strand und exotische touristische Stätten genießen sollten. Für die Spanier, die dort lebten, sollte „different“ hingegen bedeuten, dass sie weiterhin ein politisches System ertragen mussten, das eben grundlegend anders gestaltet war als in den westeuropäischen Demokratien.

Erst mit Francos Tod 1975 und dem friedlichen Übergang zur Demokratie in der Transición endete das Anderssein nach dem Gutdünken des Diktators. Spanien konnte endlich den auf dem Techtelmechtel in München vorgezeichneten Weg nach Europa einschlagen und wurde zu einem der europafreundlichsten Länder der EG und der späteren EU. Irgendwie einflussreiche europakritische Initiativen, Bewegungen oder Parteien, wie sie sich in anderen Ländern auf dem politischen Parkett breit machen, sind bis auf den heutigen Tag in Spanien kaum vorstellbar. Aus der 1962 noch so konfliktgeladenen Beziehung Spanien-Europa wurde eine beispielhafte Erfolgsgeschichte.

Auswahlbibliographie

Amat, Jordi. *La primavera de Múnich. Esperanza y fracaso de una transición democrática*. Barcelona: Tusquets, 2016.

Aschmann, Birgit. *„Treue Freunde…"? Westdeutschland und Spanien 1945-1963*. Stuttgart: Steiner, 1999.

Bernecker, Walther L. „1962, un año crucial para el régimen franquista: las huelgas, el ‚contubernio' y Europa", in: Rubén Vega (Hrsg.). *El camino que marcaba Asturias*. Gijón: Trea, 2002, 47-59.

Bernecker, Walther L. *Geschichte Spaniens im 20. Jahrhundert*. München: Beck, 2010.

Casa de América (Hrsg.). *Múnich 1962. El ‚contubernio' de la concordia*, http://www.casamerica.es/politica/munich-1962-el-contubernio-de-la-concordia [Ausstellung, Tagung und Dokumentation, Madrid, 2012].

Fernández Soriano, Víctor. „Las Comunidades Europeas frente al franquismo: problemas políticos suscitados por la solicitud española de negociaciones de 1962", in: *Cuadernos de Historia Contemporánea*, 32, 2010, 153-174.

Nitsche, Thomas. *Salvador de Madariaga: Liberaler – Spanier – Weltbürger*. Baden-Baden: Nomos, 2009.

Satrústegui, Joaquín (Hrsg.). *Cuando la transición se hizo posible. El „contubernio de Múnich"*. Madrid: Tecnos, 1993.

Die spanische Arbeitsmigration in Bayern:

die Rolle des Bayerischen Rundfunks und eine Auswandererkomödie

Knapp 200 Jahre nach dem Vertrag zwischen Johann Kaspar Thürriegel und dem spanischen König Carlos III. über die Anwerbung von einigen tausend deutschen Siedlern wurde 1960 ein neuer Anwerbevertrag zwischen Deutschland und Spanien geschlossen. Dieses bilaterale Abkommen unterschied sich allerdings grundsätzlich von dem aus dem 18. Jahrhundert, weil dabei die Migration in umgekehrte Richtung geregelt wurde, nämlich von Spanien nach Deutschland, weil davon viel mehr Menschen betroffen waren und weil diesmal beide Staaten ein vitales Interesse daran hatten.

Mit den Wirtschaftsreformen zum Ende der 1950er Jahre begann in Spanien der Umbruch von einem vorwiegend agrarisch strukturierten Land hin zu einer modernen Industrienation. Schätzungen gehen von bis zu neun Millionen Spaniern aus, die bis 1982 ihre Dörfer und Herkunftsregionen verließen. Der größte Teil davon suchte Arbeit im eigenen Land, vorwiegend in den industriellen und touristischen Zentren Madrid, dem Baskenland und Katalonien.

Rund zwei Millionen wagten allerdings den Schritt über die Pyrenäen nach Frankreich, Deutschland, in die Schweiz und andere Länder Westeuropas. Das Franco-Regime profitierte von dieser Auswanderungswelle gleich zweifach. Auf der einen Seite entlastete sie den Arbeitsmarkt und verminderte soziale Konflikte; auf der anderen Seite brauchte die Regierung Devisen für den wirtschaftlichen Umbau, die eben auch durch die Rücküberweisungen der sogenannten „Gastarbeiter“ ins Land kamen.

Deutschland seinerseits war in den Zeiten des Wirtschaftswunders und der Vollbeschäftigung bis zur ersten Ölkrise 1973 auf Arbeitskräfte von außerhalb angewiesen, die insbesondere aus Italien, Spanien, Griechenland, Portugal, der Türkei und Jugoslawien kamen. Die Gruppe der Spanier wies dabei von Anfang an eine vergleichsweise hohe Fluktuation auf. Man schätzt, dass sich bis zum Anwerbestopp 1973 etwa 750.000 Spanier auf den Weg nach Deutschland gemacht hatten, von denen allerdings knapp eine halbe Million wieder zurückgegangen waren. Der Tod Francos, der Übergang Spaniens zur Demokratie in der Transición und die Hoffnung auf wirtschaftlichen Aufschwung in der Heimat förderten später noch einmal die Rückkehrbereitschaft. Diejenigen Spanier, die blieben, zählten und zählen allerdings zu den am besten integrierten ausländischen Arbeitnehmern in der Bundesrepublik.

Bayern stand bei der Aufnahme der damals „Gastarbeiter" genannten Arbeitsmigranten etwas am Rande. Es darf nicht vergessen werden, dass Bayern in jenen Jahren seinen eigenen Transformationsprozess vom Agrarland zum Industrie-, ja zum Hochtechnologiestandort durchlief. Aus diesem Grund rangierte es trotz seiner Größe in der Präferenz der spanischen Arbeitsmigranten nach Nordrhein-Westfalen, Hessen und Baden-Württemberg nur an vierter Stelle, mit rund 10% der Spanier, die sich in Deutschland ansiedelten. Von den reinen Zahlen her wäre also eine Behandlung des Themas der spanischen „Gastarbeiter" als eigenständige Episode der bayerisch-spanischen Beziehungsgeschichte kaum zu rechtfertigen.

Allerdings gibt es eben mindestens zwei Aspekte, bei denen Bayern im Zusammenhang mit der spanischen Arbeitsmigration nach Deutschland eine ganz herausragende Rolle gespielt hat. Zu einen war der Bayerische Rundfunk fast vier Jahrzehnte lang für die Produktion der täglichen Radioprogramme aller Sendeanstalten der ARD für die spanischen Arbeitsmigranten verantwortlich, wobei diese Programme zu teilweise erheblichen Verwerfungen mit dem Franco-Regime geführt haben.

Zum anderen ist im kollektiven spanischen Gedächtnis über die Emigration nach Deutschland der in München spielende Film *¡Vente a Alemania, Pepe!* von 1971 fest verankert. Er gehörte zu den erfolgreichsten spanischen Komödien der 1970er

Jahre. Und obwohl der Streifen als Vermittler der Weltanschauung der späten Franco-Zeit heute ideologisch reichlich angestaubt ist, erlangte er doch mit der neuen Emigrationswelle junger Spanier im Gefolge der einschneidenden Wirtschaftskrise seit 2008 wieder neue Aktualität.

Die spanischen Radiosendungen des Bayerischen Rundfunks

Nach langen Auseinandersetzungen nahmen 1964 die täglichen Radiosendungen der ARD-Rundfunkanstalten in italienischer, spanischer, griechischer und türkischer Sprache für die „Gastarbeiter" ihren Betrieb auf; erst später kam ein entsprechendes Angebot für Jugoslawen hinzu. Vier Jahrzehnte lang gehörten sie danach zum festen Programm der Landesrundfunkanstalten.

Im Vorfeld hatte der Westdeutsche Rundfunk die Federführung übernommen, doch um einer Zentralisierung und einer zu starken Nähe zur Hauptstadt Bonn entgegenzuwirken, hatten die süddeutschen Anstalten auf eine Aufteilung gedrungen. Aus diesem Grund produzierte dann der Bayerische Rundfunk bis 2002 die von allen deutschen Sendern übernommenen, jeweils 45-minütigen Programme für Spanier und Griechen, zudem für das eigene Sendegebiet und den Süddeutschen Rundfunk auch die italienischen Programme. Wenn wir heute über die Hintergründe und die Entwicklung von diesem Aspekt der bayerisch-spanischen Beziehungen Bescheid wissen, so verdanken wir dies beinahe ausschließlich der wegweisenden Studie von Roberto Sala, auf den wir uns hier stützen.

Der Aufbau einer spanischsprachigen Redaktion war natürlich mit erheblichen Schwierigkeiten verbunden. Zuallererst die, geeignete Mitarbeiter zu finden. Gelernte Journalisten mit spanischer Muttersprache gab es nicht, so dass anderweitig gesucht werden musste. Dabei entpuppte sich die Wahl, die der Bayerische Rundfunk mit den jungen und engagierten Hochschulabsolventen Manuel Moral und Josep Moll i Marquès traf, als Glücksgriff.

Moral, 1936 geboren, war 1958 als junger Germanist nach Deutschland gekommen. Er veröffentlichte neben seiner Tätigkeit beim Bayerischen Rundfunk zwei Wörterbücher über die spanisch-deutsche Rechtssprache und die spanische Alltagssprache, eine Reihe von Radio-Essays in anderen Sendern sowie Artikel in Fachzeitschriften und in der deutschen Presse. Darunter ein überaus kenntnisreicher Aufsatz über die Schwierigkeiten und die Schönheit der deutschen Sprache.

Josep Moll, damals noch hispanisiert José Moll, wurde 1934 auf Menorca geboren, hatte ursprünglich Chemie studiert, aber dann in München auf eine Ausbildung zum Dolmetscher umgesattelt. Unter anderem verfasste er zusammen mit Wolfgang Halm Mitte der 1960er Jahre das Sprachlehrwerk *Modernes Spanisch*, das über Jahrzehnte hinweg als eines der Standardwerke zum Erlernen der spanischen Sprache galt. In München engagierte er sich zudem für die katalanische Kultur – wir werden darauf im Kontext der *Jocs Florals* noch eingehen – und kehrte 1977 nach Spanien zurück, wo er sich als Abgeordneter in Regional- und Stadtparlamenten der Balearen engagierte.

Zu Beginn waren die Rolle und das Aufgabenspektrum dieser angelernten Journalisten, die den Status von freien Mitarbeitern hatten, noch diffus. Offiziell arbeiteten sie als Übersetzer und Sprecher, während die inhaltliche Gestaltung der Sendungen in den Händen deutscher Redakteure liegen sollte.

Dies führte schnell zu Konflikten. Zumal das ursprüngliche Konzept vorsah, für einen absehbaren Zeitraum die nur vorübergehend in Deutschland bleibenden, mutmaßlich ungebildeten „Gastarbeiter“ über das Medium Radio lediglich zu betreuen und ihnen nebenbei etwas Folklore aus der Heimat zu bieten. Gegen diese paternalistische Ausrichtung der Programme protestierten die jungen Spanier und fanden mit ihrem Anliegen beim Sendeleiter Gerhard Bogner Unterstützung.

Bogner entwickelte daraufhin ein völlig neues Konzept, in dem der damals schon abwertende Begriff „Gastarbeiter“ gestrichen und durch „Ausländerprogramme“ ersetzt wurde. Über kurze, praktisch ausgerichtete Sprachkurse in den Sendungen und die Vermittlung von ebenso praktischen Informationen über das Leben in Deutschland sollten die Hörer in die Lage versetzt werden, selbständig und eigenverantwortlich ihren Aufenthalt im fremden Land zu gestalten. Diese Aspekte der Sendungen können unter das Schlagwort „Hilfe zur Selbsthilfe“ eingeordnet werden und hatten, trotz der Neukonzeptionierung des gesamten Projekts, durchaus Berührungspunkte mit den Aufgaben der spanischen Ausländersozialdienste der Caritas.

Allerdings spielte bald auch der Begriff der „Integration" eine Rolle, wobei es gerade in den Anfangsjahren sowohl in der deutschen Mehrheitsgesellschaft als auch unter den Arbeitsmigranten keineswegs ausgemacht war, dass eine Integration hierzulande überhaupt angestrebt werden sollte. Die Arbeitsverträge, die teilweise prekären Unterkünfte und die Lebensplanung der Migranten waren darauf ausgerichtet, ein paar Jahre Geld zu verdienen, um sich damit in der Heimat eine Existenz aufzubauen. Die Lebensrealität hingegen legte für viele einen längeren Aufenthalt nahe.

Das erste Ziel der spanischsprachigen Sendungen, konkrete Hilfestellungen für das Leben in Deutschland zu vermitteln, sei dieses nun auf Zeit oder auf Dauer angelegt, stand daher mit dem zweiten Schwerpunkt der Programme, als Brücke in die Heimat zu fungieren, in einem nie vollständig geklärten Spannungsverhältnis. Zumal „Brücke in die Heimat" selbst wieder mindestens zwei Aspekte berührt: auf der einen Seite die Rückbesinnung auf die eigene Identität beziehungsweise das melancholische Erinnern dessen, was man zurückgelassen hat, auf der anderen Seite die Vorbereitung auf die baldige Rückkehr.

Galt dies im Prinzip für alle ausländischen Arbeitnehmer, so kam im Fall der Spanier für die Programmverantwortlichen eine weitere Schwierigkeit hinzu, die mit den politischen Verhältnissen in Spanien zu tun hatte. Unter den meist jungen und wenig gebildeten Arbeitern, die vom Regime ausgesucht wurden, und unter denen, die auf eigene Initiative loszogen, gab es auch solche, die die Chance auf eine Anstellung im Ausland nutzten, um der politischen und gesellschaftlichen Enge der Diktatur zu entgehen. Die Gruppe der Hörer, an die sich die Sendungen richteten, war also heterogen. Doch aus deutscher Sicht hatten sie alle, Regimetreue, politisch Uninteressierte und Oppositionelle gleichermaßen ein Recht auf journalistisch saubere Berichterstattung über ihr Heimatland – unabhängig davon, ob sie zurückkehren oder in Deutschland bleiben wollten.

Wenig wundert es, dass die offiziellen spanischen Stellen wie das Konsulat und die Botschaft alles daran setzten, ein Mitspracherecht bei der Gestaltung der Sendungen und der Auswahl der Nachrichten zu bekommen, um den eigenen Einfluss bei den Auswanderern nicht zu verlieren. Sicherlich auch eingedenk des Münchner Treffens der spanischen Opposition zwei Jahre zuvor wollte Franco diesbezüglich kein Risiko eingehen. Seine Landsleute sollten in Deutschland arbeiten, aber sie sollten nicht lernen, was Demokratie bedeutet und wie weit die Freiheiten einer offenen Gesellschaft gehen. Noch viel weniger sollten sie ausgerechnet im Ausland das über ihr eigenes Land erfahren, was in Spanien von der Zensur aus den Medien herausgefiltert wurde.

Nur drei Monate nach dem Programmstart, Anfang 1965, kam es anlässlich einer Meldung über Unruhen in Spanien zu einem ersten Protest des Konsulats in München. Den wies der Bayerische Rundfunk gelassen zurück. Die Verantwortlichen äußerten sogar, dass der Bericht eher zu harmlos gewesen sei.

Genau dies rief nun die gesellschaftlichen Gruppen in Deutschland auf den Plan, die den demokratischen spanischen Oppositionskräften nahestanden, an ihrer Spitze die SPD und die Gewerkschaften. Das spanische Ausländerprogramm des Bayerischen Rundfunks saß somit von Beginn an zwischen zwei Stühlen: Während die einen kommunistische Propaganda witterten, unterstellten die anderen eine zu starke Anlehnung an das Franco-Regime.

Der Militärputsch in Griechenland im Frühjahr 1967 führte bei der kleinen Redaktion in München zu einer klaren Stellungnahme gegen die rechtsgerichtete Junta. Dem Beispiel ihres griechischen Kollegen Pavlos Bakogiannis folgend, schlugen daraufhin auch die der SPD nahestehenden Spanier Moll und Moral eine deutlichere Sprache gegen die eigene Diktatur an. Gestützt wurden sie dabei wieder von Gerhard Bogner, dessen Vater von den Nationalsozialisten verfolgt worden war. In ihren Kommentaren kritisierten sie offen die gewaltsame Niederschlagung von Demonstrationen und Streiks in Spanien, ja den Diktator Franco selbst, und legten noch stärkeren Wert auf Berichte über die freiheitlich-demokratischen Grundwerte in Deutschland mit besonderer Würdigung des Streikrechts.

Damit provozierten sie Interventionen auf höchster diplomatischer Ebene. Die Botschaft und Francos wendiger Informationsminister Fraga Iribarne schalteten das Auswärtige Amt ein, wohl wissend, dass die Einflussmöglichkeiten der Regierung auf eine öffentlich-rechtliche Sendeanstalt beschränkt sind. Dennoch wurde Bogner zum Gespräch nach Bonn gebeten. Sowohl er als auch der Intendant des Bayerischen Rundfunks verteidigten die Unabhängigkeit der Redaktion. Sie verwiesen dabei auf die Tatsache, dass sie von beiden politischen Lagern gleichermaßen angegriffen würden und deshalb wohl den richtigen Mittelweg gefunden hätten.

Doch der Druck wuchs. In Spanien wurden gegen Moll und Moral Haftbefehle erlassen. Die CSU und Wirtschaftskreise verwiesen auf den Schaden für das deutsch-spanische Verhältnis. Ein Gutachten der Bundesregierung kam zu dem Schluss, dass die Redaktion sich formaljuristisch zwar nichts zu Schulden kommen lasse, dass der Bayerische Rundfunk jedoch einen „offenen oder versteckten Kampf […] gegen eine uns freundlich gesinnte Regierung“ führe.

Hintergrund waren selbstverständlich massive wirtschaftliche Interessen – unter anderem das Projekt, das deutsche Farbfernsehsystem PAL nach Spanien zu exportieren –, denen sich sogar das von Willy Brandt SPD-geführte Auswärtige Amt beugen musste. Trotzdem hielt der eigentlich für konservativ geltende Bogner an seiner Linie fest, die Sendungen getreu dem Auftrag des Rundfunks für demokratische Bildung und freie Informationsvermittlung zu nutzen.

Erst 1972, als Bundesinnenminister Genscher zusammen mit dem bayerischen Ministerpräsidenten Goppel das spanische Programm neuerlich beanstandete, knickte der Bayerische Rundfunk etwas ein. Die umstrittenen Kommentare der ausländischen Redakteure wurden zeitweise untersagt und Bogner wegbefördert.

Gegen alle Befürchtungen, dass damit das zentrale Grundrecht der Meinungs- und Pressefreiheit den Forderungen der Wirtschaft und fremder Diktaturen geopfert werden würde, konnten Moll, Moral und ihre griechischen und italienischen Kollegen weitermachen. Die neue Leitung schaffte sogar das Kommentarverbot wieder ab, verlegte allerdings den Schwerpunkt der Nachrichten weg von den innenpolitischen Vorgängen in den Heimatländern hin zu einer ausgewogeneren Mischung. Meldungen über die Weltpolitik und über Deutschland erhielten seitdem ein stärkeres Gewicht.

Wirklich zufrieden war Spanien nicht, denn regimetreue Stimmen blieben nach wie vor von den Sendungen ausgeschlossen. Aber die politischen und diplomatischen Interventionen nahmen ab; nach dem Ende der Diktatur 1975 ohnehin.

Roberto Sala kommt in seiner Studie zu dem Schluss, dass der Bayerische Rundfunk im Vergleich zum Westdeutschen Rundfunk den ausländischen Journalisten viel eigenständigere Gestaltungsmöglichkeiten einräumte. Mit der Konsequenz, dass der Sender die daraus entstehenden politischen Konflikte aushalten musste. Andererseits betreute er die Zuhörer eben nicht paternalistisch, sondern stellte zum Beispiel die Rückkehr als das alleinige Ziel der Arbeitsmigration in Frage.

Trotz massiven Drucks aus Franco-Spanien und aus den Kreisen in Bayern, die an engen wirtschaftlichen Beziehungen mit der Diktatur interessiert waren, eröffnete der Bayerische Rundfunk seinen spanischen Mitarbeitern Josep Moll und Manuel Moral die Möglichkeit, ihren Landsleuten ein von Bevormundung freies Radioprogramm anzubieten, das dezidierte Kritik an den Verhältnissen in der Heimat einschloss. Und dies, obwohl die beiden keine Journalistenausbildung und keine Festanstellung hatten. In der Geschichte der bayerisch-spanischen Beziehungen ist dies womöglich ein besonderes Beispiel für die vieldiskutierte Liberalitas Bavariae / Bavarica.

Die Auswandererkomödie *¡Vente a Alemania, Pepe!*

Warum die Produzenten und der Regisseur Pedro Lazaga ausgerechnet München als die Stadt auswählten, in der die Auswandererkomödie *¡Vente a Alemania, Pepe!* (1971) vornehmlich spielt, ist nicht bekannt. Es kann daher nur gemutmaßt werden, dass für diese Entscheidung neben den bevorstehenden Olympischen Spielen auch die bei den Dreharbeiten noch heftig ausgefochtenen Konflikte um die spanischen Sendungen im Bayerischen Rundfunk eine Rolle gespielt haben. Jedenfalls ist das Bild, das der Film von der bayerischen Hauptstadt zeichnet, keineswegs positiv.

Pepe, der dem Titel gemäß nach Deutschland kommen soll, lebt eigentlich glücklich und zufrieden in seinem beschaulichen aragonesischen Dorf Peralejos, wo er eine Kuh besitzt, dem Pfarrer als Mesner hilft, nebenbei etwas als Elektriker und Briefträger hinzuverdient und irgendwann seine Freundin Pilar heiraten will. In dieses Idyll bricht eines schönen Tages mit einem Mercedes voller Olympia-Aufkleber sein alter Freund Angelino ein, der Wunderdinge von Deutschland erzählt.

Gegen den Widerstand von Pilar bricht Pepe nach München auf, wo er in der Pension Angelinos unterkommt, zusammen mit einem halben Dutzend anderer Spanier, die sich vor Heimweh verzehren. Unter ihnen ein Republikaner im Exil, der als Arzt im Krankenhaus arbeitet. Er hat es, so legt der Film nahe, wegen seines politischen Starrsinns versäumt, mit seiner Frau rechtzeitig in die Heimat zurückzukehren. Als alternder Witwer bleibt er am Ende alleine zurück. Er dient mithin zur Mahnung an diejenigen unter den Migranten, die sich ein dauerhaftes Leben in Deutschland aufbauen möchten.

In München erfährt Pepe, dass Angelinos Auto nur gemietet war und dass die Realität ganz anders aussieht, als die Erzählungen vorgaben. Die Segnungen des mitteleuropäischen Fortschritts erweisen sich als gnadenlose Unterwerfung der Spanier unter einen Arbeitsrhythmus, der paradoxerweise – angesichts der Herkunft des Films aus Franco-Spanien – am besten mit den marxistischen Begriffen der Entfremdung und Ausbeutung charakterisiert werden könnte.

Pepe findet Arbeit als Fensterputzer und hilft am Abend, todmüde, seinem Freund bei dessen zweiten Job, Werbeplakate auf Litfaßsäulen zu kleben. Durch einen Zufall ergattert Pepe bald noch eine weitere, zwar einträgliche, aber erniedrigende Tätigkeit. Als Werbegag für eine Depilationscreme präsentiert er in einem Schaufenster von Karstadt in glitzernden Unterhosen seine extreme Körperbehaarung.

Dort findet ihn Pilar, die die Trennung von ihrem Verlobten nicht ertragen konnte und ihm nachgereist ist. Sie ist entsetzt über diese Schande und sucht sich, um Pepe zu provozieren, eine Anstellung in einer Kneipe. Nach einer heftigen Auseinandersetzung kehrt sie in ihr Dorf zurück. Pepe dagegen hält zunächst an seinem Traum fest, genügend Geld für einige Kühe und eine Melkmaschine zu verdienen. Doch an Weihnachten übermannt ihn das Heimweh.

Am Ende des Films ist die gute alte Ordnung in Spanien wieder hergestellt. Pepe sitzt inmitten einer weiten, sonnigen Landschaft unter ein paar Bäumen, gibt Lügengeschichten über seine Zeit in München zum Besten und wartet auf die schwangere Pilar, die mit einem Essenskorb über die gerade gepflügten Äcker auf ihn zugeht.

Die Kernaussage der Komödie lautet also: Der Versuch, in der Fremde eine neue Lebensperspektive anzustreben, muss ebenso scheitern, wie der republikanische Arzt mit seinem ganzen Werdegang gescheitert ist. Nur derjenige kann glücklich werden, der die Werte des einfachen, aber redlichen Lebens in der Heimat hoch hält und Spanien treu bleibt.

Damit keinerlei Zweifel an dieser zentralen Aussage aufkommen, baut der Film systematisch Oppositionspaare auf, die nach dem simplen Gut-Böse-Schema funktionieren: hier Tradition, dort Moderne; hier ländliche Idylle, dort städtische Hektik; hier übersichtliche Sozialstrukturen und weite Landschaften, dort ein überbordendes Chaos aus Verkehr, Lärm, Werbung und einer nicht einmal ansatzweise zu verstehenden Sprache. Die Liste könnte beliebig fortgesetzt werden.

Selbst in kleinen Details finden sich diese Gegensätze. Im Dorf steht als Symbol für einen angemessenen Umgang mit der modernen Technik ein Transformatorenhäuschen. Sein Pendent in München ist ein riesiges Elektrizitätswerk, in dem ein spanisches Ehepaar aus der Pension arbeitet. Und bezeichnenderweise erleidet die schwangere Frau dort inmitten von Schaltschränken und Warnhinweisen einen Schwächeanfall, der die beiden letztlich dazu zwingt, ihre hochgesteckten Pläne aufzugeben.

Oder nehmen wir den Aspekt der Religion: Im heimischen Dorf zieht Pepe an den Glockenseilen. Als die Männer nicht in die Kirche kommen, weil sie am einzigen Fernseher des Ortes die leichtbekleideten Tänzerinnen eines Varietés anstarren, lässt der Pfarrer im Transformator den Strom kappen, und schon finden sich alle zur Messe ein. In München hingegen spielt Religion überhaupt keine Rolle. Ganz im Gegenteil: Die Symbole der christlichen Tradition werden systematisch säkularisiert.

Die Kirchtürme werden zwar gezeigt, aber in diesen Bildsequenzen reihen sich die Glocken dann nahtlos in das Klingeln der Wecker und das Pfeifen der Fabriksirenen ein, die die Spanier zur unchristlichen und unnatürlichen Zeit um fünf Uhr morgens zur Arbeit zwingen.

In dieser Darstellung verkommt München zu einer Mischung aus einer x-beliebigen, von Autos, Fabriken und künstlichem Licht verunstalteten Industriestadt, und einem Sammelsurium von Stereotypen, die Bayern charakterisieren sollen: Lodenjanker und Dirndl, Blasmusik und Bierkrüge, Schäfflertanz und Olympiaturm. Was bezeichnenderweise nicht dazugehört, ist zum Beispiel der Englische Garten, der als grüne Landschaft nicht in das Bild der grauen Stadt passen würde. Oder auch der Dialekt: Keiner der deutschen Sprecher verwendet das Bairische, das zu Beginn der 1970er Jahre ja noch ein Markenzeichen der bayerischen Hauptstadt war. Aber an einer irgendwie realistischen oder authentischen Darstellung der Verhältnisse in Deutschland hat der Film sowieso kein Interesse.

Beleg dafür ist ein weiterer stereotyper Stempel, der München aufgedrückt wird, indem es als ausgesprochener Sündenpfuhl gekennzeichnet wird. Damit kommen wir nun zu einem Aspekt des Films, der das Potential gehabt hätte, das eher langweile Gut-Böse-Schema subversiv zu unterlaufen; ein Aspekt, der wohl in der Tat maßgeblich zum Erfolg des Streifens beigetragen hat: nämlich die oberflächliche Erotisierung.

Schon vor Angelinos Ankunft hatten die Männer des Dorfes den Auftritt der Revuetänzerinnen im Fernsehen verfolgt – der schlechte Empfang soll vermutlich andeuten, dass es sich um eine Sendung im französischen Fernsehen handelt. Die anstößigen Bilder und Zeitschriften, die er aus Deutschland in sein Heimatdorf mitbringt, kommentieren sie entsprechend begeistert als Kunde von einem sexuell freizügigen Paradies. Gleich nach seiner Ankunft in München wird Pepe mit einem Sexshop konfrontiert. In der Pension wohnen zwei äußerst leicht bekleidete Tänzerinnen. Die Werbeplakate, die er und Angelino kleben, zeigen halbnackte Frauen. In einem Nachtclub werden die beiden von Frauen in knappen Miniröcken angesprochen und aufgefordert, mit ihnen zu gehen. Kurz gesagt, das Thema der Sexualität durchzieht den gesamten Film.

Allerdings geht dabei die in anderen Bereichen so leichte Einordnung in ein klares Oppositionspaar – Spanien züchtig, München sündig – nicht ganz so einfach auf. *¡Vente a Alemania, Pepe!* steht nämlich in einer Traditionsreihe von erotischen Komödien, die in Spanien seit Ende der 1960er Jahre entstanden, die meisten von ihnen mit dem Darsteller der Figur des Pepe, Alfredo Landa, in der Hauptrolle. Mit Genehmigung der spanischen Zensur, die ansonsten streng die repressiven Moralvorstellungen des Regimes schützte, öffneten diese eher belanglosen Streifen in den Zeiten der sexuellen Revolution ein kleines Ventil. Ganz abschotten konnte sich Spanien nicht, denn durch den Massentourismus kamen der Bikini und die sexuelle Freizügigkeit in die Urlaubsorte, gleichzeitig arbeiteten hunderttausende Spanier im Ausland, wo sie sich auf jeden Fall mit dem liberaleren Umgang mit Erotik auseinandersetzen mussten.

Die Methode, mit der *¡Vente a Alemania, Pepe!* dieses brisante Thema angeht, besteht nun darin, eine Menge an falschen Fährten zu legen, dabei dann schließlich doch wohlbekannte Stereotypen aufzubauen und dem Ganzen eine gehörige Portion Doppelmoral beizumischen.

Wie schon angedeutet, sind es die spanischen Männer, die von Beginn an stereotyp als triebgesteuert charakterisiert werden. Damit diese Triebe nicht überhand nehmen, dürfen sie, von der Doppelmoral durchaus erlaubt, im sündigen München auf die Suche nach freizügigen deutschen „chavalas" gehen. Angeblich fallen die den Latin Lovers dort nur so zu. Diese Reihe von Stereotypen, die für den Jüngsten aus der Gruppe sehr wohl gilt, entpuppt sich für den Protagonisten allerdings als falsche Fährte. Er kommt nämlich nicht zum Zug. Alle bayerischen Mädchen, denen er nachstellt, sind schon in festen Händen.

Erst in einem Nachtlokal glaubt er sich am Ziel seiner Träume, als ihn eine attraktive Frau für eine Liebesnacht auswählt. Diese Bar heißt nun aber keineswegs zufällig *Lola Montez*, denn die Femme fatale, die Pepe abschleppt, wird ihm, wenn auch ironisch gebrochen, zum Verhängnis. Sie nimmt ihn mit in ihre Wohnung und halbnackt – sündiges München! – beginnt sie, ihn zu entkleiden. Kaum sieht die schöne Münchnerin aber die außergewöhnliche Körperbehaarung des Spaniers, lässt sie von ihm ab, eilt zum Telefon und ruft ihren anderen Liebhaber,

„Herrn Karstadt“ an. Pepe landet als Objekt der Belustigung im Schaufenster des gleichnamigen Kaufhauses, wo er praktisch nackt neben einem viel größeren, haarlosen Deutschen für eine Depilationscreme wirbt.

Die Erotik driftet ab in den Kommerz und von dort in den Sarkasmus. Als Folge seiner sexuellen Ambitionen wird Pepe der Lächerlichkeit preisgegeben; und zwar gerade mit dem Merkmal, der übertriebenen Körperbehaarung, das eigentlich dem Stereotyp gemäß seine spanische Männlichkeit ausmacht; noch dazu im Kontext der Werbung für ein Kosmetikprodukt, dem Enthaarungsmittel, das in erster Linie mit weiblicher Schönheit konnotiert wird bzw. wurde; wodurch natürlich unter der Hand und aus spanisch-franquistischer Sicht auch das Gegenstück Pepes im Schaufenster, der muskulöse Deutsche ohne Brusthaare, in den Sog der ironisch-sarkastischen Brechung von Schönheitsidealen und erotischer Attraktivität gerät.

Wenig später taucht im Film noch einmal die Verbindung von Erotik und Kommerz auf. Nachdem Pilar ihren Verlobten im Schaufenster gesehen hat und sich für seine Art des Geldverdienens schämt, sucht sie sich eine Stelle als Bedienung. Wie ihre Kolleginnen trägt sie einen kurzen Dirndlrock, der je nach gewähltem Blickwinkel als modern oder als aufreizend bezeichnet werden kann. Diesmal ist es Pepe, der sie als Fensterputzer durch eine Glasscheibe sieht, ihre Tätigkeit als schamlos interpretiert und sie dazu zwingt, die Arbeit aufzugeben.

Über das Element der Fensterscheibe siedelt der Film beide Übertretungen der Grenzen des Anstands auf der gleichen Ebene an. In Wirklichkeit jedoch misst die Doppelmoral hier mit zweierlei Maß. Denn bei der Frau gilt bereits die Tatsache, dass sie ohne Erlaubnis ihres Verlobten einer Beschäftigung nachgeht, als unzulässige Freiheit. Dass sie darüber hinaus noch einen kurzen Rock trägt und sich ihre Kleidung vom Besitzer des Lokals hat bezahlen lassen, rückt sie, die eigentlich nur ihren Pepe heiraten möchte, in die Nähe der Prostitution.

Pepe hingegen suchte in den Monaten vor der Ankunft Pilars aktiv sein Vergnügen mit den bayerischen „chavalas“ und lag ja bereits im Bett der anderen Frau. Wenn er also seine Verlobte in der Bar als „adúltera – Ehebrecherin“ beschimpft, so fällt das selbstverständlich auf ihn zurück, denn er hat ja Pilar nicht aus eigenem Antrieb, sondern lediglich aus Mangel an Gelegenheit und aus Zufall die Treue gehalten.

Unterschwellig wird dadurch und durch die so häufige Thematisierung der Sexualität in *¡Vente a Alemania, Pepe!* suggeriert, dass für die spanischen Männer der Aufenthalt im Sündenpfuhl München gleichbedeutend damit ist, dass sie sich dort die Hörner abstoßen. Natürlich verurteilt der Film dies pro forma im Fall des verlobten Protagonisten, indem er Pepe praktisch nackt an den Pranger, in diesem Fall ins Schaufenster stellt. Bei dem noch ungebundenen, jungen Andrés hingegen belächelt sogar der Pfarrer des Dorfes nachsichtig die amourösen Abenteuer, über die dieser in seinen Briefen berichtet.

Der Erfolg der Films Anfang der 1970er Jahre und seine dauerhafte Verankerung im kollektiven Gedächtnis beruhen also vermutlich vor allem darauf, dass er die zwei Themenbereiche Migration und Sexualität zusammenführte. Beide brachten aus der Sicht der Diktatur massive Gefahren für die Identität und die moralische Integrität der Spanier mit sich. Während aber die Migration im Film in einer überdeutlichen Gut-Böse-Opposition zwischen Spanien hier und Deutschland dort verhandelt wird, tragen beim Thema der Sexualität die spanischen Männer nicht wenig dazu bei, dass aus München erst der Sündenpfuhl wird, als der die Stadt im Film erscheint.

Für beide Gefahren bietet *¡Vente a Alemania, Pepe!* jedoch die gleiche Lösung an: die Rückkehr zur heimatlichen Scholle. Dort allein kann dank der tugendhaften spanischen Frauen die Sexualität in die richtigen Bahnen gelenkt werden. Dort allein bietet Spanien der daraus hervorgehenden Generation ein bescheidenes, aber glückliches Leben, abseits der modernen, hektischen, zur Sünde verleitenden mitteleuropäischen Gesellschaften. Dies jedenfalls legt die Schlusseinstellung nahe, die Pepe und seine schwangere Frau Pilar inmitten der frisch gepflügten Äcker um ihr Heimatdorf Peralejos zeigt. Und in diese Richtung interpretiert auch Ralf Junkerjürgen, der die bislang einzige ausführliche Würdigung von *¡Vente a Alemania, Pepe!* in Deutschland vorgelegt hat.

Ob allerdings entgegen der Intention des Films nicht doch der eine Spanier oder die andere Spanierin von ihm in die Versuchung geführt worden ist, sein bzw. ihr Glück im fernen

München zu suchen, das weiß man nicht. Dass aber vierzig Jahre später, bei der nächsten spanischen Auswanderungswelle im Gefolge der Krise von 2008, nicht nur München, sondern ganz Bayern zu einem bevorzugten Ziel diesmal mehrheitlich gut ausgebildeter Spanier geworden ist, das belegen eindrucksvoll die Geschichten, die die neuen spanischen Arbeitsmigranten 2015 zu dem Band *¿Te has venido a Alemania, Pepe?* beigetragen haben; ein Band, der genauso wie der spanische Film *Perdiendo el norte* von 2015 ganz bewusst den Bezug auf die inzwischen zum Klassiker gewordene Komödie *¡Vente a Alemania, Pepe!* von 1971 herstellt.

Auswahlbibliographie

Berger, Verena und Miya Komori. „La estética de la emigración: la figura del emigrante en el cine español y portugués", in: *Quaderns de Cine*, 6, 2011, 19-32.

Calvo Salgado, Luís M. u.a. (Hrsg.). *Migración y exilio españoles en el siglo XX*. Madrid: Iberoamericana, 2009.

Halm, Wolfgang und José Moll Marqués. *Modernes Spanisch*. München: Hueber, 10. Aufl. 1992 [1965].

Junkerjürgen, Ralf. „Pedro Lazaga: *¡Vente a Alemania, Pepe!*", in: Ralf Junkerjürgen (Hrsg.). *Spanische Filme des 20. Jahrhunderts in Einzelinterpretationen*. Berlin: Erich Schmidt, 2012, 165-179.

Junkerjürgen, Ralf u.a. (Hrsg.). *¿Te has venido a Alemania, Pepe? Relatos de nuevos inmigrantes españoles*. Gijón: CICEES, 2015.

Lazaga, Pedro (Regie). *¡Vente a Alemania, Pepe!* (DVD). Barcelona: Tribanda, 2008 [1971].

Mejón, Ana und Rubén Romero Santos. „*Perdiendo el norte*: una brújula para la crisis", in: Jochen Mecke u.a. (Hrsg). *Discursos de la crisis*. Madrid: Iberoamericana, 2017, 123-137.

Moral, Manuel. *Deutsch ist Deutschlands Grenze. Ein Radio-Essay von Manuel Moral*. Berlin: Rias Berlin Funkuniversität, 15.1.1986 (Sendemanuskript) [s.a. „Die spröde Geliebte. Ausländische Erfahrungen mit der deutschen Sprache", in: *Süddeutsche Zeitung*, 18./19.5.1985].

Sala, Roberto. *Fremde Worte. Medien für „Gastarbeiter" in der Bundesrepublik im Spannungsfeld von Außen- und Sozialpolitik*. Paderborn: Schöningh, 2011.

Zum Abschluss:
ein katalanischer Dichterwettbewerb in Bayern

Wer kennt ihn nicht, den Sängersaal von Schloss Neuschwanstein, der sicherlich zu den meistbesuchten Räumen Bayerns gehört. Doch wer weiß schon, dass dieses Lieblingsprojekt von König Ludwig II. über ein paar Umwege mit einer hierzulande völlig vergessenen Episode der bayerisch-spanischen Beziehungen verbunden ist: den *Jocs Florals a l'Exili* – den Blumenspielen der Exilkatalanen von München im Oktober 1977.

Für seinen Prunksaal im vierten Stock von Neuschwanstein ließ sich Ludwig II. von der Wartburg inspirieren, wo im Kontext der romantischen Rückerinnerung an das Mittelalter Moritz von Schind in den 1850er Jahren das monumentale Sängerstreitfresko geschaffen hatte. Angeblich hatten sich ja im Jahr 1207 auf Einladung des Thüringer Landgrafen Hermann I. in der Wartburg die größten und bedeutendsten Sänger des deutschen Sprachraums versammelt, um einen Dichterwettstreit auszufechten.

Angeblich, denn in dieser Form hat der sogenannte Sängerkrieg nie stattgefunden. Historisch richtig ist an diesem sagenumwobenen Ereignis allerdings der Verweis auf die Bedeutung des Thüringer Hofes für die Förderung von Sangspruchdichtung und Minnesang. Und ebenso passt auch der Wettbewerbscharakter zur frühen volkssprachlichen Hofdichtung im europäischen Mittelalter, wo die singenden Ritter mit dem Vortrag ihrer Texte Ruhm und Ehre erwerben konnten.

Die Ursprünge dieser Westeuropa umspannenden Tradition lagen allerdings im okzitanisch sprechenden, von Paris weithin unabhängigen Südfrankreich, und dorthin führt uns der erwähnte Umweg zunächst.

Die Tradition der Blumenspiele in Okzitanien und Katalonien

Seit Ende des 11. Jahrhunderts entwickelte sich nördlich der Pyrenäen unter Federführung Herzog Wilhelms IX. von Aquitanien die Trobadorlyrik, der in Deutschland der Minnesang entspricht. In dieser höchst komplexen Form des Dichtens geht es vordergründig meist um die hohe Liebe: die Verehrung der erhabenen, bewunderten, aber unerreichbaren Dame. Dahinter verbergen sich jedoch komplexe Umwälzungsprozesse in den Feudalgesellschaften an der Schwelle zum Hohen Mittelalter.

Der Nordosten Spaniens, konkret Katalonien und die Grafschaft Barcelona, stand im 12. Jahrhundert den okzitanisch-provenzalischen Gebieten jenseits der Pyrenäen geographisch, politisch und sprachlich sehr nahe – viel näher übrigens als den christlichen Königreichen im Nordwesten der Iberischen Halbinsel. Entsprechend gestalteten katalanische Dichter von Beginn an diese spezifische Literaturtradition aktiv mit, zunächst noch in der eng mit dem Altkatalanischen verwandten okzitanischen Sprache.

Im okzitanischen Kerngebiet geriet die Trobadordichtung bereits zu Beginn des 13. Jahrhunderts in eine tiefe Krise, als der französische König in den Albigenserkriegen seinen Machtanspruch auf den Süden durchzusetzen versuchte. Der dann folgende, langsame Bedeutungsverlust der höfischen Lyrik Okzitaniens bis zum ausgehenden 13. Jahrhundert wird gemeinhin mit einer gewissen Erschöpfung der Formen und Themen, vor allem aber mit dem Verlust der politischen Unabhängigkeit und dem Wandel in den Sozialstrukturen erklärt.

So ist es bezeichnend, dass es 1323 schon reiche bürgerlich-städtische Kreise aus Toulouse waren, die sich dazu berufen fühlten, die Tradition der obsolet gewordenen Hofdichtung wieder aufzunehmen. Die okzitanische Dichtungssprache und das „Gai Saber – die fröhliche Wissenschaft des Dichtens", sollten nun in der Stadt, fernab der Burgen, in anderer Form neu gepflegt werden.

Dazu riefen die sieben Gründungsmitglieder den ältesten bis heute existierenden Literaturzirkel der westlichen Welt ins Leben, das Consistori del Gai Saber, seit 1694 Académie des Jeux floraux oder Acadèmia dels Jòcs Florals genannt. Einmal jährlich veranstaltete dieses Konsistorium der Dichterfreunde die *Jòcs Florals* – die Blumenspiele, die ihren Namen aus den Preisen für die Gewinner des Wettbewerbs herleiteten: goldene oder silberne Blumen.

Ein gutes halbes Jahrhundert später, 1393, begründete der aragonesische König Johann I. in Barcelona die von Okzitanien und damit auch von der okzitanischen Sprache unabhängigen, katalanischen *Jocs Florals*. Damals stand die katalanischsprachige Kultur auf ihrem Höhepunkt und die Krone von Aragón hatte die größte Ausdehnung ihres Herrschaftsgebiets im Mittelmeer erreicht – es sei daran erinnert: 1380 erhielt der bayerische Herzog Stephan III. dort eine herbe Abfuhr, als er seinem Sohn die sizilianische Krone verschaffen wolle.

Doch schon Mitte des 15. Jahrhunderts geriet durch die spätmittelalterlichen Krisen das katalanisch-aragonesische Herrschaftskonglomerat und sein Handelsimperium ins Wanken. Die Institution Blumenspiele überdauerte zwar bis 1484, brachte aber kaum noch substantielle Werke hervor.

Umso bedeutsamer wurde Mitte des 19. Jahrhundert die Erinnerung an die alten *Jocs Florals*. Zur gleichen Zeit also, zu der in der Wartburg das Fresko des Sängerkriegs entstand. Allerdings verbanden die Katalanen mit der Wiedererweckung ihrer mittelalterlichen Blumenspiele ein spezifisches Anliegen. Beinahe 400 Jahre lang hatte die kastilisch-spanische Sprache das Katalanische immer mehr aus dem politischen und kulturellen Leben zurückgedrängt. Nun suchten die Intellektuellen der katalanischen „Renaixença – der Wiedergeburt" einen Anknüpfungspunkt an das Goldene Zeitalter ihrer Kultur und fanden ihn in den Blumenspielen.

Das Katalanische hatte als Sprache der Landbevölkerung und der einfachen Leute überlebt, mit Hilfe des jährlich ausgetragenen Dichterwettstreits sollte es auch wieder als Literatursprache etabliert werden. Nicht ohne Konflikte und Auseinandersetzungen wurden daher die *Jocs Florals* von 1859 bis zum Ausbruch des Bürgerkrieges 1936 als Symbol und Motor für dieses Ziel in Barcelona ausgerichtet.

Die katalanischen Blumenspiele im Exil

Nach dem Krieg verhinderte die extrem zentralistische und antikatalanische Politik der Diktatur Francos jeglichen Gedanken an eine Weiterführung, zumal die meisten Schriftsteller und Intellektuellen ins Exil gegangen waren. Es gibt zwar Berichte von heimlichen, privaten Treffen in Barcelona, mit denen die Erinnerung an die *Jocs Florals* hochgehalten wurde, aber eine offizielle Wiedereinsetzung der jetzt hochgradig subversiven Tradition war bis Anfang der 1970er Jahre ausgeschlossen.

Im Exil hingegen gründeten die geflohenen Katalanen Vereinigungen, die zum Ziel hatten, die daheim verbotene Sprache zu pflegen. Eine der ersten Amtshandlungen der Gruppe in Buenos Aires war konsequenterweise die Einrichtung der *Jocs Florals de la Llengua Catalana a l'Exili* – der katalanischen Blumenspiele im Exil. Ausgehend von den bescheidenen Anfängen 1941 in Buenos Aires wurde dieser Wettbewerb dann über die gesamte Diktatur hinweg, 37 Jahre lang, in der ganzen westlichen Welt abgehalten. Während des 2. Weltkriegs in Lateinamerika, danach mehr oder weniger abwechselnd in Amerika und Europa.

Es mutet schier unglaublich an, dass die Exilkatalanen es vermochten, dieses Kulturereignis über die im Laufe der Zeit etablierten Komitees in Buenos Aires, Mexiko und Montpellier jedes Jahr in einer anderen Stadt zu organisieren, und zwar ohne finanzielle und logistische Unterstützung aus Spanien bzw. Katalonien.

Seit Mitte der 1960er Jahre, also parallel zur spanischen Arbeitsmigration, verschob sich das Schwergewicht der Städte, die die *Jocs Florals* ausrichteten, deutlich in die westeuropäischen Aufnahmeländer Frankreich, die Schweiz, Belgien und die Niederlande. Zweimal fanden sie auch in Deutschland statt: 1970 in der Universitätsstadt Tübingen, und 1977 hatte München die Ehre, Gastgeber der letzten katalanischen Blumenspiele im Ausland zu sein, bevor sie 1978 nach Barcelona zurückkehrten.

Vorausgegangen waren heftige Diskussionen, denn 1971, also noch in der Diktatur, hatte die Stadt Barcelona selbst die Blumenspiele wieder ins Leben gerufen, als Zeichen für die leichte Lockerung der strikten Sprachenpolitik des Regimes.

Diese Initiative stieß jedoch auf Misstrauen und mehrheitliche Ablehnung durch die katalanischen Intellektuellen, insbesondere im Ausland.

Nach Francos Tod 1975 änderte sich die Lage von Grund auf. Mit der klaren Stellungnahme von König Juan Carlos I. für die Demokratie und mit den konstruktiven Vorverhandlungen über die Verfassung von 1978 zeichnete sich ab, dass der neue Staat den Regionen weitgehende Autonomierechte einräumen würde. Somit verloren die *Jocs Florals* im Exil ihre Daseinsberechtigung als beständige Kritik an der Unterdrückung der katalanischen Sprache in Spanien. München, das war somit klar, sollte 1977 die letzten Blumenspiele im Ausland ausrichten.

Die *Jocs Florals* von München

Wie schon in den Jahren zuvor in der Schweiz und in Tübingen engagierten sich die katalanischen Arbeitsmigranten und ihr Kulturverein maßgeblich bei der Vorbereitung der Blumenspiele vor Ort. In München taten sie dies in enger Abstimmung mit der Universität, die das Audimax zur Verfügung stellte. Die Festrede von deutscher Seite hielt allerdings kein Professor der Ludwig-Maximilians-Universität, sondern der Katalanist Günther Haensch, der zu dieser Zeit in Augsburg lehrte. Den Vorsitz des Organisationskomitees übernahm Josep Moll i Marquès, einer der beiden Redakteure der Ausländerprogramme für Spanier im Bayerischen Rundfunk.

Im Laufe ihrer Geschichte hatten sich die *Jocs Florals* von einem reinen Dichterwettstreit in den drei ursprünglichen Kategorien der religiösen und vaterländischen Lyrik sowie der höchsten Form, der Liebeslyrik, zu einem umfassenden Literaturwettbewerb entwickelt. Für die unterschiedlichen Preise konnten nun auch Romane, Erzählungen, Theaterstücke, Essays, wissenschaftliche Abhandlungen und vieles mehr eingereicht werden. Insgesamt wurden daher 18 Auszeichnungen vergeben.

Über die tatsächliche Qualität – sprachlich wie inhaltlich – der 97 Beiträge, die aus aller Welt nach München geschickt wurden, gibt es keine Untersuchungen. Doch dies war für die *Jocs Florals de la Llengua Catalana* im Exil auch von untergeordneter Bedeutung. Viel wichtiger erscheint für München und vor allem für die 36 Jahre davor das, was Jens Lüdke in seinem Rückblick auf die Blumenspiele in Tübingen 1970 schreibt, dass sie nämlich die Existenz und das Weiterleben der katalanischen Sprache und der katalanischen Kultur bezeugten: für die außenstehenden Beobachter und für die Katalanen selbst.

Schwierigkeiten gab es dabei genug. Die Jüngeren unter den Katalanen, die als Arbeitsmigranten in Deutschland lebten, hatten ihre eigene Sprache in Spanien nie als Schriftsprache gelernt. Sie mussten sich also mühsam vom mündlichen Gebrauch an die Verschriftlichung herantasten. Nach der Lockerung des Verbots der Diktatur, das Katalanische in der Öffentlichkeit zu gebrauchen, gab es zwar seit den 1960er Jahren wieder vermehrt Bücher, aber der Weg, die Sprache zu vereinheitlichen und an die Bedürfnisse der neuen Zeit heranzuführen, war noch lang.

Hinzu kamen die Konflikte zwischen den Katalanen in Spanien und denen im Exil – ein vergleichbarer Konflikt unter allen Spaniern hatte ja schon das Münchner Techtelmechtel der Opposition 1962 überschattet –, wodurch gerade die Tübinger Veranstaltung auch als Bühne politischer Auseinandersetzungen missbraucht wurde.

Die wenigen Berichte und Informationen, die über die *Jocs Florals* in München vorliegen, äußern sich zwar nicht so detailliert über diesen Aspekt des Treffens, aber frei von diesen Reibungspunkten zwischen den unterschiedlichen Strömungen und Gruppierungen der Katalanen im In- und Ausland wird das Literaturfest nicht gewesen sein. Jedenfalls gingen die Organisatoren auf eine fundamentale Kritik an den Blumenspielen ein: dass sie nämlich ein Relikt aus einer inzwischen überwundenen Zeit seien.

Dessen waren sie sich allerdings auch bewusst. München sollte ja gerade die dunkle, aber heroische Epoche für die katalanische Kultur würdig abschließen. Als bestes Zeichen dafür wurde vom Organisationskomitee gewertet, dass am gleichen Tag, als im Audimax das Dichterfest gefeiert wurde, dem 23. Oktober 1977, der Präsident der katalanischen Exilregierung, Josep Tarradellas, nach fast vierzig Jahren in sein Heimatland zurückkehrte, um die Übergangsregierung in Katalonien zu übernehmen.

Josep Moll folgte kurz darauf seinem Beispiel. Nachdem er über ein Jahrzehnt lang für die spanische – und katalanische – Gemeinschaft in Deutschland im Bayerischen Rundfunk gearbeitet hatte, wollte er sich auf den Balearen politisch engagieren. Sein Kollege Manuel Moral hingegen, der schon 1971 die deutsche Staatsbürgerschaft angenommen hatte, blieb in München. Paradigmatisch verkörperten sie beide damit die unterschiedlichen Lebenswege, die die spanischen Arbeitnehmer aus der Anwerbegeneration eingeschlagen haben.

Ausblick auf die Zeit nach 1977

Mit den *Jocs Florals* von München endet unser in Episoden gegliederter Durchgang durch 13 Jahrhunderte bayerisch-spanischer Kontakte. Er endet nicht aus Mangel an interessanten und spannenden Begegnungen in der Folgezeit bis heute, sondern, im Gegenteil, weil es zu viele geworden sind.

Im Dezember 1978 trat in Spanien die demokratische Verfassung in Kraft, 1986 wurde das Land Vollmitglied in der Europäischen Gemeinschaft. Die Beziehungen zu Europa, Deutschland und Bayern sind seitdem so umfassend geworden, dass es schwer fällt, auch nur ansatzweise eine Auswahl zu treffen.

Tausende Bayern leben, arbeiten, studieren ganz selbstverständlich in Spanien, tausende Spanier tun dasselbe ebenso selbstverständlich in Bayern. Praktisch jede bayerische Universität bietet heute hispanistische Studiengänge an, praktisch jede Hochschule unterhält Austauschprogramme mit Spanien. An den bayerischen Gymnasien ist Spanisch fest etabliert, an den Volkshochschulen sowieso. Nimmt man Schulen, Hochschulen und Volkshochschulen zusammen, dürfte Spanisch das Französische im Ranking der erlernten Fremdsprachen bereits vom zweiten Platz nach dem Englischen verdrängt haben.

Der Grund für den spektakulären Anstieg des Interesses für die spanische Sprache und Kultur in den letzten zwei, drei Jahrzehnten liegt zugegebenermaßen nicht nur in der touristischen, wirtschaftlichen und politischen Bedeutung Spaniens. Lateinamerika trägt ebenfalls sein bedeutendes Scherflein dazu bei. Doch selbst in dieser Hinsicht spielt Spanien als Brücke zu seinen alten Kolonien noch eine besondere Rolle.

Jahr für Jahr stellt Spanien immer neue Rekorde auf, was den Tourismus angeht. Statistisch gesehen hat jeder Einwohner Bayerns in den letzten zehn Jahren mindestens einmal an spanischen Stränden oder in spanischen Städten Urlaub gemacht. Gleichzeitig nehmen die Zahlen der Spanier zu, die Bayern besuchen. Zuletzt waren es fast eine halbe Million Übernachtungen pro Jahr.

Institutionell repräsentiert wird Spanien als Urlaubsziel durch sein Fremdenverkehrsamt in München, wo es natürlich nicht in erster Linie mit den Stereotypen Sonne, Strand, Paella und Sangría angepriesen wird, sondern als modernes, vielseitiges, weltoffenes Land. Umgekehrt gilt für viele Spanier Bayern als das Bundesland, das am besten die Verbindung von Tradition und Hochtechnologie, von überlieferter Kultur und internationaler Ausrichtung in sich vereint.

Nicht nur in touristischer Hinsicht, sondern auch für den kulturgeschichtlichen Bereich der bayerisch-spanischen Beziehungen ist seit einigen Jahrzehnten der Jakobsweg wieder bedeutsam geworden, für dessen Neuentdeckung das Bayerische Pilgerbüro eine wichtige Rolle gespielt hat. Wobei in diesem Zusammenhang die vielen Initiativen nicht vergessen werden dürfen, die dafür sorgen, dass in Bayern die alten Pilgerwege nach Santiago de Compostela wieder eingerichtet und gepflegt werden. Stellvertretend sei nur die Fränkische St. Jakobus-Gesellschaft in Würzburg genannt. Und für die wissenschaftliche Erforschung der Geschichte des Jakobswegs trägt überdies in herausragender Weise ein Erlanger Historiker Sorge.

Der große Bereich der Kultur und des Kulturaustauschs zwischen Bayern und Spanien in den letzten Jahren hätte selbstverständlich eine ausführlichere Betrachtung verdient. Beispielhaft für viele andere Institutionen und Einrichtungen, die über ganz Bayern verstreut sind, mögen hier das Instituto Cervantes in München stehen, die Städtepartnerschaften Nürnberg-Córdoba oder Passau-Málaga, die Calderón-Festspiele in Bamberg oder, um pro domo zu sprechen, das Forschungszentrum

Spanien der Universität Regensburg und das Spanische Film- und Kulturfestival Cinescultura.

Die Auswahl aus der Vielzahl von bayerisch-spanischen Begegnungen fällt auch deshalb so schwer, weil das, was früher außergewöhnliche Episoden waren, inzwischen Normalität geworden ist. Manches ist dabei so normal geworden, dass das Außergewöhnliche daran kaum noch auffällt.

Im Fußball etwa. Wie aufsehenerregend war noch in den 1980er Jahren die Verpflichtung des Augsburgers Bernd Schuster als Spieler beim FC Barcelona, Real Madrid und Atlético Madrid sowie später als Trainer bei Real Madrid! Doch diese damals beispiellose Karriere in Spanien erscheint heute kaum noch erwähnenswert, nachdem Bayern München unter seinem katalanischen Trainer Pep Guardiola mit Xabi Alonso, Thiago, Javi Martínez und Juan Bernat beinahe mehr spanische als bayerische Spieler unter Vertrag hatte.

Es bedarf also wohl eines größeren zeitlichen Abstands, um aus all den vielen, ganz normal gewordenen Kontakten zwischen Bayern und Spanien in den letzten vierzig Jahren wieder solche herauszuheben, die als besondere Episoden dieser jüngeren Beziehungsgeschichte erzählt werden können.

Auswahlbibliographie

Castellet, Manuel. „La festa gòtica dels Jocs Florals“, in: Jean Haritschelhar und Kepa Altonaga (Hrsg.). *Antoine d'Abbadie 1897-1997*. Donostia: Eusko Inkaskuntza, 1998, 585-594.

Faulí, Josep. *Els Jocs Florals de la Llengua Catalana a l'Exili (1941-1977)*. Barcelona: Publicacions de l'Abadia de Montserrat, 2002.

Lüdtke, Jens. *Ein Rückblick auf die Informationen über Katalonien und die Tübinger Blumenspiele von 1970*. Tübingen 2007, http://www.romling.uni-tuebingen.de/jocsflorals40anys/luedtke.pdf.

Bayern und Spanien:
Nachwort

Mitten im Kulturkampf, den die deutschen Katholiken in der zweiten Hälfte des 19. Jahrhunderts mit Bismarck ausfochten, erschien 1875 eine Streit- und Schmähschrift mit dem bezeichnenden Titel: *Die Bettelmönche in Bayern und ihre reichsfeindlichen Umtriebe, nebst Zubehör. Ein Nachweis, wie Bayern auch noch heute seinem alten Wesen als pfäffisch versumpftes Klein-Spanien in jeder Hinsicht thatsächlich treu bleibt.*

Wenn Bayern hier als „pfäffisch versumpftes Klein-Spanien" bezeichnet wird, dann kann sich Carl Lempens, der Autor des Pamphlets, auf eine in bestimmten Regionen und Schichten Deutschlands relativ fest eingefahrene Assoziationskette stützen: die Bayern sind gegen das neue Kaiserreich, weil sie Katholiken sind, damit ultramontan, also von Rom abhängig, und damit haben sie auch Anteil am katholischen Antimodernismus, den Rom so kämpferisch vorträgt.

Spanien, so der zweite Teil der hinter dem Titel steckenden Stereotypenreihe, ist und war immer schon Verteidigerin des Katholizismus, gilt deshalb als dunkel, rückständig, grausam, inquisitorisch, indiomordend und vor allem fanatisch.

Wenn, das wäre dann die Synthese, Bayern weiterhin auf die Pfaffen und Kleriker hört, vor allem in der Schul- und Kulturpolitik, dann verkommt es zu einem katholischen Sumpf, mithin zu einem schlechten Abklatsch des Bösen überhaupt, das natürlich Spanien repräsentiert.

Es ist fast überflüssig anzumerken, dass in diesem Mischmasch von Vorurteilen und politischer Propaganda das Land auf der Iberischen Halbinsel im Buch selbst gar nicht weiter beachtet wird. Die Erwähnung im Titel genügt vollkommen.

Überflüssig zu erwähnen auch, dass das Spanienbild in Deutschland, und zwar sowohl im katholischen wie auch im protestantischen Deutschland, bis zu diesem Zeitpunkt bereits viele Wandlungen erfahren hatte: von Phasen der totalen Ablehnung bis zu solchen der geradezu schwärmerischen Überhöhung seiner Kunst- und Literaturtraditionen. Der Mittelweg, nämlich eine ausgewogene und nüchterne Betrachtung der Geschichte und Kultur Spaniens sowie seiner Beziehungen zu Deutschland – und speziell zu Bayern – bildete in aller Regel die Ausnahme.

Ein halbes Jahrhundert nach der Schmähschrift und dem Kulturkampf erschien 1924 in Kempten eine Studie, die bis heute als ein veritables Standardwerk der deutschen Kulturgeschichtsschreibung über Spanien gilt: *Spanische Kultur und Sitte des 16. und 17. Jahrhunderts. Eine Einführung in die Blütezeit der spanischen Literatur und Kunst*. Ihr Autor, der bayerische Privatgelehrte Ludwig Pfandl, bringt im Vorwort die so häufig anzutreffende Schwarz-Weiß-Malerei bezüglich Spanien auf den Punkt:

> [M]ehr wie anderwärts gilt es in *cosas de España* Farbe zu bekennen. Hier gibt es kein mildes Lächeln des Ausgleichs, kein lavierendes Vermitteln, hier heißt es entweder zustimmen oder verdammen. Über Spanien kann, das beweisen alte, neue und neueste Darstellungen, überhaupt nur mit Liebe oder mit Haß geschrieben werden.

In dieser Gegenabhängigkeit von Ablehnung und Zustimmung ergreift natürlich auch er Partei: „Ich für meinen Teil habe es mit redlicher Liebe getan“, für eine der „stolzesten, edelmütigsten und charaktervollsten aller Nationen, die je um große Ideale gekämpft und gelitten haben.“

Das Pathos, das aus den Worten des Romanisten Pfandl noch spricht, ist eine gute Generation später, Ende der 1950er Jahre, aus der nun auch wirklich bayernzentrierten Rede über Spanien entwichen. Benno Hubensteiner, dem Passauer Historiker und späteren Ordinarius für bayerische Kirchengeschichte in München, blieb es vorbehalten, eine zeit- und teilweise auch themenübergreifende Skizze zu den bayerisch-spanischen Beziehungen zwischen etwa 1550 und 1750 vorzulegen: „Bayern und Spanien. Ein Kapitel europäischer Geschichte im Zeitalter des Barocks“.

Er sucht darin den Mittelweg zwischen der Verteuflung und der Idealisierung des ehemaligen Weltreichs. Dabei findet er ganz eigentümliche Koalitionen in den ewigen Kriegen der Zeit, die so gar nicht zu dem geschlossenen Bild der spanisch-bayerisch-österreichischen Treue zum Katholizismus passen. Vor allem aber sucht er breitere kulturelle Einflüsse, die aus der Iberischen Halbinsel nach Südostdeutschland kamen. Dort, wo er sie findet, leistet sich dann allerdings auch der strenge Geschichtswissenschaftler den einen oder anderen Anklang an pathetische Sprache: „Freilich, die nachhaltigste und zugleich stillste, gewaltigste und zugleich tiefste Einwirkung des spanischen Geistes vollzieht sich im innersten Bereich des Religiösen.“

Einen ähnlichen Versuch, den „spanischen Geist“ in Bayern aufzuspüren, hat es meines Wissens seit Hubensteiners Aufsatz von 1959 nicht mehr gegeben. Stattdessen haben wir bereits vor ihm und verstärkt in den 60 Jahren danach eine Vielzahl von Einzelstudien zu den unterschiedlichsten Phänomenen und Ereignissen, die in der Geschichte der Begegnung zwischen Bayern und Spanien eine Rolle gespielt haben.

Angesichts der schieren Menge an untersuchten Epochen, Persönlichkeiten, Themenbereichen und Wechselbeziehungen in der Kirchen-, Profan- und Kulturgeschichte gibt es nun im Wesentlichen zwei Wege, daraus ein Buch zu gestalten.

Der erste wäre, einige rote Fäden zu isolieren und übergreifende Zusammenhänge systematisch zu beschreiben: sei es die Rolle des Katholizismus; seien es die wirtschaftlichen, politischen, kulturellen Verflechtungen zur Zeit Karls V. und Philipps II. unter besonderer Berücksichtigung der Augsburger und Nürnberger Handels- und Finanzhäuser; seien es die dynastischen Verbindungen zwischen Wittelsbachern und spanischen Bourbonen im 19. und 20. Jahrhundert etc.

Der zweite, deutlich einfachere Weg wurde hier eingeschlagen. Dabei handelt es sich um den Versuch, einige Episoden aus der etwa 1300-jährigen Geschichte der Begegnungen zwischen Spaniern und Bayern auszuwählen. Die Kriterien für die Auswahl sind natürlich nicht beliebig. Die Episoden sollen nämlich spannend und interessant sein, sie sollen möglichst den gesamten Zeitraum abdecken und sie sollen zu bestimmten Epochen, an denen der Austausch intensiver war und sich die historisch bedeutsamen Ereignisse verdichten, zumindest auf mögliche größere Zusammenhänge hinweisen.

Dass sich „spannend und interessant" nicht immer mit „historisch bedeutsam" versöhnen lässt, versteht sich von selbst. Mit diesem Widerspruch muss der vorliegende Band leben. Man könnte auch sagen, er versteht sich als Vorstufe und Themensammlung für mögliche wissenschaftlichere Beschäftigungen mit den spanisch-bayerischen Kontakten.

Dieser Vorläufigkeit trägt das Buch Rechnung, indem es gar nicht den Anspruch erhebt, das Ergebnis einer Forschungsleistung im eigentlichen Sinn zu sein. Zu den allermeisten der hier aufgenommenen Episoden gibt es mehr oder weniger umfassende Studien und Teiluntersuchungen, auf die wir uns weithin stützen. Bisweilen wurden Ergänzungen, kritische Anmerkungen, weitergehende Interpretationsvorschläge und die spanische Blickrichtung hinzugefügt. Eine wirklich wissenschaftliche und damit in Bezug auf die verwendete Literatur auch vollständige Aufarbeitung von jedem einzelnen der so unterschiedlichen Themengebiete darf jedoch nicht erwartet werden.

Dies schlägt sich deutlich spürbar in der Art der Darstellung nieder. Der Band richtet sich zuallererst an ein breiteres Publikum, das sich für Bayern und Spanien, für die Geschichte und Kultur dieser beiden Territorien interessiert. Die Vertreter wissenschaftlicher Fachdisziplinen, denen das Buch in die Hände fällt, mögen daher verzeihen, dass wir der Lesbarkeit und zumindest bisweilen auch des Lesevergnügens wegen einige zentrale Forderungen an akademische Forschungsarbeiten bewusst nicht beachtet haben.

So wurde auf einen Anmerkungsapparat ebenso verzichtet wie auf den exakten Nachweis jedes einzelnen Zitates oder größerer Zusammenfassungen. Durch die in den Text eingebrachten Verweise und die jeder Episode beigegebene Auswahlbibliographie soll aber jederzeit gewährleistet werden, dass die Quellen und Vorlagen rasch aufzufinden sind. Eine kleine Auswahl von weitergehenden Studien, etwa zum deutsch-spanischen Kulturaustausch oder den Beziehungen des iberischen

Landes mit anderen Regionen des deutschsprachigen Raums, findet sich am Ende dieses Nachworts.

Ein grundsätzliches Problem unserer Episodensammlung zu den bayerisch-spanischen Beziehungen bleibt jedoch noch zu klären. Benno Hubensteiner ließ seinen Aufsatz von 1959 mit in der Tat gewichtigen Fragen ausklingen, auch wenn sie bei ihm in eine etwas andere Richtung gehen: Was ist Spanien? Was ist Bayern?

Anders gewendet: Von welchem Bayern und von welchem Spanien sprechen wir eigentlich? Was hat das frühmittelalterliche Herzogtum, das in seiner größten Ausdehnung die gesamten Ostalpen umfasste und bis an die Adria reichte, mit dem heutigen Bayern der Franken, Schwaben und Altbayern zu tun? Dürfen wir die Hochstifte Würzburg, Bamberg oder Eichstätt, die Reichsstädte Augsburg, Nürnberg oder Regensburg aus früheren Zeiten einfach so für Bayern vereinnahmen? Ja die Bezeichnung Bayern selbst ist zeitgebunden, müsste sie doch die bayerisch-spanischen Beziehungen auf die letzten 200 Jahre beschränken, denn die Schreibweise mit dem griechischen „y“ legte erst Ludwig I. endgültig fest.

In Spanien stellen sich natürlich ähnliche Probleme. Dort haben wir bis 711 die unter den Westgoten einigermaßen geeinte Iberische Halbinsel, danach die Teilung in einen arabischen und einen christlichen Teil, wobei die Christen sich wieder in verschiedene Königreiche aufspalteten. Die beiden größten, Kastilien und Aragón, schlossen sich seit dem ausgehenden 15. Jahrhundert zusammen, das kleine Navarra wurde später annektiert.

Allerdings gehörten zum spanischen Weltreich seit dem 16. Jahrhundert riesige Gebiete in Europa und in der Welt, die im Laufe der Zeit wegbrachen: die Niederlande, Burgund, Mailand, Süditalien und Sizilien, Hispanoamerika bis weit in die heutige USA hinein, Philippinen und andere Inselgruppen im Pazifik, Besitzungen in Nordafrika. All die Fragen der historischen Entwicklung, der Territorienbildung und der Staat- und Nationwerdung, die damit zusammenhängen, können wir hier aber noch nicht einmal in den Grundzügen ansprechen.

Es bleibt daher nur eine rein pragmatische Lösung. Zu Beginn des 7. Jahrhunderts leitete Isidor von Sevilla seine Geschichte der Goten, Vandalen und Sueben mit der *Laus Spaniae* ein, einem Loblied auf Spanien. Kurz vorher taucht so etwas wie Baioarien erstmals gesichert in der schriftlichen Überlieferung auf. Erst ab diesem Zeitpunkt kann man also annäherungsweise von Bayern und Spanien sprechen, auch wenn die ersten nachweisbaren Kontakte noch eine Weile auf sich warten ließen.

Dass die Westgoten und Bajuwaren Welten von den heutigen Spaniern und Bayern trennen, ist so selbstverständlich, dass es eigentlich nicht erwähnt zu werden bräuchte. Ebenso klar ist, dass das große Spanien und das deutlich kleinere Bayern sich praktisch nie wirklich auf Augenhöhe begegneten, was die politische Bedeutung und den internationalen Einfluss angeht. Wir vergleichen sozusagen Birnen mit Äpfeln. Aber ohne solch radikale Vereinfachungen könnten die Geschichten der Beziehungen von Ländern und Territorien gar nicht geschrieben werden.

Zu guter Letzt: Dieser Band möge auch als ein kleiner Willkommensgruß des Forschungszentrums Spanien der Universität Regensburg für das neue Museum der Bayerischen Geschichte in der altehrwürdigen Stadt an der Donau gelten.

Auswahlbibliographie

Bader, Wolfgang und Ignacio Olmos (Hrsg.). *Die deutsch-spanischen Kulturbeziehungen im europäischen Kontext*. Frankfurt/M.: Vervuert, 2004.

Bauer, Dieter R. u.a. (Hrsg.). *Oberschwaben und Spanien an der Schwelle zur Neuzeit*. Ostfildern: Thorbecke, 2006.

Becker, Anne-Katrin und Margarete Meggle-Freund (Hrsg). *¡Viva España! Von der Alhambra bis zum Ballermann. Deutsche Reisen nach Spanien*. Karlsruhe: Badisches Landesmuseum, 2007.

Briesemeister, Dietrich. *Spanien aus deutscher Sicht. Deutsch-spanische Kulturbeziehungen gestern und heute*. Tübingen: Niemeyer, 2004.

Danler, Paul (Hrsg.). *Österreich, Spanien und die europäische Einheit*. Innsbruck: IUP, 2007.

Gesammelte Aufsätze zur Kulturgeschichte Spaniens (Spanische Forschungen der Görres-Gesellschaft). Münster: Aschendorff, 1928ff.

Hartmann, Peter Claus und Alois Schmid (Hrsg.). *Bayern in Lateinamerika. Transatlantische Verbindungen und interkultureller Austausch*. München: Beck, 2011.

Hellwig, Karin (Hrsg.). *Spanien und Deutschland. Kulturtransfer im 19. Jahrhundert*. Frankfurt/M.: Vervuert, 2007.

Herbers, Klaus und Nikolas Jaspert (Hrsg.). *„Das kommt mir spanisch vor". Eigenes und Fremdes in den deutsch-spanischen Beziehungen des späten Mittelalters*. Münster: LIT, 2004.

Hubensteiner, Benno. „Bayern und Spanien. Ein Kapitel europäischer Geschichte im Zeitalter des Barock", in: Karl Rüdinger (Hrsg.). *Gemeinsames Erbe. Perspektiven europäischer Geschichte*. München: Bayerischer Schulbuch-Verlag, 1959, 89-104.

Hüffer, Hermann J. „Aus 1200 Jahren deutsch-spanischer Beziehungen", in: *Romanistisches Jahrbuch*, 3, 1950, 85-123.

Juané y Miret, Mauricio (Hrsg.). *España y Alemania: historia de las relaciones culturales en el siglo XX*. Madrid: Marcial Pons, 2008.

Laferl, Christopher. *Die Kultur der Spanier in Österreich unter Ferdinand I., 1522-1564*. Wien: Böhlau, 1997.

Lempens, Carl. *Die Bettelmönche in Bayern und ihre reichsfeindlichen Umtriebe, nebst Zubehör. Ein Nachweis, wie Bayern auch noch heute seinem alten Wesen als pfäffisch versumpftes Klein-Spanien in jeder Hinsicht thatsächlich treu bleibt*. Zürich: Verlags-Magazin, 1875.

Mecke, Jochen, Ralf Junkerjürgen und Hubert Pöppel (Hrsg.). *Deutsche und Spanier – ein Kulturvergleich*. Bonn: Bundeszentrale für politische Bildung, 2012.

Mecke, Jochen und Hubert Pöppel (Hrsg.). *Entre dos aguas. Kulturvermittler zwischen Spanien und Deutschland*. Berlin: Tranvía, 2016.

Münster, Reinhold. *Raum – Reise – Sinn. Spanien in der Reiseliteratur*. Würzburg: Königshausen und Neumann, 2 Bde., 2017.

Pfandl, Ludwig. *Spanische Kultur und Sitte des 16. und 17. Jahrhunderts*. Kempten: Kösel und Pustet, 1924.

Raposo Fernández, Berta und Isabel Gutiérrez Koester (Hrsg.). *Bis an den Rand Europas. Spanien in deutschen Reiseberichten vom Mittelalter bis zur Gegenwart*. Frankfurt/M.: Vervuert, 2001.

Raposo Fernández, Berta und Ingrid García Wistädt (Hrsg.). *Viajes y viajeros entre ficción y realidad. Alemania-España*. Valencia: Universitat de Valencia, 2009.

Schmid, Alois und Katharina Weigand (Hrsg.). *Bayern mitten in Europa*. München: Beck, 2005.

Schmid, Alois (Hrsg.). *Von Bayern nach Italien. Transalpiner Transfer in der Frühen Neuzeit*. München: Beck, 2010.

Schreiber, Georg. *Deutschland und Spanien. Volkskundliche und kulturkundliche Beziehungen*. Düsseldorf: Schwann, 1936.

Siguán, Marisa und Karl Wagner (Hrsg.). *Transkulturelle Beziehungen: Spanien und Österreich im 19. und 20. Jahrhundert*. Amsterdam: Rodopi, 2004.